踊る 私はどう動いてみたいのかな？
「体や動きで表現する力」
心と体を1つに，自分の意志で動きたいように動く。

表現運動（ダンス）の力

豊かに表現できる体を育てよう

表現運動は，「体育で学ぶべき運動学習の原点」とも言える領域

創る あなたはどう動いてみたいのかな？
「友達と動きながら話し合う力」互いを尊重し合い，言語活動と運動学習を同時におこなう。

観る
「観察する力」身の回りの事象を見る，よい動きを見分ける，友達のよいところを認める。

○○さんのここがいいね。
○○さんは，ここが上手。

子どもの発達段階の特徴と表現運動の学び方

小学校

低学年
まねっこや変身が好きで，なりきって遊ぶ

中学年

行動範囲や交友範囲が広がり，協力して学べる

低学年の学習指導は　キャッチボール方式

何を投げて，何を投げ返すのか？

先生の問いかけ ／ **児童の答え（動きで答える）**

- どんな動物知っている？ → 好きな動物の動きで遊ぶ
- 速く走る動物は何かな？ → 速い動物の動き
- ピョーンピョン跳ぶのは？ → 跳ぶ動物の動き

（特徴のある動きを引き出す）

- 一番好きな動物で → 見せ合い・振り返り

中学年の学習指導は

教師はどのように指導をはさんでいくのか？

- 先生と一緒に　**先生の問いかけ**
- 友達と一緒に
- **先生の問いかけ**
- 友達と一緒に

教師が問いかけ ← やりとりを

高学年

著しく体が発育し、エネルギッシュな動きができる

中学校

高　校

サンドイッチ方式

- ウォームアップ
- 忍者はどのように動く？
- （自分たちで見つけて動く）
- 忍者の技を磨こう！
  一緒に火遁の術をやってみよう
- （自分たちで見つけて動く）
- 見せ合い・振り返り

高学年の学習指導は　踏み切り板方式

習得したことを生かして主体的な児童の活動へ

- **グループで** → 見せ合い・振り返り
- **グループで** イメージを広げ自分たちのイメージで動く
- **グループで** ひとまとまりの動きを作る
- **先生と一緒に** ウォームアップ
- **先生と一緒に** 課題を動く
- 心地よいひと流れの動きにして体感させる
- イメージと動きを結びつけた例を知らせる

➡ **児童が動きで答える**

通して学んでいく

8章4・5・6参照

1 時間の学習の進め方

先生と一緒にウオームアップ

今日のウオームアップは「しんぶんし」

風のように走ったり

新聞紙と遊んだり

新聞紙になったり

先生の問いかけ

どうやってジャングルに行こうか？

車で？

飛行機で？

泳いで行く？

友達と一緒に

宝を探して…最後どうする？

やったー見つかった！　って感じがいいな

子どもたちと新しい動き探しの旅をする

授業の例は2章参照

表現運動の体験は，体育学習の原点

動きを見つける！　　　友達と

他の教科の学習とつなげて

国語で作文や詩を書く，図工で絵を描く，音楽で歌を歌う…と同様に体育の表現運動では，体の動きで自分を表現できる子どもを育てる。

他教科で学んだことを体で表現させると，より強く記憶に残すことができる。

表現

精いっぱい気持ちを込められる体に

心と体を一体として
動きや体の多様な変化を学ぶ

- イメージをもって，なりきって動く
- ないものが見えるように動く
- 音楽の雰囲気に合わせて動く
- 動きのタイミングやリズムを合わせたり，ずらしたりする
- 音楽のリズムに合わせたり，ずらしたりして動く
- 口伴奏で友達と調子を合わせて動く

心理的→なりきる・集中力

時間的→動きのリズム・間合いやタイミング

| リズム体操・体ほぐしの運動 | なわとびパフォーマンス | 集団マット運動 |

一緒に動く！　　　動きを観察する！

リズムダンス

体育の他領域とつなげて
体育の他領域の授業でも，もっと主体的に「どう動いてみたいか」を考える子どもを育みたい。

表現運動の授業には，子どもから動きを引き出す方法や，考えさせるような探究的学習の指導法のヒントがある。

フォークダンス

多様な動きができる体に

- 体の隅々まで意識して使いきる
- いろいろな形で全身をキリッと止める
- スポーツ種目のスキルにはない動きの体験
  （揺らす，震える，丸く走る…）
- 動きの質を変化させる
  （力強く，弱々しく，やわらかく，鋭く，滑らかに…）
- 相手の動きにパッと対応して動く
  （真似する，反対に，高さや向きなどに変化を加える…）
- 自分の位置や仲間との位置関係を感じ取る
  （バラバラ，集まる…）

身体的→巧緻性・力の違い

空間的→自分の体，仲間との位置関係など空間認知

- リズムランニング
- シンクロ水泳
- 音楽に合わせた準備運動

授業の例は6章参照

学習を支える合い言葉と板書の工夫

わくわくタイム / どきどきタイム / はっけんタイム
学習のめあてに沿って「○○タイム」と命名

わいわいタイム
よく使うカードはパウチにして
手書きの文字や絵で変化をつける

止まるの上手！だるまさん
学習のめあてと内容を声に出して読む
7・5調のリズムで調子よく

なりきりタイム
すぐに見つけてなりきろう!!
トントントン　何の音？
読み上げのタイミングに合わせてカードを貼る
カードの裏にマグネットシールを貼ると便利

いろいろなカードを組み合わせて学習への意欲をもたせる

写真を活用してイメージを膨らませる

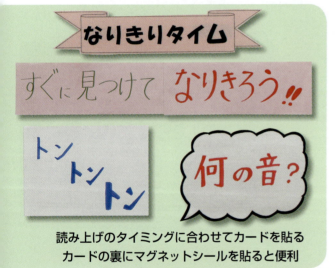

本時に何を学習したか振り返れるように最後まで掲示物を貼っておく。

7章4参照

はじめに

　本書は，小学校の先生方が楽しく易しく，表現遊び・表現運動の授業に取り組んでいただくための指導書です。小学校では，基本的に学級担任をしている先生が，体育の授業をおこないます。「体育が少し苦手だなぁ」「ダンスはやったことがない」という先生方にも，ぜひトライしていただきたいと考えて，気軽に取り組める短い時間の学習や，ご自分の得意な教科の学習と結びつけていただく内容を提案しています。また，「表現運動の領域をもっと深く学びたい」という先生方にも，「運動会の表現運動を感動できるものにしたい」と考えている先生方にもきっと満足いただける内容となっています。

　全国ダンス・表現運動授業研究会では，これまで長い間，幼稚園・保育園から大学までの多くの教員たちが，実際に何度も現場で実践をして，研究会で模擬授業をしては修正し，それを積み重ねてきました。このたびの出版にあたっては，改めて小学校の低学年・中学年・高学年の発達と表現運動の学習内容や方法について研究協議を重ね，多くの小学校に実践の協力をいただきました。

　「みんなでトライ！」このタイトルには，小学校の先生方みなさんに，表現運動の楽しさや価値を理解していただいて，明日を担う子どもたちにそれを伝えていっていただきたいという願いを込めました。子どもたちが大好きで，子どもたち1人ひとりの個性を引き出し楽しく学級や学校づくりをしたいと思っていらっしゃる先生なら，表現運動の指導はきっとうまくいきます。
　さあ，「みんなでトライ！　表現運動の授業」です。

平成 26 年 12 月
全国ダンス・表現運動授業研究会

目次

●はじめに── 1
●本書の利用法── 4

第1章　10分から始めよう！ゲームや遊びは表現運動の入り口 …………5

1　あそび歌から　トントントン何の音？　6
2　あそび歌から　ぴよぴよちゃん　7
3　あそび歌から　たまご たまご　8
4　あそび歌から　むすんでひらいて　9
5　あそび歌から　アジの開き　10
6　あそび歌から　おちた おちた　11
7　あそび歌から　だるまさんがころんだ　12
8　ゲームから　海水浴に行こうよ　13
9　ゲームから　しんぶんし　14
10　ゲームから　バナナ鬼　15
11　ゲームから　ついておいで指さしゲーム　16
12　リズムに乗って　リーダーに続け！　17
13　リズムに乗って　あんたがたどこさ　18
14　リズムに乗って　ヒーローに変身！　19
◇ワンポイントコラム／ゲームや遊びを楽しくする10のコツ── 20

第2章　表現を深めよう！各学年にお薦めの題材と授業の進め方 ………… 21

1　楽しい動物ランド　22
2　乗り物でGO！　26
3　くじらぐもに乗って　28
4　忍者参上　30
5　せんたくもの　34
6　ジャングル探検　36
7　とびだす！　38
8　スポーツニュース　42
9　機　械　44
◇イラストで見る指導のポイント／授業の前にこれだけは準備しておこう①── 46
◇ワンポイントコラム／単元として授業を膨らませるには…── 48

第3章　心も弾むリズムダンス・フォークダンスの授業 ………………… 49

1　リズム遊び　リズムに乗ってダンス！ダンス！　50
2　リズム遊び　フォークダンスで世界旅行　52
3　リズムダンス　ジャンケンダンス　54
4　リズムダンス　のりのり遊園地　56
5　リズムダンス　ロックに乗ってエアバンド　58
6　日本の民踊　阿波おどり　60
7　日本の民踊　よさこい鳴子踊り　62
8　日本の民踊　花笠音頭　64
9　外国のフォークダンス　マイム・マイム（イスラエル）　66
10　外国のフォークダンス　コロブチカ（ロシア）　68
◇ワンポイントコラム／リズムダンス・フォークダンスの授業・単元の組み方── 70

第4章　運動会の演技に生かす単元 ……………………………………… 71

1　南の島の んばば　72
2　海とソーラン節　76
3　スペースジャーニー　80
4　メモリアル HOSOYA　84
5　学校ダンスモブ　88
◇ワンポイントコラム／運動会での表現運動…成功の秘訣── 92

第5章 ▶ 表現の題材はどこにでもある ……………………………………………… 93

1 国語科（書写）から 体いっぱい文字を書こう　94
2 国語科から 詩『かぼちゃのつるが』　96
3 国語科から 空想日記「わたしの夏休み」　98
4 社会科から わたしの町のクリーンセンター　100
5 社会科から 消防車出動　102
6 算数科から ○△□形遊び　104
7 生活科・理科から 草むら探検！冒険の旅に出かけよう！　106
8 理科から 水のすがた　108
9 理科から 今日の天気は，その時○○は？　110
10 音楽科から 速さの変化を体で感じて　112
11 体育科保健・理科から ミクロの世界「体内の出来事」　114
12 総合的な学習の時間・家庭科から 3分間クッキング　116
13 総合的な学習の時間から 地球が大変!!　118
14 総合的な学習の時間から お正月（伝統行事）　120
◇イラストで見る指導のポイント／授業の前にこれだけは準備しておこう②——122
◇ワンポイントコラム／表現の題材はどこにでもある
　　　　　　　　　教科や学級の活動を表現やリズムに結びつけてみよう——124

第6章 ▶ 体育の他の領域に生かす ……………………………………………… 125

1 体つくり運動に生かす 仲間と楽しくなわとびパフォーマンス　126
2 体つくり運動に生かす みんなでジャンプ／大きな声で名前を呼ぼう　127
3 器械運動に生かす 音楽に合わせグループで演技を創るマット運動　128
4 陸上運動に生かす リズムランニング～音楽でやる気を高めて～　129
5 水泳に生かす シンクロ水泳　130
6 ボール運動に生かす ボール運動のウォームアップ　131
◇ワンポイントコラム／他領域に表現運動の学習を生かすには——132

第7章 ▶ 子どもたちをその気にさせるベテラン先生の技 ……………………… 133

1 よい授業の出発点　134
2 ほめほめ先生になろう　135
3 子どもをさらに伸ばす指導　136
4 学習を支える合い言葉と板書の工夫　137
5 動きを引き出す教具のいろいろ　138
6 音楽や楽器の工夫　139
7 学習カードの生かし方　140
8 発表・鑑賞から次へつなげる　141
9 子どもと共有する評価と評定　142

第8章 ▶ 発達段階の特徴と指導のポイント ……………………………………… 143

1 子どもの発育・発達の特徴と表現運動の意味　144
2 発達段階の特徴を踏まえた指導のポイント　146
3 幼児の特徴と指導のポイント　148
4 小学校低学年の特徴と指導のポイント　149
5 小学校中学年の特徴と指導のポイント　150
6 小学校高学年の特徴と指導のポイント　151
7 中学生の特徴と指導のポイント　152
8 高校生の特徴と指導のポイント　153

● 資料1　学習内容一覧——154
　　　2　学習カード——156
● おわりに——159
● 執筆者一覧——160

こうすれば成功する表現運動の授業

1 10分から始めよう！
　①いっぱい走ろう　おにごっこ
　②止まるの上手　だるまさん
　③リズムに乗って　ジャンプ！ジャンプ!!
　④ジャンケン
　⑤海水浴に行こうよ
　⑥しんぶんし
　⑦エアスポーツ
　⑧不思議な森のオブジェ

2 表現を深めよう！
　①楽しい動物ランド
　②忍者参上
　③とびだす！

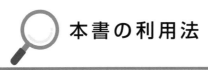# 本書の利用法

　本書は，どの章から読んでもお使いいただけるようになっています。興味のわいた章からどんどん開いてみてください。

＊

【本書の構成】
　メインの章は第2章です。ここではページを多めに使って，小学校の表現運動の学習指導を丁寧に再現した指導案とそのポイントを解説しました。学習は，45分の展開例となっていますが，10〜20分でコンパクトに扱うこともできますし，2〜4時間くらいの単元に広げて扱うこともできます。

　1章は10分から始められる実践を集めました。表現運動の授業に初めて取り組む先生にお薦めです。また，第3章にはリズムダンスとフォークダンスの実践例，第4章には運動会の提案があります。5章は小学校ならではの，体育以外の学習と結んで実践する学習，6章は体育授業の他領域に生かす学習の実践です。それぞれ，アイデア満載ですのでぜひご覧ください。
　これら実践の章には対象学年を提示してありますが，示された対象以外にも使える楽しい題材もありますので，どうぞアレンジしてみてください。

　第7，8章は，わかりやすく書かれた理論編です。7章では指導のコツをコラムのようにまとめました。また，8章を一度お読みいただくと，発達段階によって特徴のある表現運動の学習指導に関する理解を深めることができると思います。
　学習内容一覧や学習カードの例を最後に掲載しましたので，ご活用ください。

＊

【付録のDVDについて】
　DVDには，第2章の「楽しい動物ランド（低学年）」「忍者参上（中学年）」「とびだす！（高学年）」を，1時間の授業展開がわかるように収録しました。他に，第1章「10分から始めよう」のゲームや遊びからピックアップして，先生がどのように声をかけ，子どもたちがどんな様子で楽しんでいるのか，すぐわかる映像もあります。DVD目次を参考にぜひご覧ください。

＊

【用語について】
　本書で「ひと流れの動き」とは，ひと息で動ける長さの動きのまとまりを示します。それを繰り返したり，いくつかつなげたりして，「はじめ―なか―おわり」のように構成すると「ひとまとまりの表現」になります。このようにして1時間の授業でさっと創った踊りを「小作品」と呼びます。さらに，主題の展開に沿って起伏をつけたり，上演効果を工夫したりして表現を練り上げたものを「作品」としました。

第1章

10分から始めよう！
ゲームや遊びは表現運動の入り口

1　あそび歌から　トントントン何の音？
2　あそび歌から　ぴよぴよちゃん
3　あそび歌から　たまご たまご
4　あそび歌から　むすんでひらいて
5　あそび歌から　アジの開き
6　あそび歌から　おちた おちた
7　あそび歌から　だるまさんがころんだ
8　ゲームから　海水浴に行こうよ
9　ゲームから　しんぶんし
10　ゲームから　バナナ鬼
11　ゲームから　ついておいで指さしゲーム
12　リズムに乗って　リーダーに続け！
13　リズムに乗って　あんたがたどこさ
14　リズムに乗って　ヒーローに変身！

本章は，10分で気軽に楽しく取り組める題材集です。
ゲームや遊び感覚で体を動かして楽しみましょう。
表現運動の導入としてはもちろんのこと，
他の運動領域の授業の初めのウォームアップとしても，
学級会や移動教室のレクリエーションとしても使えます。
きっと，子どもたちの笑顔，
生き生きとした動きを引き出すことができると思います。
なお，各題材に示した対象学年はおよその目安です。
学年にこだわらず，子どもが喜びそうなものを選んでください。

1 あそび歌から　トントントン何の音？　　低学年

1 学習の目標
①先生の声かけに反応して，すぐに変身する。
②歌のリズムを感じて，声を出したり動いたりする楽しさを体感する。

2 学習の進め方

	学習活動	指導の要点と言葉かけ
導入 2分	①「わらべうた」を楽しむ ・先生の後について，大きな声で歌ったり動いたりする。	・「あぶくたったにえたった」を歌いましょう。 ・大きな声で歌えるのがいいね。 ・歌に合わせて動こうね。
展開 8分	②「○○の音」になりきって遊ぶ ［板書］トントントン，何の音？ すぐに見つけてなりきろう。 先　生▶○トントントン 　　　　　小石が転がる音　コロコロコロ 　　　　○トントントン 　　　　　風の音　ヒュウーヒュウー 　　　　　おさまった（一度止める） 　　　　○トントントン 　　　　　花火の音　パチッパチパチッ 　　　　○トントントン 　　　　　お化けの音（追いかける） 子ども▶○何の音？ 　　　　（床の上で，小さく転がる） 　　　　○何の音？ 　　　　（風になって走ったり，跳んだり） 　　　　（風のまま止まる） 　　　　○何の音？ 　　　　（花火になって，跳んだり，転がったり） 　　　　○何の音？ 　　　　（つかまらないように逃げる） ＊音（動きの質）を変えて何回か繰り返す。	・聞こえた音にすぐ変身して動きましょう。なりきって動けるのがいいですよ。 ・「お化けの音」が聞こえたら，先生が鬼になって追いかけるよ。壁にさわれたらセーフ。よく聞いて逃げてね。 ・楽しかった？　すぐに変身できた人に，花丸ポン！

● 指導のポイント
　すぐに何にでも変身して遊べるようにさせたい。広い空間を大きく動くことと同時に，体を止める瞬間も忘れずに。教師は動きを助ける擬音語を有効に使って，声の掛け合いで流れにめりはりをつけるとよい。そして，児童の動きをすぐに褒めることが大切である。

● 何の音？
　変身する物（音）は，1つひとつ動きの質が違う（走る，跳ぶ，転がる，ゆっくり動く，すばやく動くなど）イメージから選ぶとよい。DVDでは，①小石（転がる）②風（速く広く走る）③たこ（グネグネ）④ロボット（硬い）⑤花火（繰り返し跳ぶ）のように動きの質を変え，間に「お化け」を入れ込んで進めている（DVD ②-①参照）。

● 変化と積み重ねで何回でも楽しめる
　「トントントン何の音？」は，わらべうた「あぶくたったにえたった」の後半部分。実態に応じて，全体を通したり，後半だけ取り出したりするなど使い分けると，飽きずに繰り返して学習できる。

［栗原知子］

花火の音！　パチッパチッ…ドッカーン

2 あそび歌から ぴよぴよちゃん　低学年

1 学習の目標
① 先生の真似をして，いろいろな動きにチャレンジする。
② 友達と一緒に動く楽しさを味わう。

2 学習の進め方

	学習活動	指導の要点と言葉かけ
導入 3分	①「ぴよぴよちゃん」の遊び方を知る ・先生の後について，言葉を言いながら真似をして動くことを知る。	・今日は先生の真似っこをして遊びます。 ・先生が「ぴよぴよちゃん」と言ったら，みんなは「何ですか？」と元気に答えてね。 ・先生が「こんなこと，こんなこと，できますか？」と言って動いたら「こんなこと，こんなこと，できますよ！」と言って真似をして動いてね。
展開 7分	②「ぴよぴよちゃん」でいろいろな動きに挑戦する [板書] 先生の真似をして，いろいろな動きをしよう。 ・先生のリードで，真似っこ遊びをする。 先　生▶○ぴよぴよちゃん！ 　　　　○こんなこと，こんなこと，できますか？ 　　　　（毎回いろいろに形を変えて動く） 子ども▶○何ですか？ 　　　　○こんなこと，こんなこと，できますよ！ 　　　　（真似して動く） ＊以上を繰り返しながら，跳ぶ・回る・転がるなど，いろいろな動きを真似させる。	・やり方がわかったかな？ ・できるだけ大きな声を出して，大きく動こう。 ・では，本番です。元気よくね。 ・みんな上手だったね。

● 指導のポイント

「ぴよぴよちゃん！」と元気よく声をかけるとノリノリになる。頭，腕，尻，脚などをテンポを変えながら動かしていく。だんだんテンポアップするとスリルを味わえる。また，教師がへんてこりんな動きを提示すると喜んで真似をする。児童の動きが小さいときは，あちこち走り回って移動する動きを取り入れると大きな動きになる。

● お薦めの動き

鳥が飛ぶ，歩く，餌を食べるなどから始め，鳥以外にもいろいろな生き物のおもしろい動きを取り入れるとよい。また，ロボットやスポーツの動きを取り入れるのも盛り上がる。

● 応用編

意欲的に取り組めるよう，2～3人の小グループで「あてっこゲーム」を取り入れても楽しい。授業最後のあいさつをするときに「ぴよぴよちゃん」をやって「ビシッと気をつけできますか？」とやると，「ビシッと気をつけできますよ」と元気よくあいさつできるようになる。　［馬橋登志子］

3 あそび歌から たまご たまご

低学年

1 学習の目標
①たまごや，たまごの中の生き物になりきって，全身で表現する。
②大きい，小さい，強い，やわらかいなど，動きの特徴を捉え，楽しく踊る。

2 学習の進め方

学習活動	指導の要点と言葉かけ
導入 3分 ① 「たまご たまご」の遊び方を知る ・変身したい動物の名前を発表し，動物のイメージをもつ。	・これから，いろんな動物に変身していくよ。 ・どんな動物にみんなは変身したい？ ・先生が歌を歌うからみんなも真似をするよ。たまごから何か出てくるから，そしたらすぐにその動物に変身するよ。
展開 7分 ② 先生と一緒に活動する ・先生の後について，大きな声で歌ったり，踊ったりする。 ・先生のリードで，いろいろな動物になる。	・やり方がわかったかな？ ・先生に負けないようにね。先生より大きく動くよ。 ・では，やってみるよ。

```
先　生▶○たまご～たまご　○○なたまご×2    子ども▶○先生の真似をして動く
              たまご～                      （掛け合いで）たまご～
              たまご～                      （掛け合いで）たまご～
        ○なーにが出るかな割ってみよう      ○（一緒に）なーにが出るかな割ってみよう
        ○トントントン（リズム太鼓で）      ○トントントン（手をたたく）
            恐竜だぁ！                       （すぐに言われたものに変身!!）
```

♪ミッキーマウスマーチの節で　　　　　　・楽しかったね。次は何に変身しようかな？

● 指導のポイント
速めのテンポで歌ったり，ゆっくり歌ったりといろいろなバージョンで楽しめる。「○○なたまご～」の○○には，大きな，小さな，フニャフニャ（やわらかい）など入れていくと，児童との掛け合いの部分でも体を使って表現を工夫することができる。「たまご～」の部分は歌いながら，教師が回ったり，ジャンプしたり，転がったりする。それを児童が真似をして動くと心と体がほぐれていく。遊びとはいえ，大きく，はっきり動くように伝えて，教師も一緒に楽しんで動くとよい。

● お薦めの生き物
恐竜，ヘビ，鷲，ネズミなど，動きの特徴の異なるものを入れていくと変化が出て，児童も工夫しやすくなる。海の生き物では，タコ，トビウオ，サメ，ペンギンなど。ウニなど表しにくいものに変身してみるのもおもしろい。

● 応用編
慣れてきたら「恐竜の戦い」「ヘビが絡まった」「ネズミが猫に追いかけられる」など，友達と関わる題材を出していくと，より動きが広がっていく。また，「トントントン」でたまごを割った後，イメージに合わせて「バリバリバリ」と勢いよく割れたり，やわらかいたまごのときは「プニョプニョ」と割れるなど，声を出させると，より豊かなイメージや動きにつながっていく。

［浅川典子］

4 あそび歌から むすんでひらいて

低学年

1 学習の目標
①歌に合わせて体を大きく使い，いろいろな動きを楽しむ。
②友達と一緒に多様な動きに挑戦する。

2 学習の進め方

	学習活動	指導の要点と言葉かけ
導入 2分	①「むすんでひらいて」を先生と一緒に歌いながら手遊びする ・座ったままでおこなう。	・「むすんでひらいて」を歌いながら遊びましょう。最後の「その手を上に」で，もっともっと上に～高く上げて立つ。
展開 10分	②発展した遊び方で遊ぶ ①先生と一緒に，1人で活動する ・歌いながら体で「むすんでひらいて」をおこなう。 ・友達と2人組になる。 ②先生のリードで，友達と一緒に活動する ・2人組で空間を広げて（何回か繰り返す）。 ・イメージを加えて（パートナーを変える）。  ・グループで。	・今度は，体で「むすんでひらいて」をやるよ。 ・ギューと縮む，いっぱい開く。いろいろなところで手をたたく。スキップで回りながら手をたたく。歌いながらね。 ・その手を友達と仲良し！…2人組になるよ。 ＊1人でやったのを2人組で繰り返す。 ・むすんで（友達とギュー），ひらいて（遠くに走って離れる），手を振って（手を振る），むすんで（走り寄ってギュー）。…その手を床に（手をついてハイハイ）。 ・友達を見つけるよ。（小指で）むすんで，ひらいて，こちょこちょして，むすんで。またひらいて，こちょこちょして，その手を横に。 ・飛行機ゴーゴー…3～5人組！ ・(手をつないで）むすんでひらいて，グルグル回ってむすんで。 ・(手を放して）むすんでひらいて，手を振ってむすんで。 ・(長座で足を付けてまるく座って連手。膝を曲げながら）むすんで，伸ばして，ユラユラして，むすんで。また伸ばして，ユラユラして，みんなで1・2・3立つ！（協力して）。

▶ 指導のポイント
よく知っている歌なので，速く歌ったり，ゆっくり歌ったり，大きな声で歌ったり，小さな声で歌ったりしながら，イメージもかけ合わせて多様な動きを楽しめる。安心して展開できるよう繰り返しておこなうとよい。集まり方（むすんで）離れ方（ひらいて）を1人で，2人で，グループで工夫することができる。

▶ イメージをかけて
低学年では，花，風船，へびなど。中学年では，スパゲッティ，煙，宇宙など。

▶ 高学年では
高学年では，ストレッチ系のウォームアップにつなげても楽しい。「もっともっと伸ばして～」と歌いながら極限に挑戦する。組体操のアイデア出しにもつながる。

[有川いずみ]

5 あそび歌から アジの開き

低学年

1 学習の目標
①歌のリズムに乗って，先生の真似をして楽しく踊る。
②中・小・大の魚のイメージに合わせて，動きや声の大きさを変化させて動く。

2 学習の進め方

	学習活動	指導の要点と言葉かけ
導入 3分	① 海にいる魚や動物たちを思い出す ・先生と一緒に歌いながら動く。	・昨日夕食でお魚食べた人いますか？ 何を食べたのかな？ ・アジ？ サンマ？ シラス？ 開いた魚を見たことあるかな？ 魚は開いて塩をかけると長持ちするよ。先生と一緒に魚の開きを作ろう。 ・先生の後について，歌と動きを繰り返してね。
展開 7分	② 中小大の違いを意識して動く ・魚の大きさをイメージする。 ・「構えてー！」の合図でその魚に合った構えをして待つ。 ・先生と一緒に声を出しながら動く。 ①アジの開き構えて！ 　（ズンズンチャチャ×3＋「はっ」）×2 　アジの開きに塩付けて，「パッ」 ②シラスの開き構えて！ 　（ズンズンチャチャ×3＋「はっ」）×2 　シラスの開きに塩付けて，「ピッ」 ③クジラの開き構えて！ 　（ズンズンチャチャ×3＋「はっ」）×2 　クジラの開きに塩付けてドカーン	・アジは普通の大きさ，シラスは小さい，クジラは巨大だよ。それぞれの大きさをイメージして，できるだけ中・小・大と差をつけて動こう。波も大きさを変えて，特にクジラの波は大きいよ。声も出してね。 ・では，本番です。初めは中くらいの「アジ」から。開きを作るときは初めが肝心なんだよ。「アジの開き，構えてー！」 ・足を肩幅に開いて左手腰，右手肘を曲げて構え，初めのズンで右手の先を波として上に挙げ上下させる。左から繰り返し。 ・体の前でアジの開きを作り，塩を付ける。 ・足を閉じて左手腰，膝を曲げて小さくなり，人差し指だけで波を作る。反対も同様に動く。 ・指先でだけでシラスの開きを作り，最後は指先をはじくようにする。 ・構えから上下にジャンプしながら天井に届くほど手を伸ばして移動する。 ・はみ出すほどの大きな開きを作り，最後はジャンプして爆発。 ・おもしろかったね。次は何の「開き」がいい？ 考えておいて。

▶ 指導のポイント

初めの「構え」で生真面目なポーズから急に波に変身すると，ギャップがおもしろさを増して楽しめる。波の動きの終わりの「はっ」は顔の横でかっこよく，あるいはかわいく，あるいは凄まじく決めポーズに入り，めりはりをつける。クジラの波のときは，まるで台風のときの波のように上下で高さの差を出すとよい。

▶ お薦めの擬態語・擬音語

塩を付けたときにいろいろな調子の擬音語・擬態語を使うとよい。「パッ」「ピッ」「ドカーン」など。

アジの開き〜　構え(アジ)　構え(シラス)　構え(クジラ)

▶ 高学年では

大きさの違いではなく，動きの質感が違うものにチャレンジできる。「サンマ」ならば「塩付けてヒョイ」，「うなぎ：塩付けてニョロ」，「ヒラメ：塩付けてペタ」など。床にピタッとくっついてもおもしろい。いろいろなものを開きにして楽しむことができる。

[笠井里津子]

6 あそび歌から おちた おちた

あそび歌から　　　　　　　　　　　　　　　　中・高学年

1 学習の目標

①リズムに乗って，簡単な連続と静止の短いひと流れで楽しく動く。
②いろいろな友達と楽しく交流して踊る。

2 学習の進め方

	学習活動	指導の要点と言葉かけ
導入 5分	1 リズムに乗って動き，「あっ」で止まる（タッチ） ①座ったままで弾みながら膝打ちし，「あっ」で先生の真似をして自分の体の部位を触る ②その場で走り，「あっ」で近くの友達とタッチ（2回） ③いろいろな場所を走って，友達とタッチ（3回）	・音楽に合わせて手をたたきます。「あっ」のところでは先生の真似をしてね。 ＊教師は体を横に揺らしたり，上下に弾んだりしながら体全体でリズムをとる。触る部位例　頭→肩→腰→膝→足先 ・次は「あっ」で近くの友達とタッチします。 ・今度は，いろいろな所を走って友達を見つけてタッチするよ。 ・体育館中に広がって走れるかな？
展開 10分	2 「あっ」で体ジャンケンをする ①その場で走り，「あっ」で体ジャンケン ・先生の真似で，パー・チョキ・グー。 ・先生と体ジャンケン勝負！（2回）。 ②いろいろな場所を走って，友達と体ジャンケン（5回） ③できるだけ大きな体ジャンケンに挑戦（5回） ④グー・チョキ・パーのポーズを工夫する（5回） ♪「おちた　おちた」『けんたろうお兄さんのあそびうた4』／速水けんたろう	・次は「あっ」で体ジャンケンするよ。どうやるのかな？ ・初めは先生の体ジャンケンを真似してね。 ・では，先生とジャンケン勝負だよ。はっきり大きくね。 ・今度は友達と体ジャンケンしよう。いろいろな場所に走って。 ・もっと大きな体ジャンケンができるか挑戦しよう。 ・「もっと大きな体ジャンケン」って言ったら，○○くんは跳んでやっていたよね。グー，チョキ，パー，跳んでもやれるよ。今までと違うポーズでもやれるかな？

● 指導のポイント

この活動のポイントはアップテンポな曲にある。使用したCDは，10秒の短いひと流れが5回続くように構成されていて使いやすい。

1 の活動では，簡単な連続と静止の短いひと流れの動きを繰り返すことでテンポよくおこない，児童が楽しみながらリズムに乗れるようにする。タッチのところでは，かたまりになりやすいので，場を大きく使って動くように促す。

2 の活動では，教師は一緒に動きながら「あっ」でポーズができるように言葉かけし，一度止まってから体ジャンケンをするとリズムをつかみやすい。また，児童の動きが大きくなるように，教師はできるだけ大きく動いて見せながら支援するとよい。

大きな体ジャンケンにするヒントとして，「指の先までピンと伸ばしてみよう」「もっと小さく

なれるかな」などと声をかける。ポーズや動きの工夫は，児童の工夫を生かして褒めながら，「跳んでもできるね」「ひねってもできるね」と言葉かけをして気づきを促す。

● 応用編（グループ創作へつなげる）

5人グループで「あっ」のポーズや動きを1人ずつ考えてみんなで真似し合う。まずは，児童の自由な発想を大切にしていく。そのうえで，ポーズや動きを工夫するヒントを，スポーツシリーズ，動物シリーズ，忍者シリーズなどとすると，まとまりのあるグループ創作になる。

［平塚昭仁］

7 あそび歌から　だるまさんがころんだ　　全学年

1 学習の目標
① 「だるまさんがころんだ」の掛け声でピタッ！と止まる。
② 「だるまさんが○○した」と遊びに工夫を加え，イメージを広げて体で表現する楽しさを体感する。

2 学習の進め方

	学習活動	指導の要点と言葉かけ
導入 3分	① 「だるまさんがころんだ」の遊び方を知る ・通常おこなわれている「だるまさんがころんだ」の遊び方を知る。 ・「走って止まる」を繰り返す。 [板書] 止まるの上手！　だるまさん	・今日は，みんなのよく知っている「だるまさんがころんだ」をやって遊びます。 ・止まるの上手だるまさん，しっかり止まれるかな？ ・だるまさんがころんだ！　と先生が言ったらピタッと止まるよ！ ・髪の毛も目も動いてはいけないよ！
展開 7分	② 「だるまさん」の動きを変化させて遊ぶ ・イメージを広げて自分で考えたポーズになる。 [板書] だるまさんが変身！ ・ポーズからなりきって鬼に近づいていく。	・今度はちょっと変えてみるよ。先生のコールをよく聞いて！ ・だるまさんが片足で止まった！ ・だるまさんが友達とくっついた！ ・だるまさんが○○に変身！ ・今度は，近づくときも○○のままだよ。 ・楽しかったね。だるまさん，今度は何に変身するかな？

▶ 指導のポイント

　ポーズや動きのヒントは，児童との言葉のキャッチボールから引き出すことができる。多様な動きを引き出すために言葉かけを工夫するとよい。例えば，乗り物の変身でピタッ！と止まらせるには，「急ブレーキ！」と言うと，児童は止まらざるを得ない状況になる。忍者では「サッサッサーと身を隠す」「ピョーンと敵から身をかわす」などの擬音語や擬態語を使い，動きの質感をイメージさせると表情豊かな動きを引き出せる。

　また，ポーズで止まったときに，個性的なポーズを褒めると，よい動きとは何かを周りの児童にも知らせることができ，こんなふうに，あんなふうに，もっとこうすればと意欲が増す。

好きな動物になって，だるまさんがころんだ！

▶ 発達に適したイメージと遊びの発展のヒント

　変身するものの選択でポーズも変わる。ポーズから動きへイメージを広げてもよい。

【低学年】生き物，乗り物，お菓子　など
　例）だるまさんが乗り物に変身！
　　変身したまま鬼に近づく。タッチした後は，変身したものになりきったまま逃げる。乗り物の音を声に出すのもよい。

【中学年】忍者，○○マン，人の感情　など
　例）だるまさんが忍者に変身！
　　忍者のポーズから忍者走り（音を立てない）で近づく。「忍法○○の術」などポーズで止まった後，動きにつなげていける。

【高学年】スポーツ，職業，物質（水・磁石）など
　例）スケート選手がジャンプして止まった！
　　フィギュアスケートのポーズから先生の合図で滑りながら近づいていく。「3回転ジャンプ！」など少し高難度の動きに挑戦させるといっそう興味を湧かせることができる。

[仁井田千寿]

8 ゲームから 海水浴に行こうよ

中・高学年

■1 学習の目標
①決められた人数のグループがすぐにできる。
②リズムに乗って歌ったり踊ったりする楽しさを体感する。

■2 学習の進め方

	学習活動	指導の要点と言葉かけ
導入 3分	①「海水浴に行こうよ」の遊び方を知る ・先生の後について，歌ったり踊ったりする。 ・海の生き物の名前の文字数でグループになる。 ・グルーピングのときは，その生き物になりきって移動する。	・今日は先生と一緒に海水浴へ行こう。 ・海水浴に何を持っていくかな？ 水着？ 浮き輪？ ボート？ ・先生の後について，歌と踊りを繰り返してね。 ・「わかめ」と言ったら，3人で集まろう。 ・「わかめ」はどんなふうに動くのかな？ 「わかめ」になって集まろう。
展開 7分	②「海水浴に行こうよ」で遊ぶ [板書] 先生の後について，大きな声で歌ったり踊ったりしよう。 ・先生のリードで，海の生き物になって集まる。 ・さまざまな海の生き物の名前でゲームを楽しむ。	・やり方がわかったかな？ ・できるだけ大きな声を出して，大きく動こう。 ・では，本番です。元気よくね。 ・何回も繰り返してやるよ。 

先　生▶○バンバンババンババンバンバン　　　子ども▶○バンバンババンババンバンバン(両手膝うち)
　　　　○海水浴に行こうよ　　　　　　　　　　　　　○海水浴に行こうよ（クロール・平泳ぎなど）
　　　　○浮き輪だって持ってるもん　　　　　　　　　○浮き輪だって持ってるもん(腹周りに浮き輪)
　　　　○ボートだって持ってるもん　　　　　　　　　○ボートだって持ってるもん（ボートをこぐ）

　　　　○あっ，あっ，あー（3回とも別の方向を指さして体の向きを変える）
　　　　○さんま（ゆっくり，はっきり大きな声で伝える）（その生き物になってグループになる）

● 指導のポイント
　速めのテンポで歌うとノリノリになる。○人組の活動に続ける際に有効。ゲーム感覚で，あっという間にグループづくりができる。また，急いで集まるので，いつもは組まない相手ともグループを作ることができる。仲良し組をシャッフルしたいときにもお薦めの教材。

● お薦めの海の生き物
　いか，はまぐり，カニ，トビウオ，わかめ，シロナガスクジラなど，動きの違うものを教師が選択して与え，多様な動きを引き出すようにするとよい。
　グルーピングではすばやく行動できるとよいが，この運動に慣れてきたら，生き物の特徴を捉えて動きながらグルーピングするとおもしろい。

● 応用編
　中学年なら「虫取りに行こうよ」「お菓子屋さんに行こうよ」など応用編を工夫することができる。
　高学年では「海外旅行に行こうよ」に変形して，国名でグループづくりを楽しむことができる（DVD ①-⑤参照）。

[山下昌江]

9 ゲームから しんぶんし

中・高学年

◼ 学習の目標
① 新聞紙を使って自由に動くことを楽しみながら，いろいろな動きを見つける。
② 新聞紙の動きを見て，自分が新聞紙になったように動き，動きのおもしろさを体感する。

◼ 学習の進め方

	学習活動	指導の要点と言葉かけ
導入 5分	① 新聞紙と戯れる ・新聞紙を手に持って走る。 ・体で受け止めて落とさないように走る。 ・高く投げ上げ，落ちてくるところをキャッチ。 ・クルッと回ってキャッチ。 ・手を使わずにキャッチ。	・今日は新聞紙で遊びます。 ・両手で持って走ろう。新聞紙が風になったみたいだね。 ・お腹に付けて，落とさないように走れるかな？ ・思いきり高く投げ上げて，跳び上がってキャッチ！ ・クルッと回ってから，新聞紙が床に落ちる前につかめるかな？ ・手を使わず，体のどこかで受け止めよう。脚？　お腹？
展開 10分	② 新聞紙になって遊ぶ　　（3分） [板書]　新聞紙になって動いてみよう。 ・先生が動かす新聞紙の動きを真似する。 ③ 2人組で相手を動かして遊ぶ　（7分） ・1人が新聞紙を動かし，もう1人がその動きを見て新聞紙になったつもりで動く。 ・役割を交替して続ける。	・今度は新聞紙になろう。先生の新聞紙をよく見て真似してね。 ・新聞紙がピーンと張っているよ。みんなはどうする？ ・あれ，斜めになったよ。揺れている，ブラン，ブラン…。 ・床に落ちた！　つまみあげるよ。どこから持ち上がるのかな？ ・わあ，クシャクシャに縮まっちゃった。ギュッギュッ… ・みんな本当に新聞紙みたい。上手！　見ていると楽しいなあ。 ・みんなも先生の役をやってみたい？ ・2人組でジャンケンして勝った人が新聞紙を動かす人。負けたら新聞紙になるよ。他にどんな動かし方があるかな？ ・捻ったり，投げ上げたり，おもしろい動かし方を見つけよう。 ・丸まったり，転がったりしている新聞紙もあるね。 ・もっと遠くまで走らせたら？　壁に張り付くのもいいね。

● 指導のポイント
　気分を解放して，思いっきり自由に動くことを楽しませる。動くことに没頭することから始めたい。
　教師が動きを提示する際に，「投げる―受け止める」「広げる―縮める」など，対極の動きを組み合わせると，より多様な動きを体感させることができる。
　友達と動きを見つけ合う場面では，空間も広く使うよう言葉かけをし，動きの幅を広げるとよい。

● 応用編
　新聞紙は動きの開発に適しているばかりでなく，自由に発想を広げ，イメージをもって動くことができる素材である。
① 新聞紙になって動きながらお話づくりをする。
　・揺れている，揺れている，わあ，風が強くなってきたよ―風に飛ばされるぅ―木に引っかかった―また，飛ばされた！―今度は壁に張り付いたよ。
　・道に落ちている新聞紙―車が通って吹き飛ばされたヒュウ―水たまりに落ちてビチョビチョだ！
② 新聞紙の動きに留まらず，新聞紙の動きからイメージを広げ，見つけたイメージを動きにしていく。
　・広げて…空飛ぶ絨毯，海に浮かぶ島
　・丸めて…石ころ，雪の玉，不思議なたまご
　・揺らして…花吹雪，台風，オーロラ　　[長津　芳]

よく見てよ〜

それ！フワッ

10 ゲームから バナナ鬼

全学年

１ 学習の目標
①元気に走ってピタッと止まる。
②いろいろなバナナの形を見つける。
③たくさんの友達を助ける。

２ 学習の進め方

学習活動	指導の要点と言葉かけ
導入 3分	①「バナナ鬼」の遊び方を知る ・いろいろなバナナの形を作る。 　　まっすぐバナナ 　　捻じれたバナナ 　　転がったバナナ	・今日はバナナ鬼をやります。ピタッと止まろう，バナナ鬼！ ・鬼にタッチされたらバナナになってピタッと止まるんだよ。 ・バナナってどんな形？　どんなバナナがある？ ・○○さんのは曲がっているね。△△君のは捻れているね。おもしろい。いろんなバナナがあるのがいいね。
展開 7分	②「バナナ鬼」を楽しむ [板書] ピタッと止まろう　バナナ鬼！ 友達たくさん助けよう。 ・鬼は時間を決めて交替でおこなう。	＊ルールを確認する。 ・やり方がわかったかな？ ・1人が助けてくれたら皮が半分むける。 ・2人違う子に助けてもらったら復活ね。 ・危ないことはしない。 ＊鬼を決める（帽子つき）。 ・では本番です。元気よくね。 ・バナナになれた？ ・友達を助けてあげられた？ ・楽しかったね。

指導のポイント

　バナナのポーズでしっかり止まることを押さえる。「動く」「止まる」の違いに気づき，ピタッと止まって動けないおもしろさに気づかせる。また，バナナのポーズは曲がり方にいろいろあること，立つだけでなく寝転がった形もあることなどを知らせ，工夫させるとよい。特に体を捻るようなポーズも見つけさせると，ポーズのバリエーションが広がる。

　「友達をできるだけたくさん助ける」という関わりも大切にしたいところである。時間や止まってしまった人数などで鬼役を交替しておこなうと，スピード感が落ちないで楽しめる。

　危険やトラブルなく，たくさん「走る―止まる」ができるようにルールを確認することも忘れずに。

応用編

　この遊びは「氷鬼」を応用して作られたものである。「バナナ」（つかまったときに変身するもの）と「タッチで皮がむける」（どうしてもらったら復活できるか）の部分を変えて楽しむことができる。
例）「トンネル鬼」くぐってくれたら復活
　　「だんご虫鬼」馬とびで跳んでくれたら復活
　　「お菓子鬼」　食べてくれたら復活
　　「リンゴ鬼」　5回たたかれたら復活（リン5）
　　「コマ鬼」　　1人目タッチされたらコマが回る
　　　　　　　　2人目コマを止めてくれたら復活

［奥村直子］

11 ゲームから ついておいで指さしゲーム　　全学年

1 学習の目標
①相手の動きに合わせて，全身で大きく動く。
②日常生活にはない多様な体の使い方を楽しむ。

2 学習の進め方

	学習活動	指導の要点と言葉かけ
導入 3分	① 音楽のリズムに合わせて動く練習 ①円になり，音楽のリズムに合わせて手拍子 [板書] 曲に合わせて手拍子とジャンプをしよう。 ②音楽のリズムに合わせて，手拍子とジャンプ ♪「ねこバス」『となりのトトロ』サントラ ♪「じょいふる」/いきものがかり　など	・今日は「ついておいで指さしゲーム」を楽しみましょう。 ・ノリノリでやるゲームだから，まずノリノリの練習からね。 ・みんなで円になって，音楽のリズムに合わせて手拍子をするよ。 ＊明るく軽快なリズムの音楽を1分ほど続けてかける。 ・次は手拍子とジャンプを一緒にします。手拍子をしながらそのまま両足で跳ぶよ。音がバンバンなるくらいに跳ぼうね。 ＊そのままさらに1分くらい曲を続けてかける。 ・OK！　リズムに乗って体が動いたね。
展開 7分	② 「ついておいで指さしゲーム」で遊ぶ [板書] 指さしに合わせて頭を大きく動かそう。 ・2人ずつ順番に「ついておいで指さしゲーム」をおこなう。 	・それでは「ついておいで指さしゲーム」をします。 ・先生の右側から2人ずつ真ん中に出てきてジャンケン。 ・勝った人はグルグルとか，三角とか，バツとか，波とかを大きく指さしで書くよ。負けた人はその指さしに合わせて頭を動かします。指さしする人も大きくこんなふうに動くよ（示範）。 ・では，やってみよう。先生が「交替」というまでやってね。 ＊およそ1組8×2カウントくらい。動きの出てくる様子によって時間は伸ばしたり短くしたりする。 ・見ている人は，さっきの手拍子ジャンプをしながら応援しよう。 ・〇〇君の動きはダイナミックでいいね。よくがんばった！ ・楽しかったね。またやろう。

▶ 指導のポイント

　新しい学年が始まったときの，学級開きなどに取り組むと効果的。学級活動，朝の会，帰りの会などで，教室の中でも簡単に取り組める。大きな行事の後の「ごほうびゲーム」とするとさらに盛り上がる。児童から曲を集めてもよい。

　児童の大きな動きを引き出すには教師の示範が大切。上下左右に大きく動いて指さしして見せたり，円に入ってノリノリで手拍子やジャンプをしたりして，児童と一緒に楽しんでやるのがポイント。児童がよい動きをしたら，すかさず褒め，気分を盛り上げる。指さし役の児童には，相手がついてこられるかをよく見ること，指だけでなく全身でリードすることを伝える。

▶ 動きの工夫

　発展できるようなら動き方に工夫を加えるとよい。「大きく（小さく）」「速く（遅く）」「途中で止まる」「回る」「伸びる」など，動きを変化させる方法を紹介すると動きが多様になり，いっそうおもしろくなる。

▶ 応用編

　指さしする部位は，頭だけでなく，肩，足，腰，手，肘などでもよい。2回目，3回目にやるときに工夫すると動きが広がる。

[奥井寿美子]

12 リズムに乗って リーダーに続け！

中・高学年

❶ 学習の目標
①リズムに乗って，自分の見つけた動きで踊ったり，友達の動きを真似たりする楽しさを体感する。
②体のいろいろな部位を動かしたり，対極の動きを入れたり，リズムを変化させたりして動きを工夫する。

❷ 学習の進め方

	学習活動	指導の要点と言葉かけ
導入 5分	１「リーダーに続け！」の動き方を知る ①先生の動きの真似をする ・対極の動き（右―左，高―低，大―小，など） ・多様な動き（捻る，回る，跳ぶ，這う，など） ・いろいろな部位の動き（腕，脚，頭，腰，など） ・リズムの変化（ゆっくり，ゆっくり―速く） ♪「ジョイフル」／いきものがかり　など	・今日は誰かリーダーさんの真似をしましょう。 ・最初のリーダーは先生です。先生の動きの真似をしてください。 ・この曲のリズムに乗って動きましょう。 ・指先・足先まで使って大きく動こう。 ・体のいろいろな部位，動かしていないところをしっかり動かすよ。 ・ゆっくり，ゆっくり―速く，同じ動きを繰り返すよ。 ＊動きやすいようにリズムの変化を明確に示範する。 ＊動きがよい児童を紹介して，みんなで真似してもよい。
展開 5分	２音楽のリズムに乗ってリーダーの真似をする ①グループの中で順番を決める ②グループでリーダーの動きを真似する ・リーダーが見つけた動きで移動する。 ・太鼓の合図で次のリーダーに交替する。 ・慣れてきたら，合図がなくても交替したくなったら交替してよい。	・近くの人と４人組を作り，順番を決めましょう。 ・先生が「１番さん」と言ったら１番の人がリーダーです。太鼓が鳴って「２番さん」と言ったら２番の人に交替してください。 ・リーダーさんは１つの動きでいいので繰り返しましょう。 ・動きが浮かばない人はリズムに合わせて走るだけでもいいよ。 ・友達が真似しやすいように，できるだけはっきりと大きく動こうね。体のいろいろな部位を動かして工夫しよう。 ・空いている場所に移動しながら動こう。 ・気に入った動きは見つかった？

▶ 指導のポイント
　高学年になり，恥ずかしがって動けない児童もいるため，教師の動きを真似ることから始めると動きやすい。「リーダーに続け！」では，気軽にグループの友達の動きを真似ながら，友達のよさや違いに気づくことができる。運動量を確保するためにも移動しながら動くとよい。順番は，ジャンケン，身長，髪の長さ，誕生日月などいろいろな決め方ができる。できれば男女混合グループで質の異なる動きを体験させたい。男女で組む約束でおこなえば意外と抵抗なくできる。

▶ 応用編
　グループのメンバーや人数を変えたり，気に入った動きでカノン（順番に追いかける）やスローモーションを取り入れたりして工夫すると，同じ動きでも楽しく踊れる。テンポや曲調の違う曲を

３つくらいつないで，いろいろな動きを楽しむこともできる。また，「スポーツ選手のように」「探検隊のつもりで」などテーマを与えると表現につながりやすい。

▶ お薦めの曲
　流行の曲や児童が踊ってみたいと思っている曲を参考にするとノリノリで動ける。他に，「ヘビーローテーション」／AKB48，「にんじゃりばんばん」／きゃりーぱみゅぱみゅ，「Troublemaker」／嵐などの曲は動きやすくお薦め。　　　[沖野真実]

13 リズムに乗って　あんたがたどこさ

中・高学年

1 学習の目標
① みんなで協力して，リズミカルに「あんたがたどこさ」を踊る。
② いろいろなオリジナルポーズを見つけて「あんたがたどこさ」を踊る。

2 学習の進め方

	学習活動	指導の要点と言葉かけ
導入 3分	① 「あんたがたどこさ」の確認 ・6〜8人組になる。 ・先生と一緒に歌う。 ・歌いながら，右方向に両足跳びで4つ跳び，「さ」のところで左方向に戻る。	・「あんたがたどこさ」の歌，一緒に歌ってみましょう。 ・上手。では，先生の動きを見てね。「さ」のところだけ左にピョン。これをチームで円になって手をつないでしますよ。
展開 7分	② リズムとポーズを変化させて踊る [板書]「あんたがたどこさ」 みんなで協力してリズミカルに踊ろう。 いろいろなポーズを見つけよう。 ・1回目　元気に歌ってシンプルに踊る。 ・2回目　超スピードに挑戦。 ・3回目　「さ」のときに猟師のポーズ。  ・4回目　「さ」のときにタヌキのポーズなど。	・やり方がわかったかな？　できるだけ大きな声で歌ってね。 ・ちょっとチームごとに練習してみましょう。 ・では，本番。元気よくね。せーの「あんたがたどこさ…」 ・超スピードでやって，できたチームは座るよ。用意ドン。 ・○○さんチームが一番！　すごいね。 ・今度は普通の速さに戻るけれど，「さ」では手を離して，猟師のポーズで少し長く止まります。猟師はどんな格好でタヌキをねらうかな？　鉄砲？　わな？　ヤリ？　タヌキを担いだり，煮たり，焼いたり？ ・鉄砲を持って，もっと低くねらうのもいいね。ジャンプしてピタッとねらうのも。あ，担いでいるのね。みんな，かっこいい。 ・じゃ，やってみよう。せーの「あんたがたどこさ…」。「さ」のところで少し長めに止まってから次に進むよ。「ひごさ…」 ・タヌキのポーズでもできるかな？　逃げる，かくれる，あっかんべもありだね。

● 指導のポイント

　教師が元気いっぱい歌うと，児童も大きな声で歌いながら練習できる。スピード挑戦は，児童が大好きなので，2回戦くらいやっても楽しい。猟師のポーズのときには，しっかりと腰を落として決めてみせるとよい。児童が見つけたいろいろなポーズをたくさん褒めて，みんながオリジナルな猟師に挑戦するように導く。ポーズのときに少し間を取るのが大事。時には大きな一重の円でするのも楽しい。

● 応用編

　スピードに挑戦した後は，反対回りにする，片足ケンケンで進んで「さ」は両足にするなど，児童のノリや体力を見ながら，他のやり方にも挑戦させるとよい。猟師とタヌキのポーズも，次の機会には好きなスポーツのポーズや好きなヒーローのポーズなどにすると，さらに広がる。

[宮本乙女]

14 リズムに乗って ヒーローに変身！

中・高学年

❶ 学習の目標
①音楽のリズムに乗って，ノリノリで元気よく踊る。
②好きな「変身ヒーロー」になりきって，自分らしい変身ポーズを楽しむ。

❷ 学習の進め方

学習活動	指導の要点と言葉かけ
導入 3分	① 「変身ヒーロー」のイメージを広げる ①先生と一緒にいろいろな変身ポーズを試す ・変身ヒーローの絵や写真を見る。	・変身するヒーローってどんなの知ってる？ ウルトラマン？ 仮面ライダー？ プリキュアもあるね（動いてみせる）。 ・どんなふうに変身するんだっけ？ 思い出してみよう。 ＊児童から変身ヒーローのイメージが出たら一緒に動いてみる。
展開 8分	② 「変身ヒーロー」になって踊る ①曲に合わせて好きな変身ポーズをする ②２人組でトレーニング振りを踊る  ③先生の言葉かけに合わせて１曲踊る ♪「無責任ヒーロー」／関ジャニ∞	・今日は「無責任ヒーロー」の曲に合わせて，好きなヒーローに変身して踊るよ。「♪おいら伝説の」で私が（自分）１番（上空）って指さしながら走ります。「♪無責任ヒーロー」で好きなヒーローに，へーんしん！ 次は何になる？ 思いつかない人は先生の真似ね。 ・ヒーローは戦いに備えて日々トレーニングしています。みんなもトレーニングしよう！ 床タッチから大きくジャンプ！ ・２人組で，強いぞ，強いぞ，グルグルジャンプ！×２。右手をつないで走るよ。もう１回，強いぞ…今度は左手をつないで走る。 ・では，先生と一緒に１曲通して踊ろう。 ＊早めの言葉かけと動きでリードしながら一緒に踊る。

サビ	おいら伝説の無責任ヒーロー	私が１番と腕を突き挙げて走る，好きなヒーローで変身ポーズ ×２
間奏		頭上で裏打ちの手拍子をしながら自由に走り回る
歌A	昭和と平成…	膝の屈伸，伸脚，アキレス腱，体前屈，体側，回旋，首回し など体操
歌B	みんなが不安を抱えて…	相手を探して２人組，バーピー，スクワット，馬とび など筋トレ
歌C	全力前進ジャジャジャーン	胸をたたいて片足で弾む，腕グルグルジャンプ，２人でブーメラン ×２

＊以上を曲に合わせて繰り返す。毎回違う友達と組むように指示。ラストは変身ヒーローのポーズで決める。

▶ 指導のポイント
簡単にできる定型の踊りと自由な部分を組み合わせた教材。教師自身が楽しく踊ってリードし，「先生の真似をすればいい」という気軽な気持ちで取り組ませたい。友達と関わりながらノリノリで踊り，体と心をほぐすのがねらい。変身ポーズを思いつかない児童も，毎回違うポーズをやって見せると「そんなのもあったなぁ」と次第に好きな動きを見つけられるようになる。

体操や筋トレの内容は児童の体力レベルに合わせて組み合わせる。いつもやっている体操なら説明は不要。動き出しのカウントより少し早く次の動きをコールし，教師がはっきり動くのがポイント。

▶ 応用編
曲の３番に入る間奏部分で10人程度から全員で集まり，歌Cの振りをみんなで踊って大きな輪で走ると盛り上がる。慣れたら５人組程度の○○戦隊を作り，独自の変身ポーズやトレーニングを工夫したり，ラストの決めポーズを群像にしたりして，グループのウォームアップや作品づくりに発展させることもできる。他に「ガッチャマンの歌」などのアップテンポなアニメ主題歌に合わせて構成しても楽しい。

［中村恭子］

ゲームや遊びを楽しくする 10 のコツ

❶ 集合するところから気分を盛り上げる
　今から楽しいことが始まるという期待感をもたせるために，BGM をかけておく，合図にいつもと違う楽器を使う，小道具を用意するなどして演出するとワクワクします。

❷ 題材に関連した身近な話題でイメージを広げ，興味をもたせる
　海水浴に行ったことある？ バナナはどんな形？ など経験知に問いかけると意欲が増します。

❸ 説明は短く，ルールはわかりやすく
　すぐに動いて活動を始められるように，ルール説明はできるだけ簡潔にしたいですね。板書を活用したり，中心部分だけを抜き出し練習したりすると理解が容易になります。

❹ 大げさに動いて見せる
　動き方については教師がはっきり大きく動いて見せることが一番。ちょっと笑いが出るくらい大げさに動くのがポイントです。

❺ 声かけは抑揚をつけて雰囲気を出す
　大きな動きを引き出したいときはハリのある元気な声で，集中させたいときは身をかがめながら小さな声で，多彩な声色，オノマトペも駆使して感覚に訴えましょう。

❻ 一緒に歌う，大きな声を出す
　知っている歌なら一緒に歌う，ハイ！ と大きな声を出す，元気よく手拍子するなどを取り入れると，ぐっと気分が盛り上がります。

❼ 空間を自由に動き回る
　体育館中を自由に動き回ると解放感が高まります。特に低・中学年の児童は教師の後を追うので，活動が始まったら教師自身もあちこち移動して定位置を作らないようにしましょう。

❽ 仲間と関わり合って動く
　2 人組・3 人組で活動する，手をつなぐ，手合わせする，向かい合って踊るなど，仲間と関わり合って動く場面を取り入れると楽しさが倍増します。

❾ よい動きをすかさず褒める
　ダイナミックな動き，めりはりのある動き，おもしろい動きをしている児童を見つけたら名前を呼んですかさず褒めましょう。本人も周囲の児童も活発に動くようになる特効薬です。

❿ 先生が一番楽しむ
　楽しく動いている先生が最高のお手本。児童と一緒に思いきり楽しんでください。

第2章

表現を深めよう！
各学年にお薦めの題材と授業の進め方

1　楽しい動物ランド
2　乗り物でGO！
3　くじらぐもに乗って
4　忍者参上
5　せんたくもの
6　ジャングル探検
7　とびだす！
8　スポーツニュース
9　機　　械

この章は，この本の中核とも言える章です。
子どもと一緒に，イメージと動きを探していく
学習指導の進め方をできるだけ丁寧に示しました。
これまで，実践を積み重ねてきた中から，
それぞれの発達段階にお薦めの題材を選んでいます。
何より，表現の世界を楽しむ「魔法の言葉かけ」が
くわしく具体的に書かれています。
先生と一緒に表現の世界に向かう最初の部分がとても大切です。
先生自身が，体と心を表現の世界に溶かし込み，
子どもたちとわくわくする時間を過ごしてみませんか？

1 楽しい動物ランド 低学年

❶ 学習の目標
①動物になりきって動く。
②動物のいろいろな様子や特徴を工夫することを楽しむ。
③動物の動きを出し合いながら，いろいろな友達と関わることを楽しむ。

❷ 学習の進め方

	学習活動	指導の要点と言葉かけ
導入 10分	①ウォームアップ ①わいわいタイム　　　　　　　（3分） 「バナナ鬼」（p.15） ・大きな声で，課題を読む。 ・みんなで声を合わせる。 ・バナナになってピタッと止まる。 ・その場でバナナになる練習。いろいろなバナナになってみる。 ・鬼の動きをよく見て，友達を助けてあげる。 ②なりきりタイム　　　　　　　（7分） 「トントントン何の音？」（p.6）	・今日の1つ目「わいわいタイム」（7章4参照） ・みんなで声を合わせて言うよ。「ピタッと止まろうバナナ鬼」。あれ，声が小さいな。もう一度言ってみよう。できたね。 ・鬼にタッチされたら，バナナになってピタッと止まるよ。 ・いろいろなバナナになっているのがいいね。 ・まっすぐだけじゃなくて，体を捻ってもバナナになれるのね。かっこいいね。 ・ちゃんとバナナになれたかな？　友達を助けてあげられた？ ・今日の2つ目「なりきりタイム」（7章4参照） ・「すぐに見つけてなりきろう」。さっきより大きな声ですぐに言えたね。上手。
展開 25分	②先生と一緒に課題をつかむ～イメージを広げ，友達と共有する～　　（10分） ①はっけんタイム [板書] どんなどうぶつ　見つかった？ ・声に出して板書を読み，次の学習を確認する。 ・知っている動物を出し合う。 チーター　ライオン　猫　犬　象　熊 サイ　恐竜　ゴリラ　猿　ウサギ ネズミ　蛙　バッタ　アリ　ワニ トカゲ　鷹　すずめ　つばめ　クジラ サメ　うなぎ　など ②自由に動物になって動く（約20秒） ③自分がなった動物を伝え合う	・今日の3つ目だよ。さっきよりもっと大きな声で，声を合わせて言えるかな。 ・今日の3つ目「はっけんタイム」（7章4参照）。「どんな動物見つかった？」 （板書を指しながら，テンポよく元気に）。 ・読むのも上手になったね。 ・みんな，どんな動物知っている？ （子どもからイメージを引き出すために） ＊次々に指して発言させる→1つひとつを受け入れる。 「いいね」「そういうのもいるね」「詳しく知ってるね」 ＊教師の意見は，はさまない。 ＊発言を促す→「他にもある？」「まだありそう？」 ・たくさん動物　知ってるね。好きな動物になれるかな？ ・もう，なってる子いるよ。何の動物？　みんなもなれる？ （すでに動物になれていたら，すぐに自由に動かす） ・好きな動物になーれ！　すごいね。鳴き声も本物だ。 ・太鼓の音でピタッと止まる。音がちゃんと聞けている子が丸。 ・動物で集まろう。何になったの？ （発言を受け止めながら，ポイントを伝える） ・すごく速いんだよね。顔もなりきってたよ。

学習活動	指導の要点と言葉かけ

展開 25分

③ **先生と一緒に動きを拓き，友達と共有する** (10分)

・先生と一緒に見つけて練習しましょう。

先生の問いかけ▶	子どもが動きで答える▶
○ガサゴソガサゴソ何がいた？	○ガサゴソガサゴソ何がいた？
○ガサゴソガサゴソまだ見えない	○ガサゴソガサゴソまだ見えない
○何かな，何かな？	○何かな，何かな？
○あ，見ーつけた	（先生の言葉を繰り返す）

① すごーく速く走る動物，見ーつけた！〈はっきりと〉
　［タタタタタ］速い速い速〜い　　　　　（手足を床につけて，速く走る）
　同じ所にばっかり行かないよ。　　　　　（体育館の中をあちこち走る）
　速くてもピタッと止まれる動物，すごい。

② 大きくて重たい動物，見ーつけた！〈ゆっくりと〉
　［ドン，ドン，ドン，ドン］ドシーン，ドシーン　（大きく，ゆっくりな動きで）
　象さん？　鳴き声もすごい。仲間を見つけてるのもいいね。

③ ピョーンピョーンって跳ぶもの，見つけた！〈元気に〉
　［トトン，トトン］わーすごいジャンプ！　（両足で大きく跳ぶ）
　ジャンプなのに速い！　跳びすぎてひっくりかえっちゃったよ。

④ ゴソゴソはってくるもの，見ーつけた！〈低い声で〉
　［ドドン，ドドン］ゴソッゴソッ…ぬめぬめぬめ！　（腹ばいで進んだり，戦ったり）
　ちょっと怖そう。顔までなりきってるね。

⑤ スーイスイって，空を飛ぶもの，見ーつけた！
　［トトトトト］気持ちよさそう　ヒュ〜　　（あちこちを自由に走り回る）
　空中回転もできそうだね。鳥のまま巣に戻っておいで。

＊「ガサゴソガサゴソ」の呼びかけをきっかけに動物（動きの質）を変えて繰り返す。
＊［　］内はリズム太鼓の音。動きに合わせてたたき方を変えるようにする。

④ **自分の好きな動物になって，動物ランドへ出発！** (5分)

・いろいろな動物になれたね。
・かっこいい音楽を流してあげるから，自分の一番好きな動物で，遊ぼうね。何をしているか先生にもわかるように。いろんな所で，いろんなことができるといいな。
・動物がいっぱいの楽しい動物ランドに用意，スタート！
　♪「動物のカーニバル」/『表現運動 CD 低学年用』
・（動きを止めて）「大きく動けているね」「おもしろい動きだね」

まとめ 10分

⑤ **見せ合い** (5分)

・半分ずつ，友達に見せてあげよう。先にやりたい人？
・何の動物か，よく見てね。上手だったね。後半，スタート！

⑥ **活動を振り返る** (5分)
・友達と見つけた動物を見せ合う。

・動物になりきることができましたか？
・いろいろな動物の動きが上手になりました。
・友達とも一緒に遊べましたね。今日は花丸三重丸，ぽん！

● 低学年の指導における留意点

　低学年の子どもたちは、なりきって遊ぶことが大好き。だから、教師はその気持ちを大事にしながら、体を思いきり動かせるようにしてやりたい。全速力で走り回る動きは、必ず取り入れよう。

　また、子どもたちは、教師が「自分」を見ていてくれるとわかると安心して学習に取り組めるようになる。小さなことでもその場で褒めてやり、「見ているよ」とメッセージを伝えることで、意欲を高めることができる。

　「楽しい動物ランド」は、動物の動きとして、非日常的な体の使い方にも挑戦できる、低学年では繰り返し取り上げたい題材である。

● 学習の進め方のポイント

〈資料の効果的な使い方〉

①板書の効果

　児童の興味を引きつけ、短時間でめあてを伝えることで、実際に児童が体を動かす時間を確保しよう。色や形、写真など、イメージを広げる工夫で学習を深めることができる。

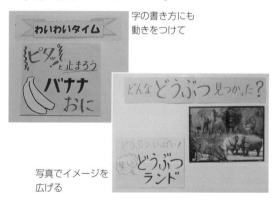

字の書き方にも
動きをつけて

写真でイメージを
広げる

②リズムに乗せて

　学習の内容を確認するため、学習の区切りでは板書を見ながら、リズムに乗せて声を出す。声を出し、みんなで合わせることで体の中にリズムを溶かし込む。めあてとする言葉も短く、すぐに児童が理解できるよう工夫したい。

　ここでは「〜タイム」という言葉を用い、めあてと合わせて、七五調のリズムにまとめている。子どもたちが一息で読め、体にも心地よいリズムである。

〈ウォームアップ〉

　低学年の子どもは、短時間で次々遊ぶことができる。教師も一緒に、動きの世界を楽しもう。

　鬼ごっこの１つ「バナナ鬼」。鬼にタッチされたらバナナの形(両手を上に上げてバナナを作る)で止まる。遊びながら、体育館中を広く速く走ること、鬼をよく見て体をかわすこと、そしてピタッと止まることを楽しめるようにしておきたい。その動きが主の学習活動にもつながっていく。

　「トントントン何の音？」は、言われた物にすぐになりきる練習でもある。「おばけの音」で教師が鬼になる鬼ごっこが入る。教師が追いかけることで広い空間や壁も使えるようにしていける。

〈キャッチボール方式の指導の流れ〉

　児童の気持ちやイメージを動きにつなげるためにポイントとなるのが、教師の「動きを引き出す言葉」である。教師の投げた言葉に応じて、児童が動きで返す「キャッチボール方式」の指導場面では、特に重要と言える（8章4参照）。

　低学年では「キャッチボール方式」でこまめなボールのやりとりを心がけておきたい。1回の動きは短め（20～30秒）にして、児童の動きをよく見ながら、早めに教師の言葉かけでイメージや動きに変化をつけていく。そのことで、いろいろな動きや体の使い方を経験させることが大切なのである。

　ここでは「教師と一緒に動きの練習」の場面がポイントとなる。「ガサゴソガサゴソ、何がいた？」と問いかけ、児童と声を合わせながら、次々と新しい動物への意識を高める。動きを切り替えるときは、まず一度児童の動きを止めて、よい表現をすぐ褒めよう。なりきったまましっかり止まれるようになると動きも変わってくる。

● イメージのもたせ方・広げ方

　この題材「動物」は、児童にも親しみやすく、実際の動きを真似することも比較的容易である。また、手と足を使った歩きや全身を使ったジャンプなどで身体機能の刺激もでき、イメージをもちながら、さまざまな動きの基礎を学べる題材と言える。

　動物には種類がいろいろあるが、教師の教材研究としては、動きの質に着目しておくことが必要である。つまり、動物のイメージと、動きの質の違いがつながっているのである。ここでは、大きく分けて、

①速く走る動物（タタタタタ，ササッササッ）
②大きく重たい動物（ドシーンドシーン）
③跳ぶ動物（ピョーンピョン）
④這う動物（ゴソゴソゴソ）
⑤空を飛ぶ動物（ヒュー，スーイスーイ）

を取り上げている。それぞれの動きに合う言葉かけやオノマトペで，質の違う動きを体験させよう。ただ，「速く走る動物」にもいろいろある（チーター，ライオンなど）ので，児童が自分の好きな動物を選ぶ余地も残している。最終的には児童が自分で選んでなりきり，それぞれのイメージの世界に遊べるようにしてやりたい。

動きを引き出す声の調子

動きを引き出す言葉には，教師が意図的に「動き」「空間」「リズム」を溶かし込む。そのとき，擬音語や擬態語を活用したい。例えば，

〈動　き〉

「ドシーンドシーン」→重さやゆっくりの動きの感じを伝える。

「サササッ，サササッ」→小さくすばやい感じ。

重たい動きと対比させて，体に直接動きの違いを感じさせる。

〈空　間〉

「広い空を遠くまで飛んでいこう」→同じ所にだけいないように，広い空間を使えるようにする。動物のイメージに合わせて言葉を選ぶことが大事。

〈リズム〉

「ピョーン，ピョン」「ピョンピョンピョン」→同じリズムばかりつなげていると，動きが単調になる。リズムを変えることで，動きにも変化（大きく跳ぶ―小さく跳ぶ）をつけられる。

言葉かけをするときは，引き出したい動きに合わせて「声色」も普段より大げさに変えよう。はっきりしたすばやい動きを引き出したいときは，言葉かけも「はっきり」と。ゆっくりの動きのときは「ゆっくり，低い声」で。ピタッと止めたいときは，「鋭い声」と使い分ける。

動きの指導のポイント

〈どこで何を褒めるか〉

大きな動きをしている子を，まず大きな声で褒める。よいところを見つけたらすぐ言葉にしよう。児童は教師の声をよく聞いている。自分も褒められたいという思いを大切に，大きな動きに挑戦させたい。

次に大事なのは，きちんと止まれるようにすること。止まることで，学習の流れにもめりはりが生まれる。しっかり止まれている児童を繰り返し褒めよう。

〈動きの工夫〉

一番大事なのは，動きの工夫である。ただ速く走るだけでなく，自分の選んだ動物になりきって動きを工夫し始めたら，すかさず褒めよう。走っていってえさを食べる，仲間を見つける，敵と戦う，獲物をねらうなど，児童が楽しんでなりきっている様子を見て褒めよう。

初めは教師と児童の関係で学習を進めるが，児童が自然に友達と関わりながら動けるようになることも，次へのステップとして受け入れよう。

リズム太鼓をどう使う？

児童の動きを引き出すために，言葉かけとともに有効なのが，リズム太鼓の活用である。太鼓のたたき方ひとつで，児童の動きが変わってくる。

太鼓は教師の言葉に代わるもので，教師が引き出したい動きが伝わるようにたたくことが必要である。命じる音ではなく，伴奏として子どもが動きたくなる音になるよう気をつけよう。

「音の大きさ」「速さ」「リズム」を変化させることを忘れずに。たたく場所（床など）を変えるのも効果的。

ただ，実際に太鼓のたたき方で教師の意図を伝えられるようになるには，多少の練習が必要である。時間を作って，たたき方の練習も積んでおきたい。

評価のポイント

・いろいろな動物を見つけ，なりきって動くことができたか。

・いろいろな動物の動きの違いを体感し，自分の選んだ動物の動きを工夫して楽しむことができたか。

・いろいろな友達と関わりながら動くことができたか。

［栗原知子］

2 乗り物でGO！

中学年

❶ 学習の目標
① いろいろな乗り物に乗ったり，なりきったりして楽しむ。
② いろいろな乗り物の特徴を捉えて即興的に動く。

❷ 学習の進め方

	学習活動	指導の要点と言葉かけ
導入 10分	①ウォームアップ　　　　　　　　　　（10分） ・「リズムに乗ってジャンプ！ジャンプ!!」 （DVD ①-③参照）	・先生の真似をしていろんなジャンプに挑戦するよ。 ・自分でもジャンプが見つけられるといいね。
展開 25分	②先生と一緒に課題をつかむ～イメージを 　広げ，友達と共有する～　　　　　（5分） 　［板書］どんな乗り物知っている？ ・知っている乗り物を出し合う。 　飛行機　ロケット　ジェットコースター 　自動車　トラック　バス　ショベルカー 　オートバイ　電車　新幹線　一輪車 　ローラースケート　空飛ぶ絨毯　など	・いろいろな乗り物を見つけて，友達と遊びましょう。どんな乗り物があるかな？ （イメージを引き出すために） ＊子どもが言い出したらしっかり受け止め肯定する。 　「飛行機！」→そうだね，いろんな飛行機があるね。 ＊子どものアイデアを受け止めつつ，教師の意図を入れ込んで返してやる。この例では，飛行機がみんな同じ形でないことを言外に伝えている。 ＊特徴を具体的な言葉にして，つかませる。 　「ショベルカー」→大きくて，たくさん土をすくえるんだね。 ・たくさん知ってるね。今日は2人で動きを工夫しましょう。
	③先生と一緒に動きを拓き，友達と共有する 　　　　　　　　　　　　　　　　（5分）	・2人組になーれ！　すぐなれる子いいね。 ・2人で飛行機作れるかな？　いろんな形の飛行機があるね。 ・エンジンかけるよ。ブルンブルン　出発！　広い空を飛んでいくよ（リズム太鼓で伴奏し，動きを補助する）。 ・1回転もできるかな？　ヒューングルーン　着陸　止まった！ ・最後まで2人で飛行機，上手にできたね。
	④2人組で乗り物を見つけ，自由に動く(15分) ・1人3つ，好きな乗り物を選ぶ。 ・1番，2番を決め，順番に自分の選んだ乗り物を相手に伝えて，2人で乗り物を工夫して動く。 ・次々と自分たちの選んだイメージで動く。	・大きな声で乗り物の名前を言って，2人で乗り物になるよ。 ・太鼓の音で，ピタッと止まって見せてね。 ・1つ目の乗り物，1番の人が選んでね。用意，スタート！ ・乗り物とお客さんになっている子もいますね。 ・速い速い！　急停車！　キキーッ！　最後のポーズ　上手。 ・2つ目は何かな？　2番の人が選ぶよ。用意，スタート！
まとめ 10分	⑤一番好きな乗り物になって動く　　（5分）	・一番好きなのはどんな乗り物？　2人で一番好きな乗り物になって遊びましょう。 ・どんなことができるかな？　どんな所へ行けるかな？ ・たくさんの乗り物を見つけて，なりきることができましたね。
	⑥見せ合い　　　　　　　　　　　　（5分）	・半分ずつ，友達に見せてあげましょう。 ・いろいろな乗り物を見つけたね。よく工夫していました。

🔵 学習の進め方のポイント

　低学年ほど，教師が児童と一緒に体を動かすことが活動への意欲づけや，動き自体に影響する。まずは，教師が思いきり体を動かして楽しみたい。ここでは，ウォームアップとして「リズムに乗ってジャンプ！ジャンプ!!」を取り上げ，短時間で体を暖めて本時の課題につなげている。

　初めは簡単な動きを繰り返す。子どもたちが真似できるようになったら，体のいろいろな部位を動かすなど少しずつ変化をつけていく。繰り返すことで，相手の動きをすぐに真似したり，止まる瞬間に対応したりできるようになる。

　本時の課題を伝え，イメージを出させるときは，1人ひとりが自分のやりたいものをもてるよう，それぞれのイメージをしっかり受け止める。その中で，動きの特徴を具体的に言葉として伝えることが，子どもたちの動きを変えていくポイントとなる。

🔵 イメージのもたせ方・広げ方

　「乗り物」からあまりイメージを見つけられない子どももいるだろう。時間が取れれば，事前に宿題としてイメージを考えさせ，教師が集約しておけるとよい。まず，授業の初めにたくさんイメージを発表させ，児童1人ひとりのイメージを広げる。教師はそのイメージからどのような動きが引き出せるか，動きの質を変えるにはどうしたらよいか事前に考えておくこと。

　イメージを多様化するためには，幅広くいろいろなものを受け入れることが必要である。絵や写真などを準備するときは，児童の動きが形の真似だけに終わらないようにできるだけ動きも感じられる物，イメージを制限しない物を心がけよう。また，子どもの発想にないイメージも準備しておけると，さらにイメージが広がっていくだろう。

🔵 動きの指導のポイント

　「乗り物」は，硬い形とスピードが動きの特徴である。友達との関わりを楽しみながら，動きの工夫に取り組ませたい。

〈2人の関わりを楽しむ〉

　1人で動きを見つけるより，友達と一緒だと楽しさも倍になり，お互いに真似することで，動きの工夫も増えていく。

　2人の関わり方はいろいろできる。例えば，2人でつながって1つの乗り物を作り，ふれ合っての動きを楽しむ。また，好きな2人で手をつないでグルグル回る動き（遊園地のコーヒーカップなど）では，速さも楽しめる。

　さらに，2人の関係を変えてみることも楽しい。2人で乗り物になるだけでなく，1人が乗り物，1人がお客さんになることもできる。ただ，おんぶを始める児童がよくいるが，場合によっては動きが制限されたり，転んだりするので，「おんぶしないほうが速くてかっこいいな」などと声をかけて違う動きに導きたい。

〈「止まる」を大事に〉

　初めと終わりにきちんと止めることをいつも意識すること。乗り物なら，エンジンをかける出発前の形をきちんと確認する。自由に動いた後は，しっかり止まるところまで。止めることでめりはりをつけ，児童の動きをしっかり見ることもできる。

〈どこで何をアドバイスするか〉

　乗り物の形は比較的決まっているので，形が変わらなかったり，速さも単調になったりすることがある。そんなとき，空間や速さを変える言葉かけが重要となる。

　「速く走る―急ブレーキ」
　「ここはゆっくり通っていくよ」
　「カーブが続くよ，落ちないように」

　児童の動きに合わせて声かけをするためには，児童の動きを見とる教師の目を磨く訓練も欠かせない。このイメージで，どのような動きを引き出したいか，教師が自ら動いて確認しておくことで，子どものよい動きを見つけられるようになる。子どものよい動きを見せることも動きの開発につなげられる。

🔵 評価のポイント

・いろいろな乗り物を見つけることができたか。
・乗り物になりきって動くことを楽しんだか。
・友達と一緒に仲良く活動することができたか。

［栗原知子］

3 くじらぐもに乗って　　低学年

1 学習の目標
①物語の世界に浸り，その世界を楽しむ。
②場面を変えながら，簡単なストーリーをつなげて踊ることを楽しむ。

2 学習の進め方

学習活動	指導の要点と言葉かけ
導入 10分	
① ウォームアップ　　(10分) ・「ぴよぴよちゃん」(p.7) をおこなう。 ・先生や友達の動きをすぐに真似る。	＊「ぴよぴよちゃん」「なんですか？」 　「こんなこと，あんなことできますか？」 　先生が2つポーズをして，児童がすぐ真似る。 ＊児童の2人組でもおこなわせる。
展開 30分	
② 先生と一緒に課題をつかむ～イメージを広げ，友達と共有する～　　(10分) [板書] くじらぐもにのって冒険に出かけよう。 ・みんなで，手をつないで輪を作る。	・「くじらぐも」のお話楽しかったね。今日はみんなで，くじらぐもに乗って冒険に行きましょう。 ・「天までとどけ1・2・3！」(みんなでジャンプ) ・もっと高く。もっと高く！
③ 先生と一緒に動きを拓き，友達と共有する　　(20分)	

先生の問いかけ▶　　　　　　　　　子どもが動きで答える▶

　　○天までとどけ　1・2・3！　　　　○天までとどけ　1・2・3！
　　　わあ，海が見えてきた！
　　　何がいた？　　　　　　　　　　たこ
　　　クネクネ泳いでるね　　　　　　（クネクネしたやわらかい動き）
　　　あ，墨をはいた　　　　　　　　（鋭く墨をはく動き）
　　　今度は何を見つけたかな？　　　（自由に見つけたもので動く）
　　　大きな波が来る　ザブーン　　　（みんなで大きくジャンプ）
　　　大きな波に巻き込まれる　　　　（グルグル回ったり，転がったり）
　　　次の冒険に出発！
　　○天までとどけ　1・2・3！　　　　○天までとどけ　1・2・3！
　　　今度はジャングルが見えてきたよ
　　　大きな動物だ　ドスンドスン　　象
　　　鼻を伸ばしてえさもとるよ　　　（重たくゆっくり，鼻を振り回す）
　　　ピョンピョンはねてるのは？　　カンガルー
　　　両足跳びだよ，ピョーンピョン　（両足で大きく跳ぶ）
　　　キックボクシングもできるんだ　（足を振り上げたり，蹴ったり）

まとめ 5分 ④ 活動を振り返る　　(5分) ・次時の予定を知る。	・どんな冒険が楽しかったですか？ ・次は，どこに冒険に行きましょうか？ 　遊園地？　いいですね。どんな乗り物あるかな？　考えておいてね。

🔵 学習の進め方のポイント

　低学年は，生活丸ごと表現として遊べる時期なので，普段からどの教科でも，体の動きとつなげるよう意識づけをしておけるとよい。

　この「くじらぐも」は1年生の国語の教科書に載っているお話である。体育の学習中にやってきた学校大好きな「くじらぐも」に，1年生が飛び乗っていろいろな所へ冒険に出かけるという，夢もあり現実感もあるストーリーが展開する。国語で学習しながら教室でも一緒に跳んでみたり，どんな所へ行ったか，どんな物と出会ったかなど，イメージを膨らませたりすることもできる。関連させて，気持ちを切らずに体育の時間で表現遊びを楽しめるよう進めていきたい。

🔵 イメージのもたせ方・広げ方

　国語や生活科などの学習とつなげることで，いろいろなイメージを入れ込んで，広げることができる。

　例えば，1時間目は「海のほうへ」。海にいるものを子どもからたくさん引き出し，次々と動きにしていく。教師は事前に教材研究をして，動きの質が違うものを考えておく。

> イルカ，クジラ，エイ，ロブスター，エビ，カニ，亀，トビウオ，貝，海草，イソギンチャク，海鳥，波，嵐　など

　2時間目は「街のほうへ」。海とは異なるイメージが出てくるはずである。人工的で硬い動きも取り入れて学習したい。

> 電車，バス，車などの乗り物類
> パン屋，花屋，八百屋などの店
> 遊園地，公園などの遊びやスポーツ

出てくるイメージはできるだけ制限をせず，何でも動きにできるという感覚を伝えたい。教師も発想を自由にして，どうしたら動きにできるかを楽しみたい。

🔵 カードも利用して

　児童が見つけたイメージを，児童の絵や文字でカードにしておくと，児童のもったイメージが把握しやすく，次時の学習への準備にも使える。イメージの傾向を知ることで，児童が見つけないようなイメージを教師が準備したり，児童と一緒に練習する動きを考えておいたりすることができる。もちろん，カードを用いて学習することもできる。

🔵 動きの指導のポイント

　この学習では，いろいろな場面でそこにあるさまざまなものを見つけ，すぐに変身して遊べること，そしてお話として続けていけるところが大きな特徴となる。

　「楽しい動物ランド」（p.22）で学習したように，動きの質を変えながら教師の言葉かけで次々動いていくのがポイントである。「動物ランド」と同じ動物が出てきてもかまわない。何度も繰り返すことで，特徴をつかみ，新しい発見にもつながっていく。

　ここでは，動物だけでなく，海にも街にも行ける。動物の動きとは違う，クネクネ，ユラユラした感じの動き，人工物の硬い感じの動きなどを入れ込むことで，動きの種類を増やしていこう。「天までとどけ1・2・3！」と手をつないでみんなでジャンプするところが，場面転換の合図である。

　児童の実態に応じて，どんどん場面展開をし，1時間で完結することもできるし，2～3時間かけていろいろな所へ冒険して楽しむこともできる。学習を積み重ねることで，まとまりのある作品として運動会にもつなげることができる。

🔵 評価のポイント

　まず，物語の世界に浸れることが大切である。友達とも関わりながら，その世界を楽しんでいるかを見ていきたい。ポイントは，広い空間を使って動いていること，教師の言葉かけにすぐ反応していることである。自分なりの動きを工夫して動き続ける姿を中学年につなげていきたい。

［栗原知子］

4 忍者参上

 中学年

1 学習の目標
①忍者になりきって，術を使ったり戦ったりする。
②思いついた忍者のイメージを即興表現する。
③友達と協力して忍者のいろいろなイメージを，ひとまとまりで踊る。

2 学習の進め方

	学習活動	指導の要点と言葉かけ
導入 10分	①ウォームアップ　　　　　　（10分） ・体ジャンケンをする。 ①その場で先生対児童 ②ラインの上で体ジャンケン	＊体ジャンケンの学習について知らせる。 ・グーは石のように丸まって。　・チョキは鋭い形で。 ・パーは手足をいっぱいに開いて。 ＊ライン上での体ジャンケンの学習について知らせる。 ・体育館にたくさん引かれているラインの上を走るよ。会った人と体ジャンケン。勝ったら進んで負けたら引き返すよ。 ・混んでいたら他のラインを走るといいよ。できるだけたくさんの人と体ジャンケンをしよう。
展開 25分	②先生と一緒に課題をつかむ　　（10分） ［板書］忍者参上　忍者になりきろう。 ・巻物を声に出して読む。 ・先生と一緒に忍者走りをする。 　　忍者は足音をたてない 　　低い姿勢 ・忍者になって走る。 　　走る―止まる―見る―走る  ピタッと止まる ・忍者はどんな術や戦いをするのかを出し合う。 術：　水とんの術　火とんの術 　　　木の葉がくれの術　分身の術 　　　むささびの術　かべ登りの術 戦い：短剣　まきびし　手裏剣	・忍者は巻物を持っています。大きな声で一緒に読もう。 「忍者は忍者走りをする。忍者は術を使う。忍者は戦う。」 ・忍者はどのように走るかな。先生と一緒に走ってみよう。 ＊太鼓の音で走って太鼓の音でピタッと止まらせる。止まったら敵がいないか見させる。 ＊修行を積んだ忍者は人とぶつからないことを伝える。 ＊ピタッと止まらせるためには，張りのある音とともに声も一緒に出すと効果的。また，「体の向きを変えて」と言うよりは，向きを変える状況を作ったほうが動きの変化をつけやすい。 　　後ろ：敵が後ろから追いかけていないか。 　　上：木の上に敵がいないか。 ・忍者はどんな武器を持って戦うのかな。またどんな術を使うのかな。みんなが出してくれた術や戦いの種類は黒板に貼っておくのでグループで動くときに参考にしていいよ。 ＊オノマトペも用意して，音からのイメージも広げさせる。

学習活動	指導の要点と言葉かけ
③ イメージを広げ，友達と共有する　　　　　　　　　　　　　　（5分） ・先生と一緒にみんなで動く。 　　水とんの術　　かべ登りの術 　　　　戦い ・友達と一緒に動きを工夫する。 　①戦い方の工夫 　②カードを使って「術」の工夫 ♪「17 打楽器によるダイナミックス」『ダンス学習法・エチュード』	＊出されたイメージの中からいくつかを選んで，初めに教師と動くことで安心感をもたせたり，要点を知らせたりする。 ・初めは先生と一緒に先生の言葉かけで動いてみよう。敵に見られないように水中を進むよ。 ＊友達との学習で動きの種類を増やしたり，対応した動きなどを身につけさせたりする。 ・近くの友達と2人組で好きな動きを相談しながら動いてみよう。 ・移動の忍者走りは先生の太鼓の音に合わせるよ。 ・2人はいつも一緒に動く忍者だよ。 ・術の場と戦いの場面を両方やってみよう。
④ グループでひとまとまりの動きを作る（3～4人グループ）　　　　　　　（10分） ・先生と一緒にみんなで動く。 ・忍者走りの間に，気に入った術や戦いを入れる。 　　忍者走り―術―忍者走り 　　忍者走り―戦い―忍者走り 　　術―忍者走り―戦い ・先生の指導で全員が動く。 ・どのようにつなげるか，どのぐらいの長さでつなげるのかを知る。 ・グループで動きを決めて練習する。  むささびの術 ・グループを例にして要点を共有する。 ・見せ合いのつもりで最後の練習をする。 　　忍者参上―ひとまとまりの動き	＊教師と一緒に術や戦いをつなげて動く。どれぐらいの長さにまとめるのかを一緒に動くことで体感させる。 ・気に入った術と戦いを取り入れて動いてみよう。もちろん移動は忍者走り。 　　お城へ行くぞ。お堀を渡るには水とんの術。 　　縄ばしごを引っかけて壁を登ろう。ジャンプ。 　　敵に見つかった。戦え。 ・こんな感じで短くつなげてみよう。 ＊グループ活動が始まったら，グループを回ってグループに合った指導をする。 ・動きの決まったグループからどんどん動こう。 ・座らないで動きながら相談しよう。 ・気に入った動きは繰り返して。 ・長すぎないように。みんなで動いた長さを思い出そう。 ・相手の動きをよく見て合わせよう。 ＊もう一押し，全体に指導したい事柄を1つのグループを例にとって知らせる。 ＊指導されたことが生きているかグループを回って確認する。 ＊前よりよくなっているところを具体的に褒める。 ＊本番のつもりで練習することにより，見せるという意識をもたせる。 ＊「忍者参上」とリーダーが言ってから動き始めさせることにより，気持ちを引き締めさせる。
⑤ 見せ合い　　　　　　　　　　（8分） ・忍者になりきって発表する。 ・発表の仕方・見方を知る。 ・ペアグループで見せ合い，よかったところを発表する。	＊発表を見るときの注意点を知らせる。 ・発表する人は忍者になりきって動こう。 ・スタートは「忍者参上」と大きな声で，おわりは3秒静止。 ・発表が終わったら大きな拍手をしよう。 ・感想を伝えるときはよかったところを具体的に話そう。
⑥ 活動を振り返る　　　　　　　（2分） ・本時のまとめをする。	・今日の学習のよかったところを伝える。

中学年の指導における留意点

動きの活発な中学年では、その世界に入ればどんどん動ける。しかし、どのように動いたらよいか、どのようにまとめたらよいかわからず、動きが停滞する場面がある。長く停滞させず、よい表現を引き出すためには、教師の示範や指導・助言が必要となる。

交友関係を大切にし、活発に学習に取り組もうとするこの時期には、教師と一緒に動くことと児童が個人やグループで動くことが1単位時間の中で繰り返しおこなわれることが望ましい。

「忍者参上」は変身ものの1つである。ここでは中学年向きの題材として紹介するが、低学年でも高学年でも楽しめる題材である。成長によって工夫が加えられ、中学生や大人でもなりきって踊ることのできる魅力のある題材である。

学習の進め方のポイント

〈ウォームアップ〉

ウォームアップの捉え方は大きく2種類ある。本時の課題に直接つながる運動と、本時にはまったく関係のないダンスやゲームなどを取り入れる方法である。心を解放させて気持ちを楽しくさせるという面では後者の方法は有効である。

この授業では、導入では本時に直接つながらないウォームアップ「体ジャンケン」を取り入れた。ゲーム感覚で体を大きく使わせることができ、用具の必要がなく、簡単に楽しめる教材である。

体育館にはたくさんのラインがあるので「ライン上を走る」という条件を出せば体育館いっぱい走り回る。また、「ジャンケンポン」という大きな声を出すことによって心を解放させ、本時の課題にもスムーズに入ることができる。

〈イメージのもたせ方・広げ方〉

「忍者」から思いつくイメージはたくさんあるが、児童によっては広がり方に差がある。最初のイメージ出しでたくさんの意見を発表させることにより、どんな術や戦いがあるのかを共通財産にすることができる。

児童のイメージをわかりやすい絵で張り出すことは、イメージを共有する点で有効である。さらに「カキーン」「シュッシュッ」のようなオノマトペのカードは、イメージを広げさせることができる。

単元で数時間扱う場合には学習計画をしっかり立てて次の時間はこんな学習をするという見通しをもったり、時には「どんな術があるのか考えておいてね」と宿題を出したりすることをお薦めする。

中学年では、わからない・できないという不安をもたせないためにも「思い浮かばなかったら先生や友達を真似してね」と声かけしたり、実際に動いて見せたりするとよい。

〈「サンドイッチ方式」の指導の流れ〉

忍者の特徴は敵に見つからないための走りや術。そして機敏な動き。イメージ出しで共通財産にしたものを体に残すためには教師と一緒に動いてみる。さらに広げるためには2人組で動いて相手の真似や動きを合わせる方法がよい。

教師—児童—教師—児童など、まるでサンドイッチのように丁寧に要所を挟んで押さえることで、児童は安心して学習を進めることができる。一緒に動いて例を示したり、引き出したりすることが大きな財産となる（8章5参照）。

〈資料の効果的な使い方〉

①板　書

今日は何を学習するのかが一目で理解できたり児童に「楽しそうだな・やってみたいな」と思わせたりするような工夫がほしい。

ここでは、児童から出されるであろう忍者の技や術をあらかめカードにしておき、発表されたものから順に黒板に貼り付けていった。

これらのカードは、後でグループ学習する際に、どんな技を取り入れたらよいか迷う児童にとって参考になる。

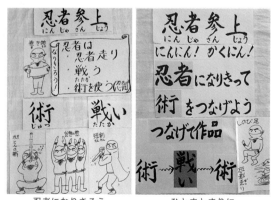

忍者になりきろう　　　ひとまとまりに

②巻　物

教師が「忍者の心得」の巻物を読んで雰囲気を高める。むろん本物ではない。すぐ手に入れるこ

とのできる習字作品を掲示するものだが、教師も児童も気分はすっかり忍者である。

▶ 動きの指導のポイント

〈はじめとおわり〉

活発なこの時期の児童は動くことが大好きでよく動く。グループで踊っているときも、いつ始まってどこで終わるのか意識しにくい。きちんと整列して「これから始めます」や「よーい」などの掛け声をかけてから始める指導もある。ここでは「忍者参上」と声をかけてから踊り始めるという約束をした。こうすることで「なりきる」きっかけができる。終わりはピタッと静止5秒。「はじめ」と「おわり」にきちんと止められることが実は大切である。

〈ポイントとなる言葉〉

児童を肯定的に見たり、肯定的な関係をつくったりすることが大切なのは当然のことである。褒めてやる気にさせることができれば授業は成功と言ってもよい。

しかし、さらによい動きをめざすためには的確なアドバイスが必要である。「もっと工夫できるかな」「もう少し捻れたら最高」など、今を肯定しながらもさらによくするための的確なアドバイスができるとよい。

何を言うかも大切だが、どのように伝えるかもそれ以上に大切である。せっかくのアドバイスも児童の心や体に届かない言い方ではもったいない。児童と教師、児童同士が率直に意見を出し合える関係をつくりたい。

〈どこで何をアドバイスするか〉

1時間の前半では個人の動きを高めるアドバイスが多い。その場面では個人の名前を呼んで体の使い方を中心に褒める。名前を呼ばれないと誰の動きを褒められたのか褒められた本人がわからないことがある。みんなに真似してほしいすばらしい動きが見つかれば紹介して、その動きをみんなで見たり一緒に動いたりして共通財産にするとよい。

グループへのアドバイスは「もっと広がって」「円だけでは鋭さが出ないよ」など、場の使い方や人数を生かした動き・隊形などに目を向けて、そのグループに合ったアドバイスをする。

もっと大きく。忍者らしいすばらしい術だよ

▶ ひとまとまりの動きに

単元で組む場合はもちろんのこと、1時間完結の学習であっても何らかの形で友達の動きを見合う機会があるとより学習が深まる。

「はじめ―なか―おわり」の形でつなげる場合もあるが、ここでは、「術と戦いを忍者走りでつなげる」という形でひとまとまりの作品にした。新たに展開を考えるより、学んだ動きをいくつか選んでつなげるほうが活動を止めずに進められる。

忍者走りを取り入れることで、忍者の特徴がよくわかる。また走り回ることで、体育館全部が活動の場となり大きな動きになる。

▶ 学習言語

算数科には算数科特有の言語、理科には理科特有の言語がある。体育科にも欠かせない言葉がある。その多くは技能を伸ばすための言葉であると言える。表現運動領域では表現力を高める言葉である。「両手を大きく広げてフワッと降りる様子がタンポポの種みたい」というような言葉かけがたくさん出ると、いつのまにか児童の間でもお互いの評価に使われる言葉となる。表現力を伸ばすための言葉をたくさん言えるようにしたい。

教師には子どもに望むことがたくさんあって、ついついもっている知識を児童に教えたくなる。しかし、整理して本時の指導に適切な言葉を選び、適切な順番で指導したい。また、本時の目標をしっかり定めれば、評価は目標に照らし合わせて出てくる。

たくさん教えればたくさん身につくというものではない。発達や題材に適した学習言語や指導言語があるので効果的に使いたい。

［山下昌江］

5 せんたくもの

中学年

1 学習の目標
①洗濯の様子を思い起こし，洗濯の場面の特徴（捻る，回るなど）を捉えて自分なりの表現を見つける。
②体を大きく使ったり，場を広く使ったりする。
③「はじめ―なか―おわり」のあるまとまった動きを創る。

2 学習の進め方

	学習活動	指導の要点と言葉かけ
導入 10分	① ウォームアップ ・空から降ってくる雨 ・ホースから飛び出す水 ・流れるプール	・3種類の水になるよ。違いがわかるように動こう。 ・降ってくる感じはどう表現するかな？ ・ホースから飛び出す感じはどう表現するかな？ ・全員で流れる感じを表現しよう。
展開 20分	② 先生と一緒に課題をつかむ～イメージを広げ，友達と共有する～ [板書] せんたくものになろう ・どんな場面があるかイメージを出し合う。 　　グルグル回っている　反対回り　脱水 ③ 先生と一緒に動きを拓き，友達と共有する ・先生と同じ動きで。 ・先生の言葉かけで。 ④ グループでひとまとまりの動きを作る [板書]「はじめ―なか―おわり」のあるまとまった動きをつくろう。 「はじめ」洗濯物や水が入る場面 「な　か」洗う　すすぐ　脱水 「おわり」洗濯物が絡まる　干される　たたまれる ・リーダーの言葉かけでスタートしたり，みんなで声を出し合ったりして，洗濯機の中の場面を中心に動く。 ・「はじめ」と「おわり」は簡単に。	・昨日の宿題は「洗濯の様子を見てきましょう」だったね。洗濯機の中で，どのように回っていたか見てきたかな？ ・脱水しているときは危ないからふたを開けないようにと言いましたが，目だけでなく耳や体全体で感じたことはあったかな？ ・洗濯機が動き始めたよ。その場で回るだけかな。体育館が大きな洗濯機だよ。 ・高くなったり低くなったり，手を高く上げたり大きく開いたり，脱水はスピードが速くなったり，音が出たりしたね。 ・「なか」の場面を動いたら，「はじめ」と「おわり」をつけたしてまとまりのある動きにしよう。 ・強調したいところは繰り返して動こう。 ・声や床の音，手足の音もいいね。 ＊グループを回ってよいところを褒め，さらによくするにはどうしたらよいかを示唆する。 ＊上手に動けている児童やグループを褒めて紹介し，全体の意欲を高める手助けとする。
まとめ 15分	⑤ 見せ合い ・見せ合いのルールや評価し合うポイントを確かめる。 ・兄弟グループで見せ合う。 ⑥ 活動を振り返る	・体や場を大きく使っているか見よう。洗濯物になりきっているか見よう。 ・友達の動きのよさを発表できたあなたの目はすばらしいですね。 ・グループで協力し合って，楽しく活動できましたか。

🔵 学習の進め方のポイント

1時間の前半は，教師の言葉かけで教師と一緒に動く時間を多くとり，1人ひとりが特徴を捉えてなりきってダイナミックに動けるようにする。グループで動くときには「自分ならこのように動く」というアイデアをもち寄れるようにしたい。後半では中心になる部分をしっかり表現し，グループで「はじめ」と「おわり」をつけてまとまりのある動きにする。導入では，水や洗濯物のイメージ出しをたくさんおこなうとよい。意見を発表し合うことにより，個人のイメージが学級全体のものとなる。

表現運動の時間も他教科と同じように，オリエンテーションをしっかりおこなって学習の見通しをつけさせると，児童は安心して取り組むことができる。「次はこんなことを勉強するよ」と伝えておけば，あらかじめしっかり観察したり動きを考えたりして，1時間という学習時間を有効に進めることができる。

🔵 デッサンを膨らませてまとまりのある動きへ
〈はじめ—なか—おわり〉

児童に「作った動きを見せ合うよ」と先に投げかけてしまうと，次から次へととてつもなく長い物語を作ってしまう傾向が見られる。そこで中心になる部分に「はじめ」と「おわり」を少しつけたさせて，まとまりのある動きにするとよい。

特に「なか」の部分は丁寧にデッサンをさせる。気に入った動きを繰り返して強調したり，友達の動きとつなげて膨らませたりするとよい。

🔵 発表の仕方
〈ペアグループで見せ合う――1対1からグループ対グループ〉

発表の一番小さな規模は1対1で，お互いに見せ合った後，2人組になってお互いの動きをつなげてもよい。そうすることにより，動きの財産が2倍になる。児童によっては自分で動きを発見できないこともある。その場合は相手の動きを真似て繰り返してもよい。見る相手が1人なので，集中して鑑賞し合ったり評価し合ったりすることができる。アドバイスでは，相手の動きのよいところを見つけて伝えることを学習する。授業の中で使う教師の言葉は，児童間のアドバイスの言葉

見せ合うことも大切な学習

にも生きてくる。

「○○さん，こんなところがよかったよ」「○○さん，教えてくれてありがとう」というような気持ちをカードに書いて掲示しておけば，他の児童への参考にもなるし，仲間関係も良好になる。
〈学級を2つに分けて見せ合う〉

おおざっぱに「半分より前の人が先に発表」と全体を2つに分けて，どこのグループを見るかを指定しないで発表し合う。発表する側はたくさんの人に見られているという緊張感がある。いろいろな動きを発見させたいときにおこなうとよい。

見る側は，いくつかを同時に見ることができるので，自分の気に入った動きのグループを見つけることができる。
〈1グループずつ発表する〉

次々に発表する。あらかじめ順番を決めておけば次のグループはすぐ準備に入れる。各グループの発表は短くても，最後に学級全体で踊れば学級の一体感が生まれ，クラス作品にすることもできる。やや時間はかかるが，全員が全部のグループを鑑賞することができる。

🔵 評価のポイント

題材名は「せんたくもの」であって「せんたく」ではない。どうかすると洗濯する人や洗濯物をたたんでいる人を表現して演劇風になってしまうこともある。ここでは身近な生活の中での洗濯物になりきって動きの変化を捉えさせたいので，評価のポイントも次の点におく。

- 洗濯機の中の洗濯物になりきって，向きを変化させて動けたか。「せんたく」と「脱水」のスピードを変化させて動けたか。
- 友達と協力し合って「はじめ－なか－おわり」のまとまりのある動きを創ることができたか。

［山下昌江］

6 ジャングル探検　　中学年

❶ 学習の目標
①ジャングルの様子をイメージして，自分なりの表現を見つける。
②ファンタジーの世界に入り込んで，友達と楽しく活動する。
③「はじめ—なか—おわり」のある簡単なひとまとまりの動きを創る。

❷ 学習の進め方

	学習活動	指導の要点と言葉かけ
導入 10分	①ウォームアップ ・新聞紙と遊んだり新聞紙になったりする（DVD ①-⑥参照）。 　走る　投げ飛ばす—すくう　たたむ　捻る	・新聞紙を両手で上に掲げて走ろう。 ・投げ飛ばした新聞紙を体で受け止めよう。 ・先生が持っている新聞紙になってね。 　フワフワ　たたむ　捻る
展開 25分	②先生と一緒に課題をつかむ〜イメージを広げ，友達と共有する〜 　[板書] ジャングル探検に行こう。 ・どんな場面があるかイメージを出し合う。 　木の上（猿・大蛇）　大木　洞窟の宝物	・ジャングルってどんな所だろう？ ＊何枚かの写真や絵（ジャングルそのものの様子や生き物など）を用意してイメージの広がりを手助けする。 ＊出されたイメージを板書して動きづくりの手助けとする。  児童の手がかりとなる資料の掲示
	③先生と一緒に動きを拓き，友達と共有する ・先生の言葉かけやリズム太鼓の音で1人ひとりが即興で動く（乗り物・ジャングル）。	＊児童から発表されたジャングルのイメージ中から，動きの変化がある場面を選び，教師の言葉かけで動かす。 ＊捻れた大木や生き物のデッサンでの言葉かけをする。 ・もっと上まで木は伸びているよ　大木が捻れているね。
	④グループでひとまとまりの動きを作る 　[板書] ジャングルでの出来事を中心に，簡単なひとまとまりの動きにしよう。 ・好きな乗り物で出発。 ・ジャングルで出会ったできごと。	＊洞窟の宝物などファンタジーは想像力を生かして楽しく動くよう声かけをする。 ＊グループを回ってすぐに動き出せるようアドバイスをしたり，意見があまり出ないグループには板書を参考にさせたりする。
まとめ 10分	⑤見せ合い ・見せ合いのルールやポイントを確かめ合う。 ・ペアグループで見せ合う。	・場所を広く使おう。隣のグループの場所へはみ出してもかまわないよ。 ・ジャングルのどんな様子を表現しているか，想像しながら見よう。
	⑥活動を振り返る	・ジャングルの様子から，ひとまとまりの動きができたかな？

🔵 学習の進め方のポイント
〈児童の実態を知る〉

　ジャングルのイメージは年代によって捉え方が違う。こんな場面をみんなで表現してみたいという教師の願いもあるが，授業をつくりあげていくうえで一番大切なのは，これから学習をする児童の実態やこれを表現したいという児童の願いである。教師はそれを知ることが大切である。そのために次のようにシンプルに問いかける。

　「ジャングルには何がありますか」という質問で，児童がジャングルをどのように捉えているかがわかる。また，「ジャングルでどんなことがありましたか」という質問でファンタジーの世界をイメージしたり，簡単な構成を考えたりしていることを知る。

〈つなげてまとまりのある動きに〉

　ジャングルはどんなところかを教師と一緒に動いたら，次はつなげて少し長くまとまりのある動きにする。

　気に入った場面を何回も繰り返し，最後にどうなったのかをつけ加えてつなげる。

　例）あっちにもこっちにも捻れた大木
　　　大風が吹いて揺れたけれど元通り
　　　前後に簡単につけたしてつなげる。
　例）ボートをこいでジャングルの島を発見
　　　崖をよじ登り宝物発見

🔵 児童が気持ちよく動くための手助け
〈イメージを広げるために〉

　ここではジャングルを共通理解するために何枚かの写真を用意した。猿が木を飛び移っているという写真から他にはどんな生き物がいるだろうかと考えたり，どんな動きをするのだろうかとイメージを広げたりするために役立つ。

　授業が始まってから見せてもよいし，学級担任

低空飛行するワシ

ジャングルの生き物たち

の授業であれば，数日前に教室に掲示しておいてもよい。

🔵 その気にさせるために
〈音　楽〉

　ここでは，「ジャングルたんけん」という曲を使った。動きを左右しない程度の音量でBGMとして使用した。無音よりわくわく感や不気味なジャングルのイメージが引き出されるような曲を使うと，動きの助けとなる。

　♪「ジャングルたんけん」『表現運動・ダンス
　　CD1（小学校編）』

〈リズム太鼓〉

　またここぞというときはリズム太鼓を効果的に使うとよい。太鼓を打ちっぱなしにするのではなく，思いっきりジャンプさせたいときにはドーンと強く太鼓を打つ。BGMだけではなくリズム太鼓を組み合わせると児童の動きは2倍よくなる。

〈言葉かけ〉

　イメージを広げて動きにしたり，さらによい動きを求めたりするときは，的を射た言葉かけが必要になってくる。「もっと空まで伸びているよ」と要求すれば腕や指先がさらに伸びてくる。「きれいな葉っぱが落ちてくる」と言えば葉っぱをつかもうとする。教師の適切な言葉かけは音楽やリズム太鼓にも負けない。

🔵 評価のポイント

・ジャングルの生き物の動きや出来事を，資料を手がかりにイメージすることができたか。
・川を渡ったり崖をよじ登ったりする探検の様子を，自分なりに特徴を捉えて表現できたか。
・自分の考えを出したり友達と協力し合ったりして，楽しく活動することができたか。
・他のグループの作品を鑑賞するとき，よい動きを見つけることができたか。

　　　　　　　　　　　　　　　　　［山下昌江］

7 とびだす！

  高学年

1 学習の目標
①多様なとびだす動きを見つける。
②「とびだす！」から，イメージを広げて表したいものを見つけ，特徴を捉えて動く。
③グループの友達と，「とびだす！」に関しての考えを出し合って，互いのよさを認め合う。

2 学習の進め方

学習活動	指導の要点と言葉かけ
導入 5分 ① ウォームアップ　　　　　（5分） ・思いっきり体育館中をいろいろな方向に走る。 ・「あなたも○○私も○○」のリズムに合わせて即興的に動く。 　　雷　ボクサー　ゴキブリ　春風	・先生と一緒にいろいろなものを次々と動こう。 「あなたも雷，私も雷，ピカッ！ピカッ！　ゴロゴロゴロゴロ…」 ・指先まで雷のエネルギーが来ているかな？　ピカッ！のところで一度止まってみてね。指先までエネルギーが届いているか先生が1人ひとり確かめてみるよ。あ，来てる来てる，指先までビビビビっとしていていいね。 ・ボクサーでもやってみよう。 ・ゴキブリでもできるかな？　春風ならどうかな？
展開 30分 ② 先生と一緒に課題をつかむ　　（10分） ［板書］「とびだす！」から広げたイメージに合う動きを見つけよう。 ①いろいろなとびだし方を試してみる ②ひと流れの動きで，とびだし方を工夫する 	＊いろいろなとびだし方を見つけさせる。 ・あれれ？　とびだすって上のほうばかりかな？　いろいろな方向にとびだしてみよう。 ・ひと流れの動きにしてみよう。 ＊ひと流れの動きを板書する。 ・初めの形をしっかりつくって，ダダダダ…とびだす！　ダダダダ…とびだす！　ダダダダ…とびだす，とびだす，とびだす！ ・5回，とびだすよ。5回，違うとびだし方を工夫しよう。 ・最後はどうなって終わるのかな？
③ イメージを広げ，友達と共有する（10分） ①とびだす動きから，イメージを広げる ②イメージをもって，とびだす 噴水　　台風　　びっくり箱　　花火 ポップコーン　　バッタ　　カエル 炭酸水　　カメラのフラッシュ ボウリング　　玉手箱　　かき氷 ハチの巣　　満員電車　　交差点 サイダーの泡　　ガラスが割れた！ 竹とんぼ　　風船　　ロケット 水たまり　　夕立　　雷　　蛇口の水 お湯がふきこぼれる	＊イメージをもってとびだし方を工夫させる。 ・いろいろなとびだし方をやってみて，どんなイメージが湧いてきたかな。たくさん出してみよう。 

学習活動	指導の要点と言葉かけ
③先生と一緒に，選んだ題材で動く ・ロケットがとびだす！ （注：フイルムケースをロケットに見立て中に水と発泡剤を入れて，その発泡する力でとびだす物を使用）	＊ミニロケットの模型がとびだす様子を見てイメージを広げる。 ・真上にドカーンととびだすところがおもしろいところだね。 ・燃料がシュワシュワ動き出すところもしっかり表してね。燃料がシュワシュワしているよ。シュワシュワシュワシュワ，だんだん，だんだん激しくなって…発射!! ・第1機，第2機，第3機と何回も繰り返すよ。
・噴水になってとびだす！	・噴水になってもとびだせるかな？ ・真ん中に集まってきて…ビューと吹き上がるよ。水になって走ってきてね。
・波になってとびだす！	・波になったら，どんなとびだし方が合うかな？ ・真上ではないよ。横にバッシャーンととびちるよね。 ・波が押し寄せてきた，大波，バッシャーン！小さな波，バシャーン，ザザザザー…また大波だよ。わあ，岩にぶつかった。バッシャーン！ ・体を投げだすようにとびだすと，波らしくていいね。
④グループごとに，リーダーの選んだイメージで次々と動く ・1人ひとり順番にイメージを出し合って続ける。	・1番リーダーから，見つけたイメージを出して，グループで即興的に動いてみよう。 ・リーダーを交替してどんどんイメージを動きにしていこうね。途切れないで続けられるといいね。
４ グループでひとまとまりの動きを作る （10分） ・グループで1題を決めて動く。 ・選んだイメージに合うとびだし方を工夫する。 ・発表前に全体を通す。	・いろいろやった中から，1つ題を決めよう。一番やってみたいイメージは何かな？ ・選んだもののとびだし方の特徴を見つけようね。 ・初めの形は？ しっかり止まった形から始めるよ。そして，最後もどうなって終わるのか，しっかり止まってね。
５ 見せ合い （8分） ・よいところを伝え合う。	・特徴を捉えてとびだしているかな？ 工夫しているところを見つけようね。 ・「なるほど」と感心したところがあったら教えてあげよう。
６ 活動を振り返る （2分） ・本時を振り返りながらクールダウンをする。	・床にねっころがって，息を整えよう。リラックスして体をほぐそう。 ・今日の学習で，がんばった姿を思い描いてごらん。とびだし方がたくさん見つかったね。

展開 30分 / まとめ 10分

板書計画

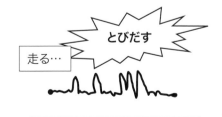

今日のポイント：
選んだものに合う動きを見つけよう。

「とびだす！」から見つけたイメージ

噴水　台風　びっくり箱　ボール　花火
ポップコーン　バッタ　カエル
打ち上げ花火　うさぎ　炭酸水
カメラのフラッシュ　ボウリング　玉手箱
かき氷　ハチの巣　満員電車　交差点
蛇口の水　サイダーの泡　ガラスが割れた！
お湯がふきこぼれる　朝顔のたね　竹とんぼ
風船　夕立　水たまり　雷

7 とびだす！

● 高学年の指導における留意点

　高学年は，エネルギーを発散させることから始めると有効である。次に，体の部位を意識させて，自分の体がこんなにも動くようになるのだということを体感させたい。少しハードルが高くても児童の力を信じて挑戦させていくことで意欲を高めることができる。また，技能面での向上を実感させることによって，学習への自信をもたせることが大切である。

　「とびだす！」は，こうしたねらいを達成することをめざし，高学年の比較的初期に取り上げたい題材である。

● 学習の進め方のポイント
〈次々と動くウォームアップ〉

　思いっきり体育館を走り回ることから始めたい。広い空間を感じ取り，心と体を解放させることで高学年の児童が少なからずもっている「恥ずかしい」という気持ちを取り除くことができる。

　次に，難しく考えずに動きを見つけることで体と心をほぐしていく。教師の言葉かけで動くことによって何でもできそうだという気持ちをもたせていきたい。しかし，高学年はいきなりでは思いきり動けていないこともある。そんなときは体の部位を意識させるとよい。本時では「雷」（鋭くとびだす）を取り上げて，指先まで力が入っているかを意識させる場面を取り入れた。他にも「ボクサー」（瞬発的にとびだす），「ゴキブリ」（コミカルにとびだす），「春風」（やわらかくとびだす）などのように，動きの質が異なるものを組み合わせるとよい。

〈課題をつかむひと流れの動き〉

　「とびだす！」という題材を提示し，まずは，思うままにとびだしてみる。すると，多くの児童が上方へ向かって両手を突き出すように跳ぶであろう。そこで，多様なとびだし方を見つけさせる必要がある。横や下，後ろなど，とびだす方向もいろいろあることや，回りながらとびだしたり，体を丸めてとびだしたり，さまざまに工夫できることに気づかせる。

　次に，本時の「ひと流れ」を図で示し，ひと流れの中に5回のとびだす場面を設定する。5回とも違ったとびだし方を工夫させることで，児童の動きに大きな変容が見られるのである。

〈「踏み切り板方式」の指導の流れ〉

　前半は，教師と一緒に，ひと流れのとびだす動きからイメージを見つけ出し，いくつかのイメージを取り上げて動きにしていく。選んだイメージによってさまざまなとびだし方があることに気づかせ，ひと流れの動きをつくることを学び取らせる。

　後半では，グループの仲間と一緒に見つけたイメージを次々と動きにしていく。さらに，その中から一番表したいイメージを決めて動きをつくっていく。

　このように，前半で教師と一緒に学び取ったことを踏み切り板のようにして弾みをつけ，後半のグループ学習へと進める指導の流れが高学年の児童の主体性を高めることとなる（8章6参照）。

● 動きの指導のポイント
〈極限までの動きを引き出す〉

　とびだす動きはエネルギーを発散させることができる。ただし，極限までの動きを引き出すことは容易ではない。体の隅々まで使ってとびださせたいが，つま先や指先まで伸びきった動きは意識させないと生まれない。そこで，例えば，思いきり腕を伸ばしたところで一度止めてみる。そして，指先まで力が行き届いているかを，教師が子どもの指先を触ることで意識させるとよい。あるいは，2人組で交互に見届けさせることもできる。

　「稲光になって跳んでみよう。ピカッ，ピカッ，ピカピカッ！　ピカッと光ったところで一度止まってごらん。指先まで稲光のエネルギーが届いているかどうかを，先生が指先を触って確かめてみるよ。あれれ？　エネルギーが感じられないよ。もっと，もっと，よし，いいね，いいね，その調子！」などと声をかける。

　その他にも「脱力→緊張→脱力→緊張」というように，対比する動きを交互に繰り返すことで意識させる方法も有効である。

　また，動きを大きくさせたいとき，ただ「大きく，もっと大きく！」と言うよりも「あと10cm高く跳ぼう」「天井を見て跳ぼう」「体が痛くなるぐらい捻ってから跳ぼう」「膝を曲げてからとびだそう」など具体的な言葉かけが大切である。

〈多様な動きを引き出す〉

　多様な動きを引き出すためにも体の部位を意識

させることが有効である。
「肩からとびだす！」「膝からとびだす！」「へそからとびだす！」「髪の毛からとびだす！」など、次々と体の部位を指示しながらさまざまなとびだし方を体感させるとよい。

また、とびだす方向や姿勢などもアイデアを引き出しながら試してみることで、可能性を感じさせたい。

「どっちへとびだせるかな？ なるほど、後ろにもとびだせるんだね」

「小さく丸まった形でもとびだせるかな？」

「体でグー、チョキ、パーを表しながら跳んでみよう。おもしろいとびだし方が見つかったね」

〈イメージに合う動きを引き出す〉

表したいイメージの特徴を捉えた動きを見つけるためには、教師と一緒に学び取る段階で、特徴が思い描きやすくなる小道具を使ったり、異なった動きが予想されるものを例示に取り上げたりして引き出していく。

有効な小道具としては、炭酸が発泡することによってとびだす仕掛けのロケットに見立てたフィルムケース、風船、びっくり箱、カメラのフラッシュなどがある。

異なった動きが予想されるものとしては、縦方向へとびだす「噴水」、横方向にとびちる「波」や、音もなくフワフワ〜ととびだす「玉手箱の煙」、ドッカーンと勢いよくとびだす「雷」などがある。コントラストとなる動きを体感することで、選んだイメージに合う動きを見つけていくことが大切であることをつかませたい。

評価のポイント

学習を始めて初期の段階で、すぐに見せ合い評価することには、高学年の児童が躊躇する場合が考えられる。まだうまく動けていないという意識があると、伸び伸びした動きになりづらいのである。ある程度自信がもてる段階になってから見せ合い・高め合っていく活動に力を入れるほうが効果的である。

本時のように1時間完結の学習では、個々に見せ合うことより、半数のグループずつ見せ合うことを推奨したい。細かな動きの評価ではなく、それぞれが工夫している姿を認め合うことに重点をおきたいのである。

「なるほど、みんないろいろ工夫していておもしろいな。あそこのグループは盛り上がっているぞ。よし、自分たちもがんばろう！」と感じ取り、次への意欲へとつなげることが評価の意義である。

また、本時では、教師側の評価の観点は、
・指先までエネルギーが届いているか。
・5回違ったとびだし方が見つけられたか。
・選んだイメージの特徴を捉えた動きを見つけられたか。

の3点に着目するとねらいに沿った評価となる。

3時間扱いの展開

本時は1時間完結学習で、即興的に動きを見つけ出すことに重点をおいている。3時間扱いとすることで、さらに、グループ活動を高めたり、「はじめ―なか―おわり」のひとまとまりの動きをつくったりすることができ、次のように展開させていくことができる。

2時間目	・一番表したいところを強調するために「はじめ」はどうしたらいいかな？ ・「おわり」はどうなったかも大切だよ。はっきりわかるように止まってね。 ・ひとまとまりの動きをペアグループで見せ合って、お互いにアドバイスをし合おう。
3時間目	・アドバイスをもとに工夫し直して、踊り込もう。どんどん声も出して動くといいね。 ・ミニ発表会を開いて、それぞれの工夫したところを見つけ合おう。

［長津　芳］

8 スポーツニュース　　高学年

❶ 学習の目標
①スポーツからイメージを広げ，激しく攻防したり，技を決めたりする動きを見つける。
②動きの速度の変化や，動きの繰り返しなどを取り入れて，一番伝えたい動きを強調して表す。

❷ 学習の進め方

	学習活動	指導の要点と言葉かけ
導入 5分	**① ウォームアップ　　（5分）** ・近くの友達とすばやく集まって「不思議な森のオブジェ」(DVD ①-⑧参照)を作る。	・リズム太鼓の音を感じながら走るよ。途中で先生が「不思議な森の～不思議なオ・ブ・ジェ！」と言ったら，近くにいる友達とパッと集まっておもしろい形を作ろう。 ・「喜びのオブジェ」「悲しみのオブジェ」「お化けの木のオブジェ」などいろいろ作ってみよう。
展開 30分	**② 先生と一緒に課題をつかむ～イメージを広げ，友達と共有する～　（15分）** [板書] スポーツのハイライトをニュース番組のように動きで伝えよう。 ・どんなスポーツがあるか見つける。 野球　サッカー　バスケットボール　バレーボール　水泳　マラソン　テニス　相撲　ゴルフ　ボクシング　剣道　レスリング　フィギュアスケート　スキー　体操　ハンマー投げ	・どんなスポーツがあるかな？　みんなで出し合おう。
	③ 先生と一緒に動きを拓き，友達と共有する ・次々とスポーツの特徴を捉える。 ・「野球」を取り上げて表し方を工夫する。 ・「はじめ―なか―おわり」のひとまとまりの動きにする。	・4～6人グループで，次々と動いてみよう。何のスポーツかがわかるように特徴的な動きを繰り返すといいね。 ・「野球」を先生と一緒に作ろう。アウトになるところを強調するよ。打った！　飛んだ！　スローモーションでボールの行方を目で追いながら走って…，アウトにするところではコマ送りで動いてみよう。巻き戻して3回再生するとおもしろいよ。 ・「はじめ」は入場の場面にするよ。スクラムを組んでジグザグに入場！　「おわり」はウエーブを作って終わるといいね。ここまでのひとまとまりを動いてみよう。
	④ グループでひとまとまりの動きを作る　（15分） ・1つ題を決めて，ミニ作品にまとめる。 「はじめ」　入場の場面 「な　か」　競技をしている様子 「おわり」　どうなった？	・いろいろやってみた中から，一番やりたいスポーツを選ぼう。 ・まず，「なか」の競技のところから作ろう。一番表したい場面を決め，実況中継をするときの操作を2つは入れて作ってね。 　　スローモーション　一時停止　巻き戻し　早送り 　　コマ送り　3倍速　繰り返し再生 ・「なか」の動きがまとまったら，「はじめ」と「おわり」を工夫して，ひとまとまりの動きにしよう。 ・「はじめ」は入場。どんな入場の仕方がいいかな？ ・「おわり」どのようにしたらいいか工夫してね。
まとめ 10分	**⑤ 見せ合い　　（8分）** ・ミニ発表会をして，よいところを見つけたり，アドバイスしたりする。	・ペアグループは，応援団になって応援したり歓声をあげたりして盛り上げよう。
	⑥ 活動を振り返る　　（2分） ・クールダウン。	・一番表したい場面を強調することができたかな？ ・ひとまとまりの動きにすると見ている人に気持ちが伝わるね。

学習の進め方のポイント

「エアスポーツ」と称して、道具を持っているつもりになったり、好きな選手になりきったりして楽しむことから始めたい。思いつくスポーツを次々とやってみてイメージを広げる。オリンピックや世界大会などのニュースを思い起こしたり、体育や運動会など身近な運動を取り上げたりしてもよい。1人で演技するスポーツ、2人で競うスポーツ、チームで対戦するスポーツと、形態の違ったスポーツを取り入れると動きの特徴がつかみやすい。

〈1人で〉　体操　フィギュアスケート　水泳
　　　　　スキージャンプ　ハンマー投げ
〈2人で〉　テニス　バドミントン　フェンシング
　　　　　剣道　柔道　空手　相撲　卓球
〈チームで〉サッカー　野球　バスケットボール
　　　　　バレーボール　ドッジボール

また、本時は、1つのスポーツを決めて表したい場面を工夫していったが、種類の異なる好きなスポーツを3つほどつなげる方法もある。
例）サッカー→水泳→フェンシング
　　100m走→ゴルフ→バスケットボール

ミニ発表会では、スポーツを実況中継しているように、簡単なナレーションをつけると意欲が高まる。ペアグループを作って見せ合い・高め合う活動を通して、互いにナレーションをし合ったり、応援団のように声を出したりし合うと、さらに盛り上がる。

動きの指導のポイント

動きがパントマイムのようになる傾向も見られる。そこで、表したい場面の動きを誇張した動きにすることを意識しなくてはならない。大げさな動きや、速さや向きを変えて繰り返す動きを指導していくとよい。

また、競技のストーリーを追うのではなく、場面を切り取る感覚で作らせたい。そこで、本時は競技そのものの様子を「はじめーなかーおわり」として作るのではなく、はじめの部分をあえて「入場」に設定した。

そして、教師と一緒に動く「野球」では、打つ前のピッチャーが投げる動作をせずに、いきなり打った場面からにした。一番表したいアウトになる動きを強調するため「巻き戻して再生する」という形で繰り返す方法を取り上げて体感させた。

題材名を「スポーツニュース」としたのも、一番伝えたいところを明確にするためである。テレビでハイライトの場面を伝えるときの手法を想起しながら、動きを見つけさせたい。スローモーションとハイスピードを組み合わせたり、一時停止で静止したり、コマ送りにすることも表したい動きを強調する効果がある。

攻守があるスポーツにおいて、もちろん対立する動きを工夫してもいいのだが、二手に分かれず全員で攻める側の動きや守る側の動きをやったり、役割が交差したりしてもかまわない。

ひとまとまりが、あまり長くならないように配慮することも大切である。ああして、こうして、こうなってと動きを羅列しないよう、一番表したいところを常に明確にさせたい。

効果的な口伴奏

児童の動きを活発にさせるには、何よりも児童自らの声、つまり、口伴奏が一番効果的である。

スポーツの攻防を生き生きとさせるために、おおいに声を出させたい。声での説明にならないよう注意は必要だが、擬態語でも、攻防しているときの声などでも、自然に発せられるよう促したい。

・カッキーン、ダダダダダダ……
・ブルンブルンブルンブルン　タアー〜！
・それ、いくぞ！　かかってこい。
・ねらってねらって、隙あり！　バキーン。

評価のポイント

「はじめーなかーおわり」にまとめられたことをおおいに評価し励ましたい。さらに一番表したい場面がどこなのかが強調されていて明確に伝わってきたらすばらしい成果と言える。ミニ発表会ではペアグループが相手のグループを盛り上げるように支援している姿を評価することも大切である。

児童同士が評価し合うときは、「なか」の部分で、速度の変化や動きの繰り返しなどが2つ取り入れられたか見届けるよう、観点を明確にするとよい。

［長津　芳］

9 機　械　　　　高学年

1 学習の目標
①機械的な動きから，急にリズムが変化する動きを見つける。
②友達の動きに呼応しながら主体的に動く。

2 学習の進め方

学習活動	指導の要点と言葉かけ
導入 5分	
① ウォームアップ　　　　(5分) ・5〜6人のグループで，機械的な動きを次々と見つける。 ・リーダーを決め，リーダーの動きをすぐに真似て動く。 ・リーダーを次々と替えて続ける。	・体の部位を直線的に動かしてみると機械のような動きになるね。リズムを歯切れよく刻むといいよ。 ・リーダーの動きをすぐに真似して動こう。先生が合図をしたらリーダーを替えて，次々と続けよう。 ・友達と違った動きをパッと見つけられるといいね。
展開 30分	
② 先生と一緒に課題をつかむ〜イメージを広げ，友達と共有する〜　(10分) [板書]「機械」からイメージしたことを作品にしよう。 ・5〜6人のグループで，順番に形を作っていく。 ・即興的に形を作って，機械をイメージする。	・「5番さん」などと，先生が誰かを指名するよ。その人は機械のような動きをしながら前に出て，好きな形を作ってね。次に指名された番号の人は，前の人の形を生かしながら形を作っていくよ。「以心伝心」で，言葉に出さなくても，感じ合えるといいね。何か思いながら形になってね。
③ 先生と一緒に動きを拓き，友達と共有する〜「はじめ—なか—おわり」のひとまとまりの動きにする〜　(10分) ・イメージを出し合う。	 ・どんどん形を作っていくと，だんだん何かの機械に見えてきたね。どんな機械が思い浮かんだかな？
時計　印刷機　パン工場　ショベルカー　ロケット　宇宙ステーション　ダム建設 発電　洗濯機　掃除機　扇風機　自動車組立　肩もみ器　掘削機械	
・イメージに合う動きを見つける。 ・壊れ方を工夫する。	・時計をイメージして動いてみよう。どの部品になるか決めて動くといいね。 ・「壊れる」って，動きが止まってしまうだけかな？　リズムが狂っておかしな動き方になるのもあるね。
④ グループでひとまとまりの動きを作る　(10分) ・表したい「機械」を1つ決めて，イメージに合う動きを工夫する。	・いろいろやってみた中から，一番やりたいものを選ぼう。 ・途中で急に機械が壊れるところが工夫のしどころ。声を出して口伴奏を工夫すると，リズミカルな動きと，壊れたときの動きとの違いがはっきりするね。 ・リズム，空間，強弱や，友達との関わり方を工夫すると，同じ動きでも違ったものに感じられるね。
まとめ 10分	
⑤ 見せ合い　　　　(8分) ・ペアグループで見せ合い，よいところを見つけたり，アドバイスしたりする。	・リズミカルな動きと，壊れた動きのコントラストが大切。違いがはっきり出ているかを見てあげよう。 ・友達の動きを見て，それを生かしながら自分も生きるように工夫できたかな？「以心伝心」ができたら合格！
⑥ 活動を振り返る　　　　(2分) ・クールダウン。	・動きに変化がつけられたか，自分自身で振り返ってみよう。

相手を生かし，自分も生きる

5～6人で順番に，何かの機械が組み立てられていくようなイメージで，形を作っていく。自分より前の人の動きを見て，それを生かしながら，自分がどう関わったら効果的かを考えて形をつけたしていくのである。相手を生かしつつ，自分も生きる動きを考えることで，群を意識したり，みんなの中の1人であることを感じ取らせたりすることができ，高学年の児童にぜひ体験させたい内容である。

学習の進め方のポイント

初めは特にイメージをもたなくてよい。次々と即興的に形を組み立てていくことに専念させる。

全員が形を作ったら，教師の合図で，まるで機械が動き出したかのように動く。ウォームアップで機械的な直線の動きを十分にやっておくと，スムーズに動くことができる。そして，突然リズムが変わって壊れるところを十分に工夫させる。

学習の前半は先生と一緒に課題を解決する方法を学び取る段階である。ひとまとまりの動きを図などで示し，規則正しくリズムを刻む機械的な動きと，急に壊れる動きのコントラストを強調して進める。いくつかイメージを示し，その機械の部品になったつもりで，ひとまとまりの動きを体感させる。それを「踏み切り板」として弾みをつけ，後半はグループの仲間と作る。グループで作っていくとき，次の手順で進めるとよい。

①グループで表すイメージを決める
②組み立て方を考える（組み立てる位置につくまでの動きも工夫）
③部品をイメージしてリズミカルに動く
④急に壊れるところを工夫する
⑤最後の形を決める
⑥ひとまとまりで踊り込む
⑦4つの観点（「リズム」「空間」「動き」「関わり」）を手がかりに工夫する。

動きの指導のポイント

体の部位を直線的に動かしたり，規則正しく繰り返して動かしたりすることで，機械的な動きが感じられる。直線的な動きは見つけやすく自信をもたせることができる。児童の感想の中に「1人ひとりは簡単な動きでも，みんなの動きをつなげたら機械のいろいろな表情が表せた。みんなで作るってすごいなぁ」という言葉があったが，これは，1人1つアイデアを出し合うことを通して仲間との連帯感が生まれたことを物語っている。

動き自体は単調になることも予想される。機械が動いている様子で，同じような動きが繰り返されるときは，4つの観点で工夫できるよう言葉かけをするとよい。すると，同じ動きであってもまったく違った表情を見せる。

・リズムを速くしたり遅くしたり変えてみると違う部品のようになるね。
・「高い―低い」や，「まっすぐ―ジグザグ」など，空間を変えてみよう。
・回りながら，捻れながら，動いてごらん。動きに強弱をつけるのもいいね。
・2列で向かい合ってもいいし，2人で交互に動くのもおもしろいね。

急に壊れるところでは，倒れて動かなくなる様子を表す児童が多く見られるが，いろいろな壊れ方があることに気づかせたい。

・ガタガタガタ…，揺れ動いて壊れてみよう。
・クルクルキリキリ回り出して壊れたよ。
・キーガタン，ギギギギ，グアングアン，変てこな動きをし始めたよ。
・ビヨヨ～ン，ビヨヨ～ン，跳びはねた壊れ方もできるかな？

など，いろいろな動きを想定して広げるとよい。

評価のポイント

本時は，1人ひとりが友達の動きに呼応しながら，主体的に動く場面を大切にしている。評価も，作品全体よりも特に1人ひとりの動きの工夫に目を向けたい。教師は，児童の「だから私はこう動く！」といった意思を受け止めることが大切である。それには，工夫した足跡が見て取れる学習カードを活用し，認め励ましていきたい。

［長津　芳］

イラストで見る指導のポイント　授業の前にこれだけは準備しておこう①

早めに体験させておきたい表現

…というような表現の仕方を知ると「頭がやわらかくなる」

…というような表現の仕方を知ると「体の隙がなくなる」

普段の生活ではなかなかしない動きだが、これらは「表現を大きく、はっきりとさせる基礎」である。

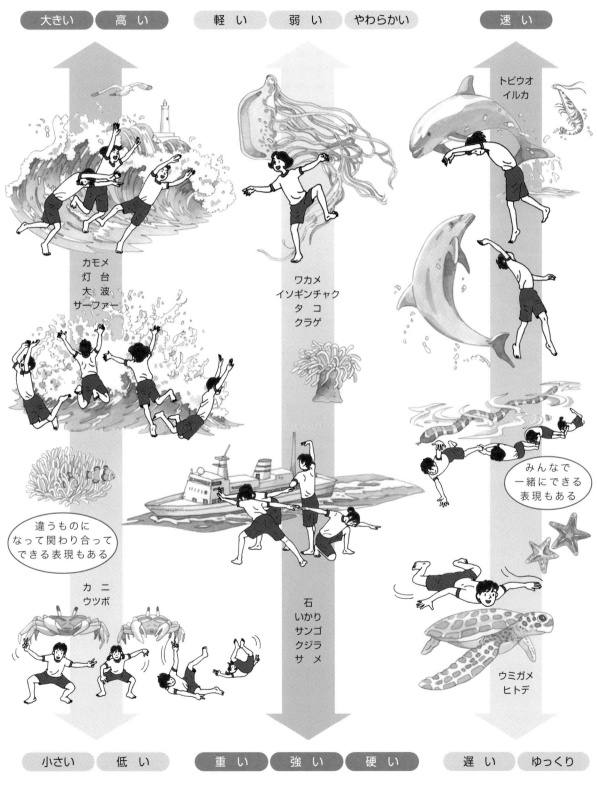

単元として授業を膨らませるには…

　この章で書かれた学習の進め方（学習指導案）は，45分の授業の進め方の例となっていますが，10～20分でコンパクトに扱うこともできますし，2～4時間くらいの単元に広げて扱うこともできます。また，いくつかの内容を組み合わせて数時間の単元を組むことも可能です。
　単元として授業を膨らませるには，多様な表現に広げる体験をさせる単元化と丁寧に表現を深めていく単元化の方向性があると考えます。また，発達段階によっても配慮が必要です。以下に単元づくりの例を示します。

❶ 題材を豊かに広げる単元化

	低学年	中学年
1時間目	「くじらぐも」海のほうへ	「オリエンテーション」
2時間目	「くじらぐも」街のほうへ	「ジャングル探検」
3時間目	「くじらぐも」好きな所へ	「宇宙探検」
4時間目		「海底探検」
5・6時間目		「好きな探検を選んで，はじめ―なか―おわりにまとめる」

❷ 題材を丁寧に深める単元化

	中学年・高学年
1時間目	オリエンテーション ➡ イメージ出し ➡ イメージを先生と一緒に動く。
2時間目	前時のよかった動きを先生と一緒に動く ➡ グループ活動を中心に動きを広げる（「リーダーに続け！」など）。
3・4時間目	グループで題を決め，中心になる動きに「はじめ」と「おわり」をつけてひとまとまりの動きにする。

＊

　単元での学習では，どんな場合でも次の点は共通して言えることでしょう。
◆何時間でどんな内容を計画しても，その時間の初めは必ず先生と一緒に動く。
◆毎時間の課題（修行をして忍者になろうなど）・めあて（術や戦い方を2つ以上考えるなど）を明らかにする。
◆毎時間今日学習したところをお互いに見せ合う。

＊

　低学年では，前半は表現遊び，後半はリズム遊び，または他の領域というように，2種類の運動や領域を組み合わせて実施すると，子どもの実態に合っていて集中できる秘訣だと思います。また，3時間程度の短い単元を2回に分けて実施するほうが楽しんで授業に取り組めるでしょう。

第3章

心も弾む
リズムダンス・フォークダンスの授業

1 リズム遊び　リズムに乗ってダンス！ダンス！
2 リズム遊び　フォークダンスで世界旅行
3 リズムダンス　ジャンケンダンス
4 リズムダンス　のりのり遊園地
5 リズムダンス　ロックに乗ってエアバンド
6 日本の民踊　阿波おどり
7 日本の民踊　よさこい鳴子踊り
8 日本の民踊　花笠音頭
9 外国のフォークダンス　マイム・マイム（イスラエル）
10 外国のフォークダンス　コロブチカ（ロシア）

リズム遊び・リズムダンス

子どもはリズムに乗って踊ることが大好き。
近年はテレビなどでリズミカルなダンスを見る機会が増え，
子どもたちはリズムダンスに興味をもっています。
ただし，目標は定型の踊り方の習得ではありません。
音楽のリズムの特徴を捉え，
自由に弾んで踊る楽しさを味わうことです。
リズム感とともに，自分らしい表現力を育てたいですね。

フォークダンス（日本の民踊・外国のフォークダンス）

各地に伝承されてきた踊りを身につけ，
仲間と一緒に踊る楽しさを味わえるのがフォークダンスです。
簡単な動きを繰り返し踊る中で，
基本的なリズム感や表現力を養うことができます。
各地域の歴史や文化についても理解を深められます。
運動会作品やレクリエーションにも活用できます。
楽しく気軽に取り組めるフォークダンスを
さまざまなシーンで活用していただければと思います。

1 リズム遊び
リズムに乗ってダンス！ダンス！

低学年

🟦 学習の目標
①曲のリズムに乗って，楽しく動き続ける。
②自分なりに動きを工夫したり，友達の動きを真似したりして動く。

🟦 学習の進め方

	学習活動	指導の要点と言葉かけ
導入 10分	**① リズムで遊ぶ簡単な遊び** ・「なべなべ底抜け」をみんなで歌い，覚える。 ・2人組で「なべなべ底抜け」を歌いながら動きを工夫する。 ・速さや回数，人数を変えて挑戦する。	・元気に声を出そうね。 ・2人組で手をつないでできるかな？　手を離さずに回るんだよ。 ・2回続けて回れるかな？　速く回れるのはどのペア？ ・4人組でも回ってみよう。
展開 25分	**② 今日の課題をつかむ** ［板書］ リズムに乗ってダンス！ダンス！ ・リズムを感じて，リズムに合わせてスキップする。 ・大きく，小さく，回って，スキップする。 ・スキップしながら拍手。 　　上で　下で　右で　左で ・2人組で一緒にスキップする。 **③ リズムに乗ってダンス** ①先生の真似をして，大きく動く ②2人組で友達の真似をして，リーダーに続け！ ・友達と感じ合って動く。 ③動きを工夫して，踊り続ける ・真似して踊る。 ・ずらして踊る。 ・手をつないで一緒に踊る。　など ♪「Best Years Of Our Lives」／SHREK	・曲に合わせてスキップできる？ ・遠くまでスキップしていこう。 ・どんなスキップできるかな？ ・スキップしながら，手をたたこう。 ・どこでたたく？　高い所？　低い所？　友達ともたたけるね。 ・いろんなスキップ見つかったね。上手。 ・今度は，友達と一緒にダンスをしましょう。 ・初めは先生の真似。できるかな？　リズムを感じてダンスだよ。大きく動ける子，いいね。 ・2人組をすぐ作るよ。リーダーさんの真似して踊ろう。リズムを感じてかっこよく。 ・スキップにジャンプ，回転も入っていると楽しいね。 ・リーダーさん途中で交替。 ・リーダーはどんどん替わっていくよ。 ・どの動きがお気に入り？
まとめ 10分	**④ 友達のダンスを見て，盛り上げる** ・半分ずつ見せ合う。 ・真似したいダンスを見つける。 ・学習を振り返る。	・2人組で見つけた動きを見せてあげようね。 ・初めのポーズも決めてみよう。 ・誰のダンスやってみたかった？　発表してね。 ・みんなで真似して踊ってみよう。 ・リズムに乗って踊れたかな？　踊ってみてどんな気持ち？

学習の進め方のポイント

児童が好きな，リズムのはっきりした曲を用い，児童が自ら動きを見つけて，楽しく動き続けられるように計画する。自分で見つけた動きと，教師や友達の動きの真似，みんなで揃えた動きなども入れ込みながらリズムに乗って1曲踊りきると満足感が生まれる。

低学年では，ややテンポが速めの曲が児童の動きに合っている。スキップが気持ちよくできる速さの曲を選びたい。まずは思いきりスキップスキップ!! 体育館を広く使っているか，大きく跳んでスキップしているか，体を思いきり使っているか，リズムに乗っているかなど，児童がどのような動き方をしているか，教師は一緒に動きながらよく観察する。児童が，はぁはぁゼイゼイ「水，飲みたい」と言うくらい，たくさん体を動かしたらレベル1クリア。そこでちょっと休みながら，今日の学習についての話を進めると学習の流れにもリズムができる。

次に，2人組になって1人がリーダーで自由に動き，もう1人が真似をして動く「リーダーに続け！」を取り入れる。2人で一緒に動くことで安心して活動に取り組めたり，1人ではできない動きを見つけられたりする。2人で発表する楽しさも感じさせたい。

友達との関わり

ここでは，導入として「なべなべ底抜け」を取り上げた。2人で向き合って手をつなぎ，歌に合わせて揺れながら，手を離さずに反対向きになる，簡単な遊びである。自分たちで声を出して歌うことで体もほぐれてくるし，「リズムに合わせて動く」ということを具体的に体感できる。

2人組の活動では，各児童の相手と関わる力も見えてくる。なかなか手をつなげない児童，声を合わせられない児童，一緒に揺れるリズムがずれる児童などは注意して見ておきたい。何人か相手

先生と違うジャンプ！

を替えて繰り返すことを積み重ね，誰とでも自然に関われるように働きかけていくとよい。

動きの指導のポイント

押さえておきたいのは，リズムダンスは与えられた動きの練習に終わるものではないということ。つまり，教師と一緒に練習した動きをもとに，児童が自分たちでどれだけ自由に動けるようにできるかが教師の腕の見せどころである。

初めは，スキップなどリズムに乗って児童が楽しめる動きから，少しずつ変化をつけていく。例えばその場でジャンプ！ 教師と「大の字ジャンプ」を楽しんだら，「今度は先生と違うジャンプ。3つ見つけよう！」の一言で，児童は工夫を始める。それが当たり前になるように，低学年から積み重ねることが大切である。

教材研究としては，その場での動き（足踏み，回転など）と移動の動き（駆け足，スキップ，ギャロップなど）に手の動き（拍手，大きく回すなど）も加え，動きを組み合わせて，体全体を使って大きく動けるように考えておきたい。児童が工夫した動きはすぐに取り入れて，動きのバリエーションを広げていくことも大事な学習の要素である。

また，途中でポーズを入れる，同じ動きでも速さを変えてみる，などの変化も楽しみたい。わざとリズムを崩すことで，逆に，リズムに身を任せる心地よさも感じられるようになる。

評価のポイント

曲のリズムに乗って，思いきり体を動かすことを楽しんでいることが大きなポイントである。また，友達と息を合わせたり，ふれ合って踊ったりすることも自然に楽しめているか，見取っていきたい。見せ合いの後，真似したい動きがたくさん見つかることを願っている（もちろんみんなですぐにダンス！）。

［栗原知子］

先生と一緒に，ダンス！ ダンス！

2 リズム遊び
フォークダンスで世界旅行

低学年

1 学習の目標
①ロシアやフィンランドのことを想像しながら，「ジェンカ」と「タタロチカ」を楽しく踊る。
②世界旅行の移動の場面では，先生と一緒に，なりきって大きな動きで表現する。

2 学習の進め方

	学習活動	指導の要点と言葉かけ
導入 10分	① バナナ鬼（p.15）で元気に走ろう	・捕まったらバナナになるけど，今日のバナナは，どんなバナナ？ クイッと曲がったバナナ？ 大きくてピンとしたバナナ？
展開 30分	② 1つ目のダンスを知る　　（10分） ［板書］「ジェンカ」フィンランド 　　　　やあ！→ ヘイ！ ①フィンランドはどこかを知り，フィンランドのあいさつをやってみる ②ジェンカの踊り方を覚える ・ジャンケンで次々つながっていく。	・今日は，ダンスで世界旅行をするよ。 ・最初はフィンランドの「ジェンカ」。 ・フィンランドってどこでしょう？ ＊地図で確認。 ・フィンランドの「やあ！」というあいさつは「ヘイ！」みんなも言ってみよう。元気に手を挙げて。近くの人とハイタッチも。 ・2人でジャンケンして，勝った人が前になって，つながって踊ろう。 ・次は，2人組と2人組で前の人がジャンケン。どんどんつながるよ。
	③ 2つ目のダンスを知る　　（10分） ［板書］「タタロチカ」ロシア 　　　　やあ！→ プリヴェート！ ①ロシアはどこかを知り，ロシアのあいさつをやってみる ②タタロチカの踊り方を覚える ・曲で踊ってみる。	・ロシアはどこにあるの？ ＊地図で確認。 ・ロシアの「やあ！」のあいさつは「プリヴェート！」 ・近くの人とあいさつしてみよう。「プリヴェート！」手を挙げて。 ・丸くなって練習しましょう。 ・「ヤクシー」は，「バンザイ」「最高！」のことだよ。大きな声で言ってみてね。
	④ 乗り物の動きも楽しみながら続けて踊る　（10分） ①飛行機になってフィンランドに向かう 　♪「大忙しのキキ」／久石譲『魔女の宅急便サントラ』 ②フィンランドでジェンカを踊る 　♪「ジェンカ」『小学校フォークダンス』 ③バイクに乗ってロシアに向かう 　♪「RYDEEN」／イエロー・マジック・オーケストラ ④ロシアでタタロチカを踊る 　♪「タタロチカ」『小学校フォークダンス』	・それでは，みんなで世界旅行をしましょう。 ・最初は日本から，飛行機でフィンランドへ行こう。 ・みんなは飛行機。飛行場で出発を待つよ。どんな飛行機なのかな？ 5, 4, 3, 2, 1, 出発！ ・何が見えるかな？ もう，日本は小さくなったね。どんどん高く上って，大きく回って。気をつけて，嵐だ。揺れる〜揺れる〜 ・あ，フィンランドに着いた。友達とあいさつ！「ヘイ！」「ヘイ！」 ・2人組になったかな。ジェンカを踊りましょう。 ・フィンランドからロシアへはバイクで！ エンジンかけて。山を越えて，小さな川はジャンプで越えよう！ クネクネの道だ，カーブがたくさん！ ・ロシアに着きました！ 友達とあいさつ！「プリヴェート！」「プリヴェート！」 みんなでタタロチカを踊りましょう。
まとめ 5分	⑤ 本時の振り返り	・楽しく世界旅行ができたかな。今度は，また違った国にも行ってみたいですね。

▶ ジェンカの踊り方

8×2　右足ホップしながら左足を出して戻す。左足同様。両足跳びで前へ，後ろへ，前へ3回

「左，左，右，右，前，後ろ，ピョンピョンピョン」

8×2　後半で相手を見つけてジャンケンをする

「左，左，右，右，相手を見つけてジャンケンポン」

▶ タタロチカの踊り方

8×2　右側で拍手，左側で拍手，ペンギンポーズで右回り。左側で拍手，右側で拍手，ペンギンポーズで左回り

8×2　腿を6回たたいて胸の前でクロス，ばんざい2回

「ぽんぽんぽんぽんぽんぽん。ヤクシー！」

8×2　右側で拍手，左側で拍手，両手を挙げてかかとを交互に4回前に出す。左側で拍手，右側で拍手，ペンギンポーズで後ろに蹴る4回

8×2　みんなで手をつないで，反時計周りにランニング

「手をつないで右へ走るよ」

▶ 学習の進め方のポイント

　小学校低学年のリズム遊びとして，簡単なフォークダンスを楽しむ学習である。定型の繰り返しで簡単に踊れて，ジャンケン遊びも楽しいジェンカや，大きな声で「ヤクシー」と叫んで，元気にリズムをとって動き続けるタタロチカは低学年にお薦めの曲である。

　2つの踊りの間に，先生と一緒に体を大きく使って，体育館の空間も広く走り回るような表現遊びを取り入れて，楽しく続けて踊ることができる構成とした。

　まず，フォークダンスを1つずつ学習する。先生の口伴奏で踊り方を覚えて，児童も一緒に「左，左，右，右，前，後ろ，ピョンピョンピョン」などと声を出しながら練習するとよい。できるようになったら曲をかけて踊ってみる。

　世界旅行は教師がストーリーを作っておいて，一緒に動きながら，児童それぞれの動きを引き出す。これは練習なしでもできる。ストーリーに合った音楽に乗って，子どもたちに問いかけながら動きを引き出していくとよい。

▶ 気持ちを込めて楽しく踊るための工夫

　大きな地球儀や世界地図，写真などがあれば，それを見せることで想像をかき立てることができる。ホワイトボードに大きな世界地図を簡単に書いて見せて，どこからどこに旅行するのかを示すのも効果的である。話題の国や都市（オリンピック開催地など）の位置も確認しながら学習すると盛り上がる。

　飛行機が到着したら，「ヘイ！」「ヘイ！」と友達とあいさつして2人組を作らせ，準備ができたらジェンカをかける。バイクの音楽の後も同様である。最初から音楽を編集しておくとスムーズ。映画のサントラなどが利用できる。

音楽構成例	
①大忙しのキキ	43秒 ＋ 空白10秒
②ジェンカ	1分23秒
③RYDEEN	44秒 ＋ 空白10秒
④タタロチカ	1分43秒

［宮本乙女］

3 リズムダンス ジャンケンダンス　　中学年

1 学習の目標
① 2人組でリズムに乗って手・足・体を使って楽しく踊る。
② グー・チョキ・パーを利用してリズミカルに動くことを楽しむ。
③ たくさんの友達と交流しながら楽しむ。

2 学習の進め方

	学習活動	指導の要点と言葉かけ
導入 8分	①ウォームアップ ・2人組でできる準備運動をする。 	・「おちゃらかホイ！」を知ってる？ やってみよう。 ・「なべなべ底抜け」はできるかな？ ・背中合わせで頭の上と股の間と交互に手をたたきます。 ・気持ちを揃えるとタイミングが合ってくるよ。
展開 27分	②ジャンケンダンスを踊る　（12分） ①「2人組のダンス」 右手握手・左手握手（8呼間） 両手拍手・友達と右手・両手拍手・友達と左手・両手2拍手・友達と両手2拍手（8呼間） 友達と右手を組みスキップで回る(8呼間) 友達と左手を組みスキップで回る(8呼間) ②体ジャンケン「グリン・チョリン・パリン」 グリン・グリン・チョリン， チョリン・チョリン・パリン， グリン・チョリン・グリン・パリン・ グリン・チョリン・パリン 　　　　　　　　　（16呼間）×2 ③「2人組のダンス」と「グリン・チョリン・パリン」をつなげて踊る ♪「にんじゃりばんばん」/きゃりーぱみゅぱみゅ ③2組でジャンケンダンスを作る（15分） ①「グリン・チョリン・パリン」の組み合わせを工夫 ②「2人組のダンス」と「グリン・チョリン・パリン」を続けて踊る ♪「にんじゃりばんばん」「つけまつける」/きゃりーぱみゅぱみゅ	・今日はジャンケンでダンスを踊るよ。 ・初めに「2人組のダンス」をします。 ・音楽に合わせて踊ってみよう。  ・これからがジャンケンダンスだよ。 ・グーはグリン，チョキはチョリン，パーはパリンと言うよ。「グリン・チョリン・パリン」を大きな声で言ってみよう。 ・これを体のジャンケンでやるよ。形を考えよう。グーはどんな感じ？ チョキは？ パーは？ ・リズムに乗って，軽やかに調子よくできるかな？ ・2つのダンスを続けて，音楽に合わせて元気に踊ろう。 ・先生が「交替」の合図をしたら新しい2人組になります。 ＊音楽の間奏のところでペアチェンジ。 ・最後のペアの友達と新しいジャンケンダンスを作るよ。 ・「グリン・チョリン・パリン」の組み合わせを工夫してみよう。だいたいさっきと同じくらいの長さね。 ・どんな組み合わせが踊りやすい？ 体のグー・チョキ・パーの形を変えてもいいよ。 ・全部をつなげて踊ってみよう。
まとめ 10分	④見せ合い ・自分たちの考えた「グリン・チョリン・パリン」の組み合わせを紙に書いて見せる。 ・他のグループのよいところを見つける。 ・本時の振り返りをする。	・「グリン・チョリン・パリン」の違いがわかるように，はっきり大げさに踊ろう。 ・見る人は手拍子と「グリン・チョリン・パリン」を言おう。 ・見るときはよいところやおもしろいところを探してね。 ・忘れないように学習ノートに書いておこう。

教材の特徴

「おちゃらかホイ」や「アルプス一万尺」などの手合わせ遊びは，幼稚園の年長児ぐらいから小学校の低学年頃，特に女児の間ではやる遊びである。前半はこの馴染みのある遊びを生かして，歌や音楽に合わせて楽しく踊り，後半はジャンケンのグー・チョキ・パーを「グリン・チョリン・パリン」と言い換えることによって，よりリズミカルな動きを導きやすくした。

学習の進め方のポイント

導入では2人組を強調して「おちゃらかホイ」や「なべなべ…」から手をつないだりたたいたりして，友達とふれ合うことやタイミングを合わせることのおもしろさを感じられるものを取り入れた。「2人組のダンス」では調子のよさを楽しむようにする。動きは教師があらかじめ準備しておき，手をつないで回ったり，ジャンプを入れたりなど全身を使った動きが入っているとよい。「リズムに乗る」ということを強調しなくても，教師が振り付けた動きに「握手！ 握手！ トンパントンパン・トントン・パンパン！」と口伴奏を添えて踊ると，自然にリズムに乗ることができる。

「グリン・チョリン・パリン」も大きな声で調子よく言うことによって，動きがリズミカルになる。間違えずに正しく踊ることよりも，音楽に乗って大げさに動き，いろいろな体の形を楽しむことを大切にしたい。

音楽は行進曲程度のものと駆け足ぐらいの速さのものを準備しておくと，同じ動きでも速さの違いだけで楽しさが変わることがわかる。スピードが増すと忙しくなり，おもしろさが増す。動きの長さは，ここでは8呼間×4回の32呼間を基本としているが，使用する曲の構成に合わせて動きの長さを変えるとよい。

❈ 発表のさせ方 ❈

発表は，見る側と見せる側が一体となって一緒に楽しめるようにする。あらかじめ自分たちで考えた「グリン・チョリン・パリン」の順番を画用紙などに書いておき，発表のときに手拍子とともに大きな声で口伴奏をしてもらうとよい。順番を決めておいて，曲を流しながら次々に出てきて発表するのも楽しい。

2人組のダンス　　　　体ジャンケン

動きの指導のポイント

初めは速さに慣れるまでゆっくり間違えないように体を動かすようにし，慣れてきたら音楽に合わせて楽しむのがよい。「グリン・チョリン・パリン」は手のジャンケンから始め，足，体と動きを大きくして慣らしていくと音楽に合わせたときに乗りやすい。体ジャンケンを音楽に合わせようとすると，忙しくてそれぞれの形が曖昧になってしまうので，1つひとつのポーズを大切にして動くことを指導する必要がある。ただし，音楽に乗って楽しく大げさに動くことができれば，正しく踊ることを強調しなくてもよい。

体ジャンケンの形を工夫する学習では，グー・チョキ・パーのそれぞれがもつ形のイメージ（例えばグーは硬い・丸い・小さいなど，チョキは鋭い・とがった・挟む・交差するなど，パーは大きい・広がる・ヒラヒラなど）で表すように促すとよい。

体ジャンケンの組み合わせを工夫する学習では，グー・チョキ・パーはどんな順番で並べても変化があって楽しめるが，同じものを続けたり（グリン・グリン・グリンなど），休み（ストップ）を入れたりする方法もあることを伝えたい。それにより，リズム感が出て動きやすくなったり，踊った感覚がもてたりする。また，同じ方向ばかりでなく，違う方向に体の向きを変えることによって，ダンスに広がりができることもアドバイスするとよい。例えば，グリン・グリン・グリンを体のグーで向きを変えて3つおこなえば，小さく丸くなっていても動きに変化が出てくる。

評価のポイント

・リズムに乗って楽しめたか。
・体のグー・チョキ・パーを見つけられたか。
・友達と仲良く交流できたか。
　の3点がおもなポイントである。　　［奥村直子］

4 リズムダンス のりのり遊園地

中学年

1 学習の目標
①軽快なリズムに乗って全身で弾んで踊る。
②友達と協力して，いろいろな遊園地の乗り物を表現する。
③動きのリズムを変化させたり，いろいろな場所へ移動したりして踊る。

2 学習の進め方

	学習活動	指導の要点と言葉かけ
導入 15分	①ウォームアップ「遊園地」 ・遊園地の乗り物を思い浮かべイメージを出す。 ・2人組でコーヒーカップ。 ・クルクル回りながら手を離して1人でスキップ。 ・3人組でジェットコースター。 コーヒーカップ	・遊園地には，どんな乗り物があるかな？ ・今日はコーヒーカップとジェットコースターに乗るよ。 ・コーヒーカップは同じ場所にいないね。でも，ぶつからないよ。後ろにも目をつけて空いている所を探して回るよ。 ・クルクルクルクルさようなら〜〜 ・ジェットコースターの初めはどんな感じ？　ゆっくり昇って一番高い所まで行って一気にゴーッと下りるね。途中で曲がったり，回転したり，水中に入るものもあるね。どんなジェットコースターになるかな？　先頭さんの真似をしていくよ。
展開 20分	②全身でリズムに乗ってミラーハウス ・先生の真似をして踊る。 ・2人組で手をつなぎ，上下に振りながら回る。 ・友達の真似をして踊る。 ♪「ファイティングポーズ」／グッドモーニングアメリカ	・遊園地は乗り物だけじゃなくて，ミラーハウスもあるよね。 ・先生の真似をして踊るよ。 ・友達とペアになって踊るよ。 ・太鼓の合図で体ジャンケン。勝った人の真似をして踊るよ。 ・太鼓の合図で交替。ミラーハウス
	③「のりのり遊園地」へ行こう！ ①先生の真似をして，リズムに乗って踊る ・モンキーダンス。手を上下に振り全身で踊る。 ・ケンケンやジャンプなどで移動する。 ②2人組でミラーハウス ・友達の真似をして踊る。 ③コーヒーカップでいろいろな場所へ移動 ・新しい2人組で①②③を続けて踊る。 ④3人組ジェットコースター	・上手だね！　これからリズムに乗って遊園地に行くよ。 ・乗り物から途中で降りないように，リズムからも降りないよ。先生が止まってもずっと乗っていてね！ ・2人組で，さっき先生とやったミラーハウスをやってみよう。 ・友達の真似をしながら息を合わせて踊るよ。 ・コーヒーカップはぶつからないよ。周りをよく見て。 ・クルクルクルクルさようなら〜で1人になるよ。 ・今度はジェットコースターだよ（太鼓の合図で先頭交替）。
	④「のりのり遊園地」を通して踊る ・おもしろい動きを工夫する。	・のりのり遊園地のやり方がわかったかな？　どうしたら，もっとおもしろい遊園地になるかな？　工夫してみよう。 ・友達のよいところを真似して，取り入れていくのもいいね。
まとめ 10分	⑤見せ合いと振り返り ・兄弟班で見せ合う。 ・友達のよい動きについて意見を発表する。 ・学習カードに振り返りを書く。	・友達の踊りに負けないように思いっきりいこう！ ・兄弟班のよかったところをお互いに発表しましょう。

🔵 リズムダンスに身近なイメージを生かす

リズムに乗って動くことは，本来は心地よさを伴う運動であるが，いざ，動くよと言われると固まってぎこちない動きになってしまいがちである。そこで，初めに遊園地のような身近なイメージをかけて思いっきり動くことで，動き出すきっかけとしたい。

この題材を通して，①全身でリズムに乗って踊る楽しさ，②速くしたり，ゆっくりしたりとリズムを変化させるおもしろさ，③１人では表せないことが人数を増やすと表現できること，④乗り物に乗っていろいろな場所へ自由に移動できること，の４つを体感させたい。

🔵 学習の進め方のポイント

リズムに乗って途切れずに１曲踊りきることがポイントとなる。教師の真似をして動き始めるのはいいが，教師が少しでも止まると，一緒に止まってしまう様子が見受けられる。そのため，授業の初めに「乗り物から降りないし，リズムからも降りないで乗り続けよう」と伝えておく。教師自身もリズムに乗り続け大げさに踊り，児童を引き込んでいくことが一番大切である。

ミラーハウスで教師の動きを真似させる際には，高く低く手をたたいたり，大きく左右に尻を振ったり，回転したり，ケンケンで移動したり，体を上から下にくねらせたりと，児童からは出ないような動きを示範し，全身や体の各部位を使ってリズムに乗って弾んで踊れることを示すようにする。

コーヒーカップやジェットコースターの転換には太鼓などの合図を用いるとよい。ジェットコースターでは，「用意！」の後，太鼓の縁をゆっくりたたき，だんだんと昇って行く様子を表現しながら気分を盛り上げる。上まで昇りきったら，太鼓を勢いよくドンとたたき「ゴー！」。周りをよく見て動くよう注意を促す。

３人組でジェットコースター

🔵 動きの指導のポイント

リズムに乗って動くことに慣れさせるために，

首→腕→腕をいろいろな方向へ→足→足を上げる→へそ→全身が乗るというように，動かしやすい部分から始めて広げていくと，抵抗なく全身をリズムに乗せて動けるようになる。

動きを工夫させる際には，体のいろいろな部位でリズムを刻めること，手や足はいろいろな方向に向けられること，高さを変えたり，体の向きを変えたり，移動しながら踊れることを伝えて，動きを広げていくとよい。

１つひとつの動きを中途半端にせず，はっきり何をやっているかがわかるくらい大げさに動くよう伝え，教師が示範して見せるとよい。コーヒーカップでは単にグルグル回っているだけでなく，高低差をつけて回ったり，１か所で回らず移動しながら回ったりできることを伝える。ジェットコースターのときなどは３人組になるので，後ろの児童まで動きが伝わるようにダイナミックに動くことや，前の児童の動きをよく見て丁寧に受け取っていくよう指導することで，１人ひとりの動きが高まっていく。

また，リズムに乗って大きく動いている児童やおもしろい工夫をしているグループを適宜取り上げ，皆の前ですぐに紹介し，どの点がよかったかを具体的に伝えていくとよい。繰り返し評価を示すことで，どのように動くとかっこよく，おもしろいかという思考・判断が児童の中で育ち，後の技能へとつながってくる。

🔵 お薦めのノリノリ曲

例に示した曲は短めなので，繰り返しかけるとよい。他に「キミに100％」／きゃりーぱみゅぱみゅ などでも楽しく乗って踊れる。児童と教師が乗れる曲でおこなうことが大切。

🔵 評価のポイント

・リズムに乗って全身で弾んで踊れたか。
・動きのリズムや空間の使い方を工夫して踊ることができたか。
・誰とでも仲良く交流して踊れたか。　　［浅川典子］

5 リズムダンス ロックに乗ってエアバンド

中・高学年

1 学習の目標
①ロックバンドになりきって即興で演奏の様子を表現する。
②相手の動きを真似したり，相手の動きに合わせたりして動く。

2 学習の進め方

	学習活動	指導の要点と言葉かけ
導入 10分	①**気持ちを合わせて　エア長縄跳び** ・縄の回し手を決め，それ以外の人は1列に並ぶ。	・縄の回し手は気持ちを揃えて回そう。掛け声をかけるとよく揃うよ。 ・8の字回旋で，前の人との間隔を空けずに入れるようにがんばろう。 ・気持ちを揃えると縄が見えてくるね。 ・つかえてしまったら回し手を交替しよう。
展開 25分	②**今日の課題をつかむ** ［板書］動きを工夫し，なりきってエアバンドを楽しもう。 ①曲を聴いて，手拍子を打つ ②コンサートやテレビで見たことのある音楽バンドについて，知っていることを話し合う ③演奏中にどんな楽器や演奏の場面がよかったかを出し合う ・ギター　　・ドラムス ・ボーカル　・キーボード	・ロックバンドが演奏しているところを見たことがありますか。 ・どんな楽器を使っているかな？ ・どんな演奏の仕方がすてきだったかな？ ・その場でそれぞれの楽器を演奏してみよう。 
	③**楽器に合う動きを見つけ，曲に乗ってオーバーに演奏する** ①先生の真似をして ②リーダーの真似をして ・「ウルトラソウル」の部分は全員歌いながらジャンプをする。 ♪「Ultra soul」／B'z	・体育館が全部ステージだと思ってダイナミックに演奏しよう。 ・次々に楽器を変えて演奏するよ。マイク投げもいいよ。 ・リーダーは次々替わって，リーダーは好きな楽器を選んで。 ・天井まで届くようにこぶしを振り上げよう。
	④**グループでバンドを組んで演奏する** ・楽器の担当 ・全員が同じ楽器の部分やソロを生かす部分 ・ステージ（場）の使い方 ・友達と感じ合って演奏する。	・4人組になろう。 ・いろいろな姿勢で演奏しよう。ブリッジもOKだよ。 ・ノリノリで演奏しよう。 ・同じ場所だけでなく，あちこち移動して演奏しよう。 ・天井にドラムがあると思って，思いきりたたこう。
まとめ 10分	⑤**見せ合い** 「武道館でコンサートをしよう」 ・兄弟班で見せ合い，よいところを見つけ合う。 ・本時の振り返りをする。	・体育館全体を武道館だと思って演奏しよう。 ・見るときは観客になって，手拍子をしたり声援を送ったりしよう。 ・学習カードにまとめをしよう。

学習の進め方のポイント

日常の生活の中で、物を持たなくてもあるつもりで動くことはよくある。ここではあるつもりで動くだけではなく、さらにオーバーに動くことを楽しみたい。

導入ではエアスポーツとして長縄跳びを取り入れた。誰でも経験のある運動なら短縄跳びやドッジボールでもおもしろい（DVD ①-⑦参照）。

特別に音楽好きでなくても、ロックバンドが歌う歌を耳にしたり、テレビなどで見たりする機会はある。演奏スタイルはさまざまで、観客のスタイルもさまざまである。ここでは聞くだけでノリノリになる曲を選んで演奏を楽しみたい。1グループでひとまとまりの表現を作る際は1分程度の長さが適当である。グループが交替で次々に演奏したり、観客になって盛り上げたり、最後に全員で演奏したりしてクラス全員で1曲踊りきると一体感や達成感が得られる。

動きの初めは、まず自分で動いてみる、教師の動きを真似る、友達の動きを真似る。教師が、大きくオーバーに動いて見せれば「なるほどそのように動けばよいのか」とわかる。リーダーに続いて真似をすれば「そんな動きもあったか」と気づく。グループ同士で見合えば「次に生かしたい」と意欲が湧く。

❈ 発表のさせ方 ❈

コンサート会場での熱狂的な観客（ファン）とロックバンドという関係で発表会をするとおもしろい。発表グループは観客を意識してアピールしながら演奏をする。観客はきちんと座って見るのではなく、手拍子をしたり、声援（名前など）をかけたりしてリズムに合わせて体を動かす。立ち上がってこぶしを振り上げたり踊ったりしてもよい。ここでは少しいつもと違った、共鳴し合う空間を楽しみたい。

時間があれば1グループずつ次々に演奏し、最後によかったグループの真似をしながら学級全体で演奏すると盛り上がる。その際、自分のグループだけで演奏するのではなく、他のグループとも関わり合いながら演奏すると、よりいっそう一体感をもつことができる。

発表会では少し音量を大きくすると声援に負けない演奏ができる。

動きの指導のポイント

「ドラムスをたたこう」と言われれば、素直にその場でたたくだろう。「オーバーに」とか「ダイナミックに」と指導されればスティックを大きく振るだろう。そこまでできれば十分と言える。しかしもっと大きく動いて楽しみたいときは、
・ドラムスは天井にもある。
・シンバルは後ろのほうにもついている。
と声をかければ、そちらへ体が向き、動きも大きくなってくる。言葉かけ以外に有効なのは、教師も一緒にエアバンドを楽しむことである。横目で「先生はどのように動いているのか」「友達は恥ずかしがっていないのかな」と見ている児童もいる。

ドラムスだけでなくボーカルやギター、キーボードについても、どのように動いたらよいか表現例を示して一緒に動くとよい。あちこち跳び回って演奏したり、ギターを大きく動かしたりしてオーバーに表現させるとよい。そして仲間と感じ合って演奏させたい。

評価のポイント

この単元は「ロックに乗ってエアバンド」なので、第一にロックのリズムに乗って楽しめたかどうかが評価の観点として挙げられる。次は動きの工夫で、担当している楽器をダイナミックに演奏できたかどうかである。

この学習全体を通して友達と関わることを大事にしているので、イメージを出し合ったり、演奏したりする中で、友達の演奏（動き）を感じ取ったり、自分の演奏も相手に感じさせたりしたい。ノリノリの観客になれたかも観点の1つとなる。

教師の評価も大事だが、学習カードなどで児童が自己評価したり、友達のよいところを評価したりさせたい。

［山下昌江］

6 日本の民踊 阿波おどり

高学年

1 学習の目標
①グループで「阿波おどり」の踊り方に変化をつけたり，隊形を工夫したりする。
②友達と気持ちを合わせて踊ることで一体感を味わう。

2 学習の進め方

	学習活動	指導の要点と言葉かけ
導入 10分	1 ウォームアップ「阿波おどりの動きの練習」 	・リズムに乗って，膝と足首を意識して，屈伸しよう。上体はまっすぐに伸ばして，両手は上に。 ・右足前に(カウント1)，元に戻す(カウント2)，左足前に(カウント3)，元に戻す(カウント4)を繰り返してみよう。 ・右足を前に出すときに右手を上から前に下ろし，左足を前に出すときに左手を上から前に下ろして（手と足の協応動作）。 ・リズムに乗って前進してみよう。
展開 25分	2 動きや移動の仕方，隊形の工夫をする (10分) ［板書］グループでなければできない動きを工夫しよう。グループだからおもしろい隊形や移動の仕方を工夫しよう。 ・手を挙げる高さや腰の位置を変化させる。 ・隊列を工夫（縦1列，縦3列，横並び等）する。 ・動きを揃えて踊ったり，交互に踊ったり，新しい動きを加えたりする。	・高く伸び上がって踊ったり，膝をしっかり曲げて低くなって踊ったりすると印象が違うね。 ・同じ踊り方でも縦1列になって踊るのと，横1列になって踊るのとでは違った感じがしない？ ・いろいろな工夫をして，組み合わせてみよう。
	3 友達グループで見せ合いをし，いろいろな工夫の仕方を学び，それを生かして「入場」「メイン」「退場」の流れをつくる (10分) ①見せ合いと意見の交換 ②グループで踊る流れを決める	・友達グループが考えた動きにどんな工夫があったかな？ ・「入場」や「退場」にふさわしい踊り方を見つけよう。
	4「メイン」の動きを工夫し，グループで決めた阿波おどりの流れを踊る (5分)	・「メイン」は動きを揃えて踊ることも，交互に踊ることも，隊形を変えて踊ることもできるね。 ・気持ちを合わせて繰り返し，踊ってみよう。
まとめ 10分	5 見せ合い ・半分ずつ見せ合いをする。 ・阿波おどりを踊った感想や友達グループの工夫について話し合う。	・工夫を凝らしていたのが，わかるかな？ ・気持ちを合わせて踊ることができたかな？ ・学習カードに感想を書きましょう。

阿波おどりの踊り方

【第1段階】膝の屈伸

姿　勢：まっすぐに立ち，膝を前に出すように曲げ，上体を足のつけ根から前傾する。

両　手：「前に習え」の状態から上方に挙げる（肘は軽く力を抜いた状態で）。

リズムの取り方：2拍子で，1拍ごとに膝を前に出すように屈伸させる。

【第2段階】足を交互に出すステップ

両手を上に挙げたまま，リズムに乗った状態で，

1拍目　右足を前に出し，つま先を床につける。
2拍目　右足を元に戻し，重心を右足に。
3拍目　左足を前に出し，つま先を床につける。
4拍目　左足を元に戻し，重心を左足に。

【第3段階】手と足の協応動作

1拍目　手：右手を上から前方に下ろす（左手は上）。
　　　　足：右足つま先を前に出す。
2拍目　手：右手を前方から上に戻す。
　　　　足：右足を元に戻し，重心を乗せる。
3拍目　手：左手を上から前方に下ろす（右手は上）。
　　　　足：左足つま先を前に出す。
4拍目　手：左手を前方から上に戻す。
　　　　足：左足を元に戻し，重心を乗せる。

【第4段階】前進しながら踊る

右足（左足）のステップの2拍目（4拍目）で右足（左足）を元に戻さず，左足の前に置くようにステップし，その足に重心を移動し，左足（右足）を後ろに蹴るように上げる。この動作を左右交互におこない，少しずつ前進する。

男踊り　両肘を外に張り，膝を外に開いて踊る。
女踊り　肘を内側に締めて高く挙げ，膝を閉じ，かかとを上げて踊る。

姿　勢　　　　ステップ　　　　手足の協応動作

指導のポイント

阿波おどりは右手右足，左手左足をそれぞれ2拍で前に進み，交互に繰り返すだけの簡単で単調な踊りである。リズムに乗って踊ると楽しく，伝統的でありながら，動き方や隊形に工夫を凝らして創造的に踊ることもできる。踊り方は簡単であるが，上手に踊るには時間がかかり，奥が深い。

そこで，踊りの基礎の部分を体育の授業時にウォームアップとして取り上げることを提案する。表現に限らず，ボール運動や陸上運動のときでも30秒程度でよい。第1段階は膝の屈伸（1週間），第2段階は両手を上に挙げたまま右足と左足を交互に前に出す動き（2週間），第3段階は右手右足，左手左足の協応動作（2週間），第4段階は前進しながら踊る。このようなウォームアップを経験した後で阿波おどりを学習すると，動きが洗練されているので踊り方を工夫することに専念できる。

運動会作品に発展

このように，ウォームアップとしてわずかな時間を利用しながら，膝の屈伸から始めて阿波おどりに結びつけていくと，運動会のために多くの練習時間を要することなく発表まで進められる。

例）入　場：運動場の四隅から各1列で踊りながら入場する。
　　メイン：隊形や動きを変化させて踊る。全員が揃って踊ったり，交互に踊ったりする。
　　退　場：運動場の四隅に各4列で退場する。

　　　『明日からトライ！ ダンスの授業』大修館書店，pp. 124-125 参照。

児童に伝えたい踊りの由来と特徴

阿波おどりは徳島の盆踊りとして亡くなった人々の霊を慰めるために踊られたと伝えられている。1798年に現在と同様な形態で踊られたとする史料があるが，起源については明らかではない。

阿波おどりの名称は阿波の「盆踊り」を他地域の盆踊りと区別できるようにと昭和初期に名づけられたと言われてきたが，最近，大正や明治時代の新聞にも「阿波おどり」という標記が発見された。

評価のポイント

踊り方が単純なので，動きや隊形の変化などが工夫されているかどうか，また，グループで気持ちを合わせて踊ることができているかどうかが評価の観点となる

［中村久子］

7 日本の民踊 よさこい鳴子踊り （高学年）

1 学習の目標
① 「よさこい鳴子踊り」の由来について理解する。
② 特徴的な踊り方を覚えて，鳴子を元気よく鳴らしながら，友達と一緒に楽しく踊る。

2 学習の進め方

	学習活動	指導の要点と言葉かけ
導入 5分	① よさこい鳴子踊りの特徴を知る ・よさこい鳴子踊りの由来を知る。 ・鳴子を鳴らして音を楽しむ。	＊よさこい鳴子踊りの由来を知らせる。 ・曲を聴きながら手首を軽く動かして，いろいろな位置で音を出してみよう。
展開 30分	② 今日の課題をつかむ　　　　（20分） ・よさこい鳴子踊りの踊り方を覚える。	・よさこい鳴子踊りの踊り方を覚えよう。 ・踊りに合わせて鳴子の音も出してみよう（部分練習）。
	③ 4人組で苦手な動きを教え合う　（5分）	・教え合いながら繰り返して覚えよう。
	④ 4人組で覚えたところまでを通して踊る 　　　　　　　　　　　　　　（5分）	・音楽を流します。順番にリーダーになって，好きな方向へ進みながら踊ってみよう。
まとめ 10分	⑤ 近くのグループと見せ合って，相手のよいところを見つけたり，動きの確認をしたりする	・リズムに乗って楽しく踊ろう。 ・上手な人の動きを真似してみよう。

▶ よさこい鳴子踊りの踊り方 （☆は鳴子を鳴らす）

ヨッチャレヨ，ヨッチャレヨ

左手左肩前・右手左腰前☆
左右逆にもう1回☆。

ヨッチャレ×2 ヨッチャレヨ

鳴子振り斜め右へ右足から3歩，4で肩前に上げ☆，左へ。

高知の城下へ来てみいや

両手上げ斜め右へ右足から3歩，4左膝上げ頭上☆，左へ。

じんばもばんばも

右足前両手のひら表，右足戻すとき裏に返す。

よう踊る

右肩から胸前に降ろして☆，左☆右☆と3回打つ。

鳴子両手に　よう踊る×2

斜め右へ右足から3歩頭上で右左右☆，左へ右へ繰り返す。

土佐の〜ヨイヤサノサノサ

足止。両手振り下ろす。1回目3☆。2回目5☆。

高知のはりまや橋で

左足から11歩前進，鳴子頭上で左右に揺らす。

ヨイヤサノサノサ

右足後ろに引き，左斜め上から右斜め下に5☆。

坊さん簪買うを見た

右足前に出し，頭上から右前左横で☆，6回目手足揃え。

よさこい，よさこい

左足前，左手肩前・右手左腰前☆，足そのまま左右逆☆。

ホイホイ

左足前左肩上☆，右足前右肩上☆。間奏前左右進左右胸前☆。

62　第3章 心も弾むリズムダンス・フォークダンスの授業

よさこい鳴子踊りの由来

よさこい鳴子踊りは地域活性化などをめざして高知県で誕生した踊りで，鳴子を両手に持って踊る独特のスタイルが特徴。本来，鳴子は作物を守るための鳥獣よけの道具で，田畑の周囲に紐で吊るし，大きな音で動物を驚かすために作られたもの。その賑やかな音を踊りに活用し，高知の民謡「よさこい節」に振り付けたのが始まりである。「よさこい」とは「夜さ来い」で夜にいらっしゃいという意味。曲も鳴子の音も心沸き立ち，楽しく踊れる民踊。元気よく賑やかに踊りたい。

本書で紹介する正調「よさこい鳴子踊り」の他に，鳴子を持つことと，よさこい節のフレーズを使用することを条件に，曲調や振り付けを自由にアレンジして踊る「よさこい祭り」がある。伝統に創造の息吹を吹き込んだこのスタイルは，北海道の「よさこいソーラン」にも応用され，全国に広がっている。

学習の進め方のポイント

踊り方の学習の前に，踊りの由来や当時の生活を知ることから始めたい。道具や振り付けの意味を理解することで，踊りの世界が広がってくる。

この踊りでは鳴子の操作という独特の学習があるが，初めに鳴らし方を試してみれば，後は腕の動きと一緒に自然についてくる。児童は鳴子の音が大好きで，いつでも鳴らそうとするが，揃った音がすてきだと教えれば踊りの振りも揃ってくる。

児童に踊り方を教える際は，教師の動きをそのまま真似させてもよいが，リーダーに先に覚えさせてミニ先生が教えるという方法もある。1時間の学習で教師だけがずっと教えるのではなく，途中でペアやグループでの習熟の時間をとると教え合いの学習もできる。

身につけた踊りは構成などを考え，運動会などで発表してもおもしろい。グループで自由に振り付けを工夫する学習に発展させても楽しい。

鳴子を自分で色つけ「舞（マイ）鳴子」

鳴子を業者に注文すると，着色された鳴子（写真左）が届く。それを使っても楽しいが，学習時間に余裕があるときは白木の鳴子（写真右）を注文して自分で色付けするとさらに楽しい。各自で図柄を考えて濃い目の絵の具で着色した後，ニスを塗るとよい。白木の鳴子は着色された鳴子より若干安く手に入る。図柄を考えて色を塗るまでは，図工科として扱うことができる。自分だけの「舞（マイ）鳴子」を児童はとても大切に扱う。

鳴子の鳴らし方のポイント

鳴子を親指と人差し指の間に挟んで持つ。手首を挙げたときはギュッと握らず，アクセントをつけて振り下ろす。踊る前に鳴らして楽しむとよい。

動きのポイント

どっしりと腰をドロして踊る踊り方が多い日本の民踊の中で，珍しく軽快なリズムと踊り方である。横への移動は足の移動だけでなく腰も一緒に振るような感じでリズムに乗って踊るとよい。「サンバ調」「ロック調」で踊られるほど体の動きや足運びはノリノリである。ただし，手首はしっかり振らないと鳴子の音がよく響かないのでダイナミックに踊るとよい。

評価のポイント

きちんと刻まれたリズムで鳴子の音を楽しんだり，楽しく踊ったりすることが第一である。技能では，足の動きと腕の動きを同調させてリズムを刻めているかを評価する。また，ペアやグループでの教え方など学び方も評価したい。

小学校の体育科で「日本の民踊」を踊る機会はどれだけあるだろうか。運動会という機会で経験する児童もいるだろうが，まったく経験しないまま卒業してしまう場合もある。2時間扱いでも可能なので，ぜひ挑戦して楽しんでほしい。

［山下昌江］

8 日本の民踊 花笠音頭 　高学年

1 学習の目標
①日本の民謡「花笠音頭」と踊りの由来を知り，特徴的な笠の動きを生かして踊る。
②友達と高め合いながら，掛け声とともにリズムに合わせて楽しく踊る。

2 学習の進め方

	学習活動	指導の要点と言葉かけ
導入 10分	① 花笠音頭の特徴を知る ①花笠音頭の由来を知る ②花笠の動かし方をいろいろ試して楽しむ	・花笠音頭は山形県の踊りです。「ヤッショウマカショウ」は土木作業するときの掛け声だよ。花笠を持って元気に踊ります。 ・どのような動かし方ができるか見つけよう。 ・花笠をひるがえしたり回したりすると，変化が出てすてきだね。
展開 25分	② 花笠音頭の特徴的な踊り方を習得する ①花笠音頭の踊り方を覚える ②特徴的な2つの笠の動かし方を習得する ・左右にひるがえす動き。 ・斜め前に踏み込みながら花笠を1回転させる動き。	＊花笠音頭の映像を見せ，おおまかな踊りの特徴を捉えさせる。 ・歌を歌いながら踊り方を覚えよう。 ・花笠の動かし方がちょっと難しいところがあります。ゆっくり練習しましょう。 ・笠をひるがえしたとき，ビシッと笠が肘に当たるぐらいに勢いよく動かしてみよう。
	③ 友達と教え合う ・掛け声とタイミングをつかんで踊り込む。	・笠の動かし方を2人組で練習しよう。 ・「ヤッショウマカショウ」と元気に掛け声をかけながら踊ろう。
まとめ 10分	④ ペアグループと見せ合い，相手のよいところを見つけ合う 観点：めりはりをつけて踊っているか。 　　　花笠をしっかり目で追っているか。	・右ヘビシッ！　左ヘビシッ！　しっかり止めてめりはり！ ・花笠を目で追ってごらん。いつも目は花笠に向けるといいね。 ・めりはりと目線ができているか，見てあげよう。

▶ 花笠音頭の由来

　東北五大祭りの1つである「花笠祭り」において踊られるのが「花笠音頭」である。菅笠に赤い花飾りをつけた花笠を手にし，「花笠音頭」に合わせて街を踊りながら練り歩くのである。
　「花笠音頭」は大正中期に，土木作業時の調子合わせに歌われた土突き歌が起源と言われている。昭和初期にこれが民謡化され「花笠音頭」となった。また踊りについては，菅で編んだ笠に赤く染めた紙で花飾りを付けたものを，景気づけに振ったり回したりして踊ったのが発祥と言われている。
　「ヤッショウマカショウ」の掛け声が響き，動きに合わせ，花笠が揺れ動く華やかな踊りである。

▶ 学習の進め方のポイント

　花笠音頭は花笠を操作する特徴の他に，日本の踊り独特の体の使い方がある。そこで，踊り方を覚える前に，足や腰の動かし方に慣れさせておくとよい。両足をしっかり開いて，腰を落として重心を低くしたまま左右に重心を移す動きや，腰を屈めて自転する動きを習得しておく。また，初めに笠の動かし方を自由に試させるとよい。いろいろな動かし方を楽しむ中で，笠の操作に慣れさせていく。
　そして，いよいよ笠を持って踊り方を習得するときは，丁寧に笠の軌跡を確認させながら，正確な笠の動かし方をつかませたい。見様見真似で覚えてしまうと意外と修正が困難である。そのために，覚える段階から笠に仮の花などを付けて，笠の裏表がはっきりわかるようにしておく必要がある。
　また，示範は，児童と対面する形より，同じ向きで示したほうがわかりやすい。できれば指導者を複数にして，示範者と説明者とを分けるとよい。

花笠音頭の踊り方

めでた　めでたの　　　　　　　　　　わかまつさまよ　枝も　　　　　　　　　チョイ　チョイ

笠を左の肩から後ろに回して，左にバシッと笠のふちが腕に当たるように勢いよく決める。左・右・左・右・左と5回左右対称の動きを繰り返す。

左足に重心を移して，花笠のふちで右膝下をポンと打つ。反対に右足に重心を移して同様。重心はそのまま笠を上に挙げて左腕を打つ。反対に左・右・右腕。繰り返す。チョイで，左足を右足に揃え笠を体の前に置く。

さかえて　葉も　　　　　しげる　　　　　ハー　ヤッショウマカショウ　　シャン，シャン，シャン

笠を左に回しながら，右足を左前に踏み込んで，左足をその場に下ろす。右足を下して笠を体の前に置く。反対におこなう。

足踏みをしながら笠のふちで右膝左膝と軽くたたき，右足で軽く跳びながら笠を上に挙げる。

前屈みになり，左足から4歩自転し，笠は右手で持ち背中に乗せるようにした後，左手で受け取る。

左右と笠で膝を軽くたたいて足踏みをし，最後に両足を揃える。

踊り方のポイント

　笠を頭上に回すときはすばやく，左横に笠をひるがえすときは右に重心をはっきりと移して，笠の裏が腕にビシッと当たるように止めるなど，めりはりを大切にしたい。左右に重心をはっきりと移すことが肝心である。目線の使い方も重要で，笠の動きを追うように動かすと動きが大きくなる。「ヤッショウマカショウ」と元気に掛け声をかけながら自転する動きでは，腰をしっかり屈めて，笠を背負うように動かすとよい。

運動会での発表の工夫

　花笠音頭は華やかさと力強さがあり，運動会での発表は効果的である。クラスごとや列ごとに笠に付ける花の色を変えたり，へこ帯などを襷掛けにしたりすると，踊りの雰囲気を盛り上げることができる。
　踊りは5つのパターンが何度も繰り返される構成なので，フォーメーションを工夫すると楽しい。
例）①列ごとに動きを逆向きにしたり，向き合って踊ったりする。
　　②立って踊ったり，座って踊ったりする。
　　③直線，円など隊形の工夫をする。

運動会の作品構成のヒント

　表現運動の題材「おまつり」で学んだことを生かした構成にすると，日頃の授業内容をも発表することができる。例えば，花笠を御神輿に見立ててグループで練り歩きながら入場し，グループごとに「おまつり」のイメージで見つけたものを表現する場面を設ける。その後，隊形を整えて「花笠音頭」を踊るのである。表現運動の自由な動きと，花笠音頭の揃った動きとが互いに引き立て合い，印象深い作品となる。

評価のポイント

　重心を落として日本の踊りの特徴を捉えて踊ることができたか，リズムを感じながら花笠を動かすことができたかを評価する。また，何よりも元気に掛け声をかけて楽しく踊ったり，難しい動きの習得に粘り強く取り組んだりしている姿を認め，励ましていきたい。

［長津　芳］

9 外国のフォークダンス
マイム・マイム（イスラエル）
高学年

1 学習の目標
①「マイム・マイム」の踊り方を身につけて，力強くステップを踏んで移動しながら踊る。
②荒れ地で水源を見つけたイスラエルの人々の喜びを想像し，その気持ちを汲んで踊る。

2 学習の進め方

	学習活動	指導の要点と言葉かけ
導入 10分	**1 ウォームアップ (5分)** ・2人組で先生の動きを真似して踊る。 ♪「リズム・デ・サンバ」『表現運動・ダンス CD1 小学校編』	・まずは1曲，楽しく踊って体をほぐそう。 ・ペアの友達と手をつないで踊るよ。先生の動きを真似してね。 ・相手と目を合わせて，リズムに乗って弾んで踊ろう。 ＊マイム・マイムの動きから，拍手「ヘイ」などを部分的に取り入れる。
	2 今日の課題をつかむ (5分) ［板書］マイム・マイム（イスラエル） 水を見つけた喜びを想像して踊ろう。 ①踊りの由来を知る ②歌の意味を理解し，歌う	・今日はイスラエルの「マイム・マイム」を踊ります。 ・この曲を聴いたことがあるかな？　＊短く曲をかける。 ・イスラエルの人々は長い間迫害を受けながら独立をめざし，荒れ地を開拓して暮らしていました。この踊りは，みんなで団結して水を掘り当てたときの喜びの踊りです。 ・「マイム…ウマイム・ベッサッソン」はイスラエルの言葉（ヘブライ語）で「水…水だ，嬉しいな」という意味です。砂漠で水を見つけたときの気持ちを想像しながら，大きな声で元気よく歌ってみよう。
展開 25分	**3 踊り方を理解して踊る (18分)** ①チェーケシアステップ ②円心に向かって前進と後進 ③ランニングステップ ④弾みながらトウポイント ⑤1曲通して踊る ♪「マイム・マイム」『学校フォークダンス・小学校』	・踊りは全部で4つのパートがあります。 ・先生の真似をして覚えてください。全部右足から動くよ。 ・まず，前横後ろと歩いて，チョンと跳ねながら足を入れ替えます。軽く走りながらやってみよう。隣の人と手をつないで練習しよう。 ・次は，右足から前に4歩，後ろに4歩，歩きます。さっきの「マイム…」を歌いながら踊るよ。目の前には恵みの水があると思ってね。 ・右足から左へ3歩走るよ。4歩目は右足にキュッと寄せて前を向く。 ・右足で跳ねながら左足のつま先で前横とポイントします。次は反対足に替えて「ヘイ！」と掛け声を出しながら手の動きもつけるよ。 ・おおまかに覚えたかな。では全員で円になって，1曲通して踊ろう。 ・間違えてもいいから，力強く元気に踊ってね。
	4 グループ練習（6人組） (7分) ①踊り方の復習 ②大切にしたいポイント探し	・ここからグループで練習します。お互いに，踊り方のわからなかったところを確認して練習しよう。 ・水が見つかった喜びがどんなところに表れているかな。練習しながら"ここを大事にしたい"というポイントをグループで見つけよう。
まとめ 10分	**5 学習のまとめ** ①グループで見つけたポイントを発表し，みんなで特徴を共有する ②全員で1曲を通して踊る ③学習の振り返り	・グループで見つけた"大事にしたい"ポイントを発表してください。 ・どれも大切なポイントだね。 ・見つけたポイントを大切にして，最後にもう一度みんなで踊ろう。 ・全員の息が合うともっと楽しくなるよ。 ・みんなで楽しく交流できたか，感じたことや工夫したことを学習カードに書きましょう。

🔵 マイム・マイムの由来

長年迫害を受けてきたユダヤ人は，故国イスラエルの荒れた土地でギブツ（集産主義的協同組合）を組織し，貧富の差を超えて支え合って生き抜いてきた。その踊りは，人々が娯楽を通じてつながり合いながら，先人の苦労を偲んでしっかりと大地に足をつけて踊るという意味合いをもつ。

マイム・マイムは全員が一体となって踊るシングルサークルの踊りで，躍動感のある力強いステップが特徴。荒れ地で水を掘り当てた喜びの踊りで，「マイム…ウマイム・ベッサッソン」と歌いながら踊るのも大きな特徴である。水源発見の喜びを歌とともに踊りながら想像し，みんなで息を合わせて力強くステップを踏んで踊りたい。

🔵 マイム・マイムの踊り方

①右足からチェーケシアステップで4つ時計回りに進む。

②「マイム…ウマイム・ベッサッソン」と歌いながら，つないだ手を挙げて右足から4歩前進し，手を下げて4歩後進する。×2

③右足から3歩走り，4歩目を右足に寄せて体を中心向きに戻す。

④右足で跳ねながら左足つま先で床をポイント（前・横×4）。同様に左足跳ね，右足トウポイントしながら拍手・手を広げ「ヘイ」。×4

🔵 学習の進め方のポイント

授業の導入では軽快なリズムに乗って踊る体ほぐしをおこない，友達と手をつないで走る，ホップしながらトウポイント，拍手して「ヘイ！」と掛け声を出すなど，マイム・マイムの特徴的な動きを取り入れておくと踊り方の習得がスムーズに進む。

フォークダンスの学習は伝承された踊り方の習得が中心であるため，教師の一斉指導になりがちである。そこで，ひと通り踊り方を学習した後にグループ学習を取り入れ，友達と協力して動きを復習したり，自分たちがこだわって動きたい部分を見つけたり，水が見つかって仲間と喜ぶ人々の気持ちを想像したりしながら，工夫して練習する時間を設けるとよい。

全体を通して，踊り方を覚えることだけが目標にならないように，踊りを通じてイスラエルの文化を体感し，友達と交流して楽しめるような雰囲気を心がけて進めていく。

🔵 動きの指導のポイント

マイム・マイムは4つのパートで構成されている。音楽に合わせて踊る前に，口伴奏でパートごとにゆっくり動いて理解させる。初めから円形になると左右がわかりにくくなるので，まずは数人で手をつないで横に並び，教師が背面で示範して見せるとよい。

児童がつまずきやすい動きは部分的に抜き出して練習する。チェーケシアステップでつまずいたときは，前横後横とクロスステップを踏みながら少し早目のテンポで弾んで走らせると，自然に4歩目の入れ替え（リープ）ができるのでお薦めである。また，ランニング後のトウポイントでは左右の足を間違えやすい。最後に右足トウポイントになっていないと次の踊り始めの足が合わなくなるので注意したい。拍手・手を広げて「ヘイ！」では，右手を高く挙げたり，隣の人と手合わせしたりするのも楽しい。

🔵 評価のポイント

技能では，元気よく声を出しているか，力強くステップを踏んで踊れているか，全員で息を合わせて踊りを楽しんでいるかを評価する。また，イスラエルの人々の思いを想像して踊る，グループで協力して学び合うといった態度を観察評価する。観察でわからない部分は学習カードを用いて確認してもよい。

［伊藤茉野］

10 外国のフォークダンス コロブチカ（ロシア）

高学年

1 学習の目標
①ロシア民踊「コロブチカ」の踊りの由来を知り，みんなで楽しく元気よく踊る。
②この踊りを生み育ててきた人々の生活や文化を思い，その踊りに込められた人々の心を感じて踊る。

2 学習の進め方

	学習活動	指導の要点と言葉かけ
導入 10分	1 ロシア民踊「コロブチカ」の特徴を知る ①コロブチカの由来を知る ②音楽を聞いてみる	・コロブチカはロシアの民踊です。 ・いくつもの小箱を手押し車に乗せて歩く旅の行商人の姿を現した踊りです。押したり引いたりする感じがするよね。 ＊コロブチカの映像を見せ，踊りの特徴を捉えさせる。
展開 25分	2 コロブチカの特徴的な踊り方を捉える ①コロブチカの踊り方を覚える ②２人組で，ＡパートとＢパートを習得 Ａ：対面で，ランニングショティッシュ，ホップトウタッチ Ｂ：スリーステップターン，位置交替	・先生を真似して，動きを覚えてね。 ・その場でランニングショティッシュ，ホップトウタッチを練習します。左右どちらもやってみよう。 ・スリーステップターンの練習をします。 ・２人で向かい合って，パートナーの顔を見ながら踊ろう。 ・位置交替のとき，男子がリードしようね。クルッと回るように。
	3 友達と一緒に見せ合う ・２人組と２人組でお互いに練習する。	・動きの言葉を言いながらペアグループで一緒に練習しよう。 ・友達のよいところ見つけよう。
まとめ 10分	4 音楽に乗ってダブルサークルで踊る ・評価の観点：パートナーと楽しく踊れるか。	・さあ，曲に乗って楽しく踊ってみようね。 ・２人で顔を見合わせながら踊れるかな？ ・スリーステップターンをきれいに回れるかな？ ・位置交替のところ，スムーズにできるかな？

▶ コロブチカの踊り方（隊形：ダブルサークル　男子内側，女子外側で互いに向き合う）

Ａパート：円内外への前進，後退	Ｂパート：スリーステップターン，バランスステップ，位置交替
（4×4＝16呼間） ○男女互いにパートナーと向かい合い，両手を前に出して手を取り合う。 ①男子は左足，女子は右足からランニングショティッシュ（3歩ランニングして4歩目にホップ）で円外へ移動（男子前進・女子後退）（4呼間） ②男子は右足，女子は左足からランニングショティッシュで円内へ移動（男子後退・女子前進）（4呼間） ③男子は左足，女子は右足からランニングショティッシュで円外へ移動（男子前進・女子後退）（4呼間） ④男子は左足，女子は右足でその場でホップしながら，反対の足を前にトウタッチ，横にトウタッチ，軸足に引き揃えて1呼間休む（4呼間）	（4×4×2＝32呼間） ①両手を離し，男女とも右足から右肩を引きながらスリーステップターンで回り，パートナーと顔を見合わせて顔右横で拍手を1回（4呼間） ②左足から左肩を引きながらスリーステップターンで元の位置まで戻り，パートナーと顔を見合わせて顔左横で拍手を1回（4呼間） ③男女ともに右手を取り合い，下から上へ引き上げ前後にバランスステップ：右足前進，左足を右足かかとに近づけてトウタッチ（ステップタッチ），左足から後ろへステップタッチ（4呼間） ④男女とも右足から3歩で男女の位置を交替する。男子は女子を引き寄せるようにして右手を挙げ，女子は男子の手の下をくぐり左回りに半回転しながら前へ進む。4呼間目は両足を揃えて休む（4呼間） ⑤もう一度①〜④を繰り返すが，②のスリーステップターンでは男子はその場で回り（女子は左側へ回る），新しいパートナーとバランスステップ，位置交替して最初に戻る（16呼間）

民踊「コロブチカ」の由来

「コロブチカ」とは，行商人の「小行李（小箱）」の意味。中世ロシアでは，布や雑貨，本など入れた小箱をいくつも背負って売り歩く行商人がいた。ウクライナやシベリアの大地を旅する行商人の，スラブ人特有の粘り強い性格をたたえた詩の一節に無名の人が旋律を付け，ロシアの民謡「コロブチカ」になった。哀愁を帯びた旋律と軽快なリズムが特徴。

この踊りは，荷を手押し車に載せて売り歩く行商人の姿を表現しているとも言われている。凍てつくシベリアの大地をイメージし，行商人の気持ちになって踊りたい。

学習の進め方のポイント

ここでは，日本での普及の高い踊りを学習する。

最初，1人で動きを覚えさせるときには，教師は同じ向きになって示範するほうがわかりやすい。また，2人組の動きは2人の教師が各パートを踊って見せるか，児童1人と教師が組んで見本を見せるようにするとよい。

A・Bパートとも，曲に合わせて動きの言葉をかけながら踊ると楽しく踊ることができる。

〈Aパート〉♪（男）前に進んで，後ろに下がって，も一度前出て，前・横・閉じる。（女）後ろに下がって，前に進んで，も一度下がって，前・横・閉じる。
〈Bパート〉♪右へ回って（拍手），左へ回って（拍手），（右）手を取り合って，位置交替。
♪（右へ）右へ回って（拍手），（男）その場で回って（女）左へ回って（拍手），次の人と，位置交替。

踊り方のポイント

男子は左足から前進，女子は右足から後退のランニングショティッシュは，互いの足を踏まないように腕を少し伸ばして手を取り合う。ホップしながらのトウタッチ・クローズは軽快に踊る（図1）。

Bパートのスリーステップターンと拍手では，拍手は顔の右横で互いの顔をしっかり見てコミュニケーションをとる。パートナーの顔を見ることで，回転によって方向がわからなくなったのを修復することもできる。

位置交替では男子のリードが大切。女子が回転

図1　Aパートのショティッシュ，ホップトウタッチ

図2　Bパートのバランスステップ，位置交替

しやすいように内回しに腕を引き上げるのがポイント。ここがクルッとうまくいくと楽しい！　ただし，手を握り続けていると腕が捻れるので，最後は手のひらをスルッと滑らせて持ち替えるようにする（図2）。

2回目のスリーステップターンでは，パートナーチェンジのため，男子はその場で回り次のパートナーの前に来るように位置を調整する。サークルの大きさやメンバーの間隔によって，女子もその場で回る，男女とも小さく戻る，など指示を変えるとよい。

運動会での発表の工夫

運動会の演技では，運動場の四方から1列で入場し，それぞれの場所に円を作るとスムーズ。円の大きさ（人数）を変え，大小の円がそれぞれにできるのも変化があって見栄えがする。

小道具は，やわらかい色紙で作った色とりどりの花を手や足に付けると華やかになり効果的。また，リボンをゴムに付け腕にはめると風になびいて楽しい。ただし，2人組で絡まらない長さにする。クラスごとに色を変えるのもよい。

また，課外活動（キャンプなど）でみんなで楽しく踊るとクラスの交流にもつながる。

評価のポイント

パートナーと楽しくリズミカルに動けているか，ショティッシュやホップトウタッチ，スリーステップターン，パートナーとの位置交替が正しくできているかを評価する。また，誰がパートナーになっても楽しく踊る気持ちをもっているか，動きの習得に真面目に取り組んだかを評価したい。

［津田博子］

リズムダンス・フォークダンスの授業・単元の組み方

❶ 低学年〈リズム遊び〉(フォークダンスを含めて指導してもよい)

　低学年の集中力持続時間は 15 分程度と言われています。そこで，1 時間の授業中に 3 つくらいの内容を取り上げるとよいでしょう。1 章の歌遊びやゲーム，2 章や 5 章の表現，3 章のリズム遊びから，さまざまな内容を組み合わせることをお薦めします。遊びとは未分化で複合的なもの。したがって「フォークダンスで世界旅行」(p. 52) のように，イメージをもって表現する内容を含んだ展開は変化があって楽しめます。1 時間の内容をリズム遊びだけに限定せず，多様な内容で豊かな運動体験を与えたいですね。

　同様に単元も，リズム遊びと表現遊びを組み合わせた複合単元がお薦めです。また，1 つの教材について少しずつ内容を応用・発展させながら数時間続けておこなうのも効果的。例えば「リズムに乗ってダンス！ ダンス！」(p. 50) を毎時異なるリズムの曲でおこない，同じ進め方で展開すると，活動の見通しがつくとともに，学習の目標「リズムに乗って踊る」「自分なりの動きを工夫する」などへの理解を深められます。

❷ 中学年〈リズムダンス〉

　中学年では，軽快なテンポのロックやサンバの曲，児童に親しみのある J-pop など，さまざまなリズムの曲に乗って踊り，多様な動きを体験させるとともに，仲間との関わりを大切にした学習を組み立てるようにするとよいでしょう。先生と一緒に踊ることから始め，2 人組，3 人組でリズムと動きを共有して，グループで動きを工夫する学習やまとめる学習，作った動きを見せ合う学習へと発展させたいものです。

　単元例としては，定型の踊りと即興表現を組み合わせた「のりのり遊園地」(p. 56) から始めて，「ジャンケンダンス」(p. 54) で定型の踊り方をもとに 2 人組で動きを工夫する学習に発展させ，「ロックに乗ってエアバンド」(p. 58) でリズムに乗った即興表現から 3・4 人のグループで自分たちの踊り方を決めて，1 曲通して踊る，などの展開が考えられます。また，リズムダンスと表現の複合単元にすると，動きの幅が広がって，表現力を高められます。

❸ 高学年〈フォークダンス〉

　外国のフォークダンスは比較的簡単なステップが中心なので，1 時間に 1 つの曲目を仕上げられるでしょう。毎時，さまざまな国や地域の踊りを扱い，単元の最後や学校行事の際にフォークダンス・パーティーを開いて交流を楽しむとよいでしょう。

　日本の民踊は足の動作に加えて手の動きに特徴があり，1 曲の中で多様な踊り方を含むものもあります。曲目によっては 2 ～ 3 時間かけてじっくり取り組むのがよいでしょう。また，グループで踊りの隊形変化を工夫したり，踊り方をアレンジしたりするなどの楽しみ方もできます。

　ところで，高学年においてフォークダンスのみで表現運動の単元を終わらせないでください。中学校での学習へとつなげるためにも，表現やリズムダンスにも取り組ませ，自由な自己表現の楽しさや仲間と協力して踊りを作り上げる喜びを体験させてあげましょう。

第4章

運動会の演技に生かす単元

1 南の島の んばば
2 海とソーラン節
3 スペースジャーニー
4 メモリアル HOSOYA
5 学校ダンスモブ

この章では，運動会のプログラムに取り組んだ
5つの実践を取り上げました。
どれも，子どもたちの創意を大事にした取り組みです。
単に，決まっている演技を教師が教えるだけでなく，
子どもたちの創意を引き出す授業の延長に
楽しい発表の場が待っている…。
そんな授業から出発する運動会作品に
学年のみなさんでトライしてみませんか？

1 南の島の んばば

低学年

1 運動会の作品につなげる学習過程

時間	ダンスの種類と運動会の作品名		学 習 内 容
1	表現遊び	動　　物	いろいろな動物に変身する。
2		海の生き物	海の生き物に変身する。
3		んばば島に探検に行こう	んばば島を探検し，いろいろなものに変身する。
4	リズム遊び	んばば島に探検に行こう	フラダンス風の踊りを踊る。
5	運動会の作品「南の島の　んばば」	オリエンテーション	運動会の作品の全体像をつかむ。
6		入場の仕方	海の生き物に変身して「んばば島」へ。
7		踊り込み	校庭の位置を確認して，全体を通して練習する。
8			

2 学習の目標

①海や陸のいろいろな動物や，海や波，南の島の人などの特徴を捉えてそのものになりきって踊る。
②全身を大きく使って楽しく踊る。

3 学習の進め方

	学習活動	指導の要点と言葉かけ
1時間目	①導　入 ・「たまごたまご」（p. 8）でいろいろな動物に変身していく。 ・大きい動物（象），小さい動物（ネズミ），飛ぶ動物（ワシ），這う動物（ヘビ）など，動きの特徴が異なる動物を経験する。	＊体全体を使って表現する楽しさを教師も一緒に変身しながら伝え，全身をよく使っている児童を称賛し，紹介することで，具体的なよさを広めていく。 ・わあ，大きな象さん本当に重そうだね。 ・ワシは丸く大きく飛ぶねー。すごく速いねー。 ・○○君のヘビを見て，すごくクネクネしてる。
	②一番気に入った動物や自分でやってみたい動物になりきり，踊る ・見せ合いをし，友達のよいところを見つける。	＊イメージによって動きが違っていたことを押さえる。 ・大きいの，小さいの，速いの，ゆっくりなもの，飛ぶもの,這うもの,いろいろいたね,どれがやってみたい？
2時間目	①導　入 ・「たまごたまご」で海の生き物に変身していく。 ・海の生き物のイメージを膨らませる。 　クラゲ　クジラ　タコ　イルカ　サメ　エイ　カニ 　ウニ　マンボウ　マグロ　トビウオ	・今日は海の生き物に変身するよ。海にはどんな生き物がいるかな？ ＊海の生き物の中で，動きの特徴の異なるものを取り上げて，変身させる。 　大きくジャンプ（イルカ）　グネグネ体をくねらせる（タコ）　襲う鋭い泳ぎ（サメ）　すばやく動く（カニ）
	②一番気に入った海の生き物や自分で変身してみたい海の生き物になりきり，踊る	・いろいろやってみた中で気に入ったものは何かな？やってない海の生き物でもいいよ。 ・手だけじゃなくて顔もタコになっちゃうよ。
	③まとめをする ・見せ合いをし，互いのよさを認め合う。 ・半分に分かれて見せ合う。	＊教師が，「サメが襲ってきた!!」など事件を起こし，急変する場面を入れる。

	学習活動	指導の要点と言葉かけ
3時間目	1 導　入 ・「たまごたまご」で海の生き物に変身し，変身したまま，んばば島にたどりつく。 2 自分なりの，んばば族のイメージをもつ ・物語の登場人物になり，先生の話の中に入り込み，即興的に表現する。 　♪気分はパプワ晴れ／つのごうじ　ピタゴラ 3 先生の言葉で動く ・ペアになり，1人が先に木に変身，もう1人がその木の周りを自分のんばば族のイメージでグルッと回る（難しければスキップで）。交替する。  （からまっちゃった〜） ♪運命という名の迷路／景山ノブヒロ 4 ベストんばば族をみんなで踊る	・自分のお気に入りの海の生き物に変身するよ!! ・あ！　大きな波がやってきた！　ザブ〜〜〜〜ン！ザブ〜〜〜〜ン！　流されていく〜〜 ・んばば島についたよ。 ・んばば島にはね，んばば族がいるんだよ。どんな人たちだと思う？　槍を持っている，雄叫びをあげている，不思議な踊りをしている，力強く歩いている？ ・グループで，んばば族に変身。1番さん，2番さんと，順番に真似っこするよ！ ＊各グループの支援に入り，特徴を捉えて動いている人の動きをグループの動きになるようにする。 ・んばば族になって移動すると，ジャングルの中に不思議な木がありました。さあ，どんな木だろう？ ・ジャングルの中だから枝がいっぱい伸びている木かな？　それとも，いっぱい節があって曲がっている木かな？　太〜〜〜い幹かもしれないね。さあ，どんな木かな？ ・種からどんどん大きくなるよ。ペアの人は大きくなるようにお水をジャ〜〜〜っとたくさんあげるよ。 ・おもしろい木になったね！　ペアの人は，んばば族になって木の周りを回ってみよう。 ・みんな，んばば族になりきっていてとてもすてきだったよ。中でも今日のベストんばばは〇〇さんです。 ・みんなで，踊って終わりにしましょう!!
4時間目	1 導　入 ・海の生き物になって音楽に乗って楽しむ。 2 んばば島についたところの踊り ・手と腰を揺らしてフラダンス風に踊る。 3 変身のポーズ	・んばば島に冒険に行ったね。覚えているかな？ ・今日は，音楽に乗って冒険に行くよ。 ・自分のお気に入りの海の生き物に変身!!　迷ったら前と同じでいいよ。 ・あ！　大きな波がやってきた！　ザブ〜〜〜〜ン！ザブ〜〜〜〜ン！　流されていく〜〜 ・んばば島についたらフラダンスを踊っている人たちがいるよ！ ＊児童からよいアイデアやよい動きが出たときは取り入れていく。 ・あ，腰がユラユラしているのがいいねー。 ・何回も変身するから，みんなで変身のポーズを決めるよ！　右，左，グルッと回して，ジャンプ!! ・その調子，何にでも変身できるように，よく練習してみよう。大きなジャンプがかっこいいね。

1　南の島のんばば

❹ 運動会の作品構成

		運びとナレーション	おもな動き	隊形・備考
表現遊び	海の生き物	「子どもたちは，海の生き物に変身して，んばば島までたどりつきます。さあ，どんな生き物に変身するかご覧ください」	・先生の合図で，自分の好きな海の生き物に変身し，んばば島までたどりつく。	♪前奏部分で海の生き物に変身して，移動する。 A　　　　B ｜　　　　｜
	波	「大きな波がやってきたよ。ザブ〜〜〜〜〜〜ン」 ♪んばば・ラブソング／TOME	・海の生き物から大きな波になる。 ①Aグループから大きな波になって反対側へ移動する。 ②Bグループも同じく大きな波になって反対側まで移動する。 ③交差して元の位置に戻る。 ・「♪パラダイス〜」の後すぐに，右手まっすぐ横に伸ばす。 （シャキーン） ・左手まっすぐ横に伸ばす。 （シャキーン） ・グルッと両腕を回してジャンプ。 （へ〜んしん!!） ＊変身ポーズを入れると，しまる。	♪あおいうみがよんでる しろいなみもうたってる まっかなまっかなたいよう おいかけて はしっておいでよ パラダイス A　　　　　　B ①　　→ ②　← ③　　→
表現・リズム遊び	んばば島探検	フラダンス風の踊りで歓迎される	・腕をフラダンス風に右から左，左から右を2回繰り返し，手を腰に当てて，右，左で腰をひねりながら元気に6回ジャンプ，2回繰り返す。 ＊授業で，子どもたちとできた踊りがあればそれを採用。	♪そよかぜリズムでヤシの木がおどるフラダンス しんじゅのかいがら はまべにいっぱいあげよう
		んばば島の不思議な木に変身	・1人が木に変身し，その周りを，んばば族になって回る。 ＊難しいようであれば，スキップ。 ＊グループ内で，ペアをあらかじめ作っておく。	♪いらいらするなんて いけないよ　もうなんにも しんぱい　いらないよ
		「んばば族がきたぞ〜！」	・各班で決めた，んばば族を班ごとに丸くなって踊る。 ＊「♪プリンセス〜」の後すぐに変身ポーズを入れると，しまる。	♪んばば　んばんば　よんでる　んばば　んばんば　うたってる まっかなまっかなたいよう おいかけて はしって　おいでよ プリンセス〜
表現遊び		「次は，空を飛ぶ鳥になって島の違う所に飛んで行くよ！」	・自分のイメージする鳥になって，違う位置へ移動。	間奏　A ＿＿＿＿＿＿ 　　　B ＿＿＿＿＿＿

表現・リズム遊び		フラダンス風の踊りで歓迎される	・腕をフラダンス風に右から左，左から右を2回繰り返し，手を腰に当てて，右，左で腰をひねりながら元気に6回ジャンプ，2回繰り返す。 ＊授業で，子どもたちとできた踊りがあればそれを採用。	♪よぞらのパーティー　みかづきもみてるショータイム　ほしくずのかけら　ひとみいっぱい　あげよう
		んばば島の不思議な木に変身	・さっきのペアで交替し1人が木に変身し，その周りをんばば族になって回る。 ＊難しいようであれば，スキップ。	♪くよくよするなんて　いけないよ　もうだれにも　えんりょはいらないよ
		「んばば族がきたぞ〜！」	・各班で決めた，んばば族を班ごとに列になって行進しながら踊る。 ・「♪プリンセス〜」の後すぐに変身ポーズ。	♪んばば　んばんば　きこえる　んばば　んばんば　さけんでる　でっかい　でっかい　ぼくらの　ラブソング　うたっておくれよ　プリンセス〜
	波	「大きな波がやってきたよ。ザブ〜〜〜〜〜ン」	・波になって順に反対側へ行き，最後交差して元の位置へ。 ＊隊形移動として活用する。	③　②　①
		「んばば族がきたぞ〜！」	・全員，正面を向いて，ベストんばばの踊りを全員で踊る。 ・「♪プリンセス〜」で変身し，最後しゃがんで待ってタイミングを合わせて好きなポーズ。	♪んばば　んばんば　きこえる　んばば　んばんば　さけんでる　でっかい　でっかい　ぼくらの　ラブソング　うたっておくれよ　プリンセス〜

▶ 指導の流れ

　低学年は，すぐにいろいろなものになりきることができるが，体全体を使ってとなると教師の指導が必要になる。

　児童と一緒に楽しみながら，イメージを膨らませ，体を精いっぱい使えるような言葉がけをしていくことが大切である。また，体全体で表現している児童を全体に紹介し，その後，一緒に動いてみると，具体的なよさがわかり，次につながっていく。

　また，イメージがつかめてきたら「手や足を大きくはっきり大げさに動かし，何をしているか相手におもしろさが伝わるように動くよ」と言葉がけをして意識させていく。

　運動会衣装では，ゴムひもにビニールテープを巻き，腰みのをするとジャンプや腰を振ったときに風に揺れてかわいい。落ちないように工夫をし，頭に花輪，風の輪などつけてもよい。

▶ 作品構成

　フラダンス風に踊るところ，変身するところ，波を使って隊形移動するところなど，みんなで揃える箇所を入れ，めりはりをつけ，児童の表現が生きてくるようにする。

[浅川典子]

2 海とソーラン節

中学年

■1 運動会の作品につなげる学習過程

時間	ダンスの種類と運動会の作品名		学 習 内 容
1	ソーラン節	ソーラン節の歴史，1〜3番までの歌と振りを覚える	歴史と歌を知る。1番の振りを覚える。
2			仕事の動きが振りになっていることを知る。2番。
3			3番を覚え1〜3番を通して踊る。
4	表現「海」	学年全体の押し寄せる波とグループごとの岩と波	入場を兼ねた次々押し寄せる波（横隊7列）を踊る。
5			グループで岩にぶつかる波を踊る。
6	運動会の作品「海とソーラン節」	入場の波からグループの波	押し寄せる横波からグループの波を練習する。
7		波からソーラン節全部	表現の波からソーラン節を練習する。
8		ソーラン節から退場まで	船をこいで退場するまでを練習する。
9		全部を通して	全体を通して踊り込む。

＊ソーラン節の歌は「朝の会」「帰りの会」等の今月の歌で歌う。覚えてきたら歌いながら踊る。

■2 学習の目標
①「海」の様子を思い浮かべ，いろいろな場面の波の特徴を捉えて踊る。
②日本の民踊「ソーラン節」と合わせて，全体が海のイメージになるように踊る。

■3 学習の進め方

学習活動	指導の要点と言葉かけ
1 ソーラン節の歴史について知る ・北海道のにしん漁。 ・手拍子をとって歌を覚える。 ・1番の振りを覚える	・漁師さんたちのソーラン節を力強く手拍子や掛け声を入れて歌いましょう。 ・両足を開いて腰を落とす。体重をかけながら「ろ」をこぎましょう。
2 踊りの振りの意味を知り，力強く踊る ・仕事ぶりが踊りの振りになっていることを知る。 　ろこぎ　船の舳先　ひも結び　かごを担ぐ　船の帆を揚げる　など ・「ハイハイ」「どっこいしょ，どっこいしょ」の掛け声を入れる。 ・2番の振りを覚え，力強く踊る。	 腰を低くして力いっぱい綱を引く様子
3 3番の振りを覚えて1番から通して踊る ・1番と2番を通して踊る。 ・3番の振りを覚える。 ・1番〜3番まで通して踊る。	・漁師さんの気持ちになって，荒い海へ勇敢に船を出しましょう。 ・腕をいっぱいに伸ばして，大きくたくましく踊るよ。 ・止まるところは，げんこつをギュッと握ると力強くなるね。

（1時間目から3時間目　ソーラン節）

学習活動	指導の要点と言葉かけ
1 沖に漂う波や渚に押し寄せる波を表現する ①波にはどんな波があるかイメージを出し合う ・リズム太鼓の音でいくつかの波を踊る。 ②横隊になって押し寄せる波を表現する ・横隊1列目押し寄せる。 ・押し寄せた波は自分の位置で波のように回る。 ・横隊2列目押し寄せる。 ・押し寄せた波は自分の位置で波のように回る。 ・同じように7列が前列と等間隔ですべて押し寄せる。 ③自分の位置から遠く離れず漂う波を表現する ・低い姿勢で。 ・高くなったり低くなったり。 ・自分の周りを回る。 ・自分も回る。	・どんな波がありますか。 　　大波　砕け散る波　砂浜に押し寄せる波 ・前方に向かって1列目は横をだいたい揃えるようにして押し寄せる波を表現しましょう。スタートの合図は大太鼓のドン。ドドドドの乱打で前へ。 ・2列目からも同じドンの音がスタートです。 ・両腕を大きく回し，高くなったり低くなったりしながら走ってくると本当に波が押し寄せてくるようですね。顔もつけて。 ・全部の列が押し寄せ終わったら，1人ひとりが漂う波を表現します。 ・ゆったりとした波になりましょう。隣と違った自分の波になってごらん。

④見合う ・学級ごとに発表し合う。 **2 グループで岩や岩にぶつかる波を表現する** ①1グループ8人程度で表現する	・いろいろな波が表現されましたね。よい動きを真似しましょう。 ・激しい波を表現しよう。どんなときに激しくなるだろう。 　　嵐の海　岩にぶつかる波 ・嵐の海では漁に出ないので，岩にぶつかる波を表現しよう。 ・岩はどんな様子で表現するかな？ ・ぶつかった感じはどんな風に表現するかな？ ・どんなに激しくても本当にぶつかってはだめ。そう思わせるような迫力で。

・岩と波の役割分担を決めて表現する。
・途中で役割交換したり，全員が波になったりする。
・岩に全力でぶつかり跳ね返される様子。

・岩にぶつかったと思った瞬間，体を捻ると本当にぶつかった感じがするね。〇〇さん，本当にぶつかっている感じがしますよ。

②見合う
・全体を2つに分け，発表し合う。
・動きのよかったグループはもう一度発表する。

・どこがよかったか，よく見ましょう。

2　海とソーラン節

4 運動会の作品構成

		運びとナレーション	おもな動き	隊形・備考
表現	押し寄せる波　入場	「次は○年生による『海とソーラン節』です」 「ここは北の海。漁師さんたちがにしんをとりに行こうと待ちかまえています。渚には波が押し寄せてきています」	・あらかじめ会場後ろに並んで待っている。大太鼓の合図で1列ずつ波になって押し寄せる。 ・大太鼓の音から音楽へ変わったら1人ずつ波を表現する。 ・1人ずつ動く波は各自で考えた波を表現する。	○○○○○○○○○○○○○ ○○○○○○○○○○○○○ ↓ ○○○○○○○○○○○○○ ○○○○○○○○○○○○○
波	岩と波	岩と波 ・8人グループになり荒れ狂う波を表現する（音楽＋大太鼓）。	・8人グループで役割分担をして踊る。 　岩対波の役割分担 　波が岩にぶつかり跳ね返る 　全員が岩〜波 　波対波のぶつかり合い	
ソーラン節	縦列から楕円形に	「おおーい，船が出るぞー」 全員 「おー」 ソーラン節の音楽	・大太鼓ドンの音で一斉に構え，前奏で手拍子をしながら1番を踊る隊形になる。 ・1番2番を踊る。	（縦列の図） ・縦に列を揃えて並ぶ。前奏途中で，「どっこいしょ，どっこいしょ」の大きな掛け声を入れる。
			・間奏で手拍子をしながら3番を踊る隊形になる。両手を広げてもぶつからないように一重円で並ぶ。 ・3番を踊る。 ・2回繰り返しのある動きは全体を2つに分け交互に踊る。その際待つときはきちっと静止する。 　例）綱を引く場面や船の帆を揚げる場面	・間奏でトラックのラインを使って一重円になり，全員外側を向いて踊る。学年人数が多くトラックに収まらないときは二重円になる。 ・3番だけをこの楕円形で踊ってもよいし，2・3番をこの隊形で踊ってもよい。
		・太鼓の音で次の動作に入る。	・踊り終わったら太鼓の音で左右2つの船団に分かれる。	（楕円の図）

退場　表現	2つの船団	「大漁だ。網を引け。船をこげ」 全員 「おー」	・大きな2つの固まり（船団）になる。 ・進行方向前半分の児童は「ろ」をこぐようにして左右に分かれて退場する。 ・後半の児童は網を引き上げるようにして退場する。 ・「よいしょ，よいしょ」の掛け声を入れながら早足で退場する。	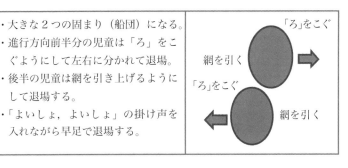

◉ 日本の民踊と表現を組み合わせる

運動会で日本の民踊を踊ることは多い。ソーラン節だけとってみても「正調ソーラン節」，金八先生でお馴染みの「南中ソーラン」，全国津々浦々で踊られている「よさこいソーラン」と老若男女，衣装も見応えのある踊りが工夫されている。

ここでは「正調ソーラン節」に海の表現を組み合わせて，定型の踊りを覚えるだけでなく，動きを工夫して創り上げるという方法をとった。もちろんどのソーラン節と組み合わせてもよい。

◉ 学習の進め方

①ソーラン節

ソーラン節の歴史について知り，労働が歌や踊りの振りに表されていることを学ぶ。全体に力強さがみなぎっている歌や踊りなので，身につけるときも漁師になったつもりで力強く歌ったり踊ったりさせたい。

ここでは重心を低くして踊ることが多い。その中でも特に箱足と言って，膝を90度に曲げて踊る場面が多い。あらかじめ箱足を指導するとよい。

ソーラン節では踊ることだけでなく，掛け声も重要になってくる。「ハイハイ」「どっこいしょ，どっこいしょ」などを揃えて声を出せば，ムードが高まり迫力が出る。

労働の意味を知らせながら丁寧に1番から踊る。1番に1時間ずつかければゆっくり学ぶことができる。

②表現「海」

入場を兼ねた「押し寄せる波」とグループで動きを作る「岩と波」がある。どちらを先に学んでもよい。

押し寄せる波は揃った美しさを，岩と波ではグループのよさを表現したい。

◉ 作品構成

定型のソーラン節の前後に表現を加えて，ストーリー性を加えたものである。表現の初めに入るナレーターの言葉かけも構成の1つである。

表現「波をはじめとした海の様子」→「ソーラン節」→表現「大漁の船が引き上げる様子」がこの作品の構成である。海辺の様子を表現することによって運動場や体育館を広い海に見立てることができる。また，最後の船が引き上げる表現で「ソーラン節」に余韻が残る。定型の民踊に表現を加えて迫力ある海の世界を展開したい。

◉ 運動会を盛り上げるために

踊りを踊るだけでも楽しいが，次のものを用意できるとさらに楽しくなる。

衣　装：体育着でもよいが，法被または色を統一したTシャツなどに揃えると見ていても楽しい。

はらまき：日本手ぬぐいは半分に裂いたほうが締めやすい。学級ごとに色を変えた色はちまきでも気分が盛り上がる。

大漁旗：横幅1mぐらいで学級1枚用意。色マジックや濃い目の絵の具で色つけをするとよい。

波の演出：うちわの先に手ぬぐいを半分に裂いた布をつけて振る。波の表現である。青のスズランテープでもよい。

[山下昌江]

3 スペースジャーニー   中学年

1 運動会の作品につなげる学習過程

時間	ダンスの種類と運動会の作品名		学習内容
1	リズムダンス「星座たちのパーティー」		リズムダンスのステップを知る。
2			リズムダンス全体の踊り方を学ぶ。*
3	表現「宇宙探検」		「宇宙」をテーマに,動きを見つける。
4			見つけたものの中から1つ選んで動きを工夫する。
5			「はじめ」と「おわり」を工夫してひとまとまりの動きにする。
6	運動会の作品「スペースジャーニー」	オリエンテーション	運動会の作品の全体像をつかむ。
7		入場の仕方	入場から「宇宙」へを練習する。
8		マスゲームへのつなぎ方	「宇宙」からマスゲームを練習する。
9		マスゲームの踊り込み	マスゲームを練習し,留意点を確認する。
10		踊り込み	校庭の位置を確認して,全体を通して練習する。
11			
12		リハーサル	黒いTシャツと,小道具を持って本番のつもりで。

＊体育の授業の初めや,朝の会など,折に触れ「星座たちのパーティー」を踊り込んでいく。

2 学習の目標
①「宇宙探検」から表したい題材を決め,その特徴を捉えて踊る。
②一番表したいところを中心に,「はじめ」と「おわり」を工夫して踊る。

3 学習の進め方

	学習活動	指導の要点と言葉かけ
1時間目	□導　入 ①「星座たちのパーティー」を踊る ・軽快なリズムに乗って踊る。 ・1曲をテーマ曲にして毎時間踊りついでいく。 ②イメージをもつ ①「宇宙探検」をテーマに思いつくことを出し合う 　流れ星　宇宙基地　ブラックホール　宇宙人　土星 　隕石の衝突　電波が行き交う　オーロラ　無重力 　魔女の宅急便　さそり座　星が生まれる　宇宙遊泳 　銀河鉄道　天の川　かぐや姫　月とうさぎ　太陽 ③見つけたものの特徴を捉えて次々と動きにする ①次々と動きにする ・ついたよ宇宙。何を見つけた？ ・リーダーがやりたい題材を言う。グループのみんなでその題材を動きにする。	＊1曲を踊りきることで,心も体も弾ませる。 ・さあ,今日も星座たちのパーティーの始まり,始まり〜。星になって輝きながら踊ろう。 ・「宇宙」というと,何が浮かんでくるかな？思い浮かんだこと,たくさん出してみよう。 ・「宇宙」にもいろいろな姿があるよ。夢が広がる宇宙もあれば,未知の世界の恐ろしさもある。宇宙開発も思い浮かぶし,物語の中に出てくるかわいい宇宙もあるね。 ・1番リーダーが,やりたいことを言ってね。そしてグループのみんなですぐに動いてみよう。相談しなくてもいいよ。それぞれが自分で思いながら動いてみることが大切！ ・次々とリーダーを交替して続けよう。

	学習活動	指導の要点と言葉かけ
1時間目	④だんだん…どうなった？ ①だんだん変化していく様子を先生と練習する ・「オーロラ」を題材に，先生の言葉かけで練習する。 ・静かに湧きあがる光りの渦→だんだん，だんだん，大きく揺れる光→いろいろな方向へ交差し光のカーテンとなって広がる。 ②グループで，題材を見つけて，「だんだん……どうなった」かを動いてみる ⑤まとめをする	＊心地よいひと流れの動きを体感させる。 ・先生と「オーロラ」をやってみよう。 　静かに湧きあがる→大きく揺れる→湧きあがる→大きく揺れて，あちこちに→湧きあがる→あちこちにだんだん，だんだん大きく，さらに大きく→どうなった？ ＊イメージによって動きが違っていたことを押さえる。
2時間目	①導　入 ①「星座たちのパーティー」を踊る ②ひとまとまりの動きにする ①「だんだん…どうなった」で，試した中から，グループの題材を決める ②決めた題材にふさわしい動きを工夫する ③一番表したいことを中心に，「はじめ」と「おわり」を工夫する ④「はじめ」と「おわり」をつけて，ひとまとまりで踊る ③まとめをする ・ペアグループで見せ合う。	・今日は，リズムをはっきり刻んで踊ってみよう。元気よく，レッツゴー！ ・いろいろやってみた中で気に入ったものは何かな？グループで一番やりたいことを見つけよう。 ・見つけたものに合う動きを工夫しようね。 ・まず，中心となる動きを作ろう。そして，それが引き立つように，「はじめ」はどうするか工夫するよ。そして，「おわり」がどうなったかはっきりわかるといいね。 ・見せ合って，よいところやもっと工夫したらよいところなどアドバイスをし合おう。
3時間目	①導　入 ①「星座たちのパーティー」を踊る ②作品を踊り込む ①前時にペアグループで見せ合い，課題となった点を工夫する ②「はじめ」と「おわり」をつけて，全体を踊り込む ③見せ合う ①ミニ発表会をおこない，各グループの作品を紹介し合う 〈作品例〉 「流れ星」 ・星たちがあちこちで輝いている。 ・だんだん集まってきて少しずつ揺れる。 ・パアーッと1人が流れたあと，全員が流れ出す。 「ブラックホール」 ・もやもやと動く。 ・だんだん渦ができ始め，全員が中心に吸い込まれていく。 「宇宙基地」 ・宇宙空間で宇宙飛行士が作業をしていると，だんだん基地が形となり，宇宙空間を回り始めた。 「宇宙人」 ・突然出会う宇宙人と地球人。 ・だんだん近づいて行って様子を見ているが，やがて，へんてこりんなダンスを踊り出す。 ④まとめをする ・学習カードに記入する。	・さあ，今日も「星座たちのパーティー」で盛り上がろう。 ＊見せ合う前に，確認し合って自信をもたせる。 ・ペアグループからのアドバイスを生かして，もう一度初めから流れを確認しよう。繰り返し踊ると自信がつくよ。 ＊ミニ発表会は達成感を味わわせる場面。何を観点に見合うのかをつかませて臨みたい。 ・いよいよ発表会，みんなワクワクしているね。「これが自分たちの作品だ！」って自信をもって発表しよう。 ・「だんだん…どうなった」を表すところが学習のめあてだったよね。初めの動きからだんだん盛り上がっていくところが大切。その様子がどう工夫されているかを，特によく見ようね。 ・最後がどうなるのかも楽しみ！ ・さあ，初めと終わりに拍手をして励まし合おう。 ＊よく工夫されていた作品を「アンコール作品」として選び，もう一度発表することも励みとなる方法の1つ。もう一度見ることによって，工夫されたところを確認することができる。 ＊自分でも取り入れたいと思った友達の動きに着目して記述させると，次時に生かすことができる。

4 運動会の作品構成

		運びとナレーション	おもな動き	隊形・備考
組体操	入場	ロケットの組立 「ロケットの組立です」	・先生の合図で，先頭の列から走り出て入場し，順番に位置についてロケットを形作る。 技1：ななめ片手バランス 技2：片足バランス	
	ロケット	ロケット発射 「さあ，宇宙に夢を求めて，宇宙探検に出発です」 「5．4．3．2．1．発射！」	・ロケットの隊形を崩さないまま，ゆっくり動き始め，やがてスピードを上げた後，バラバラに散らばる。	
表現	宇宙探検	宇宙探検 「宇宙空間に到達です。無重力の世界は不思議，不思議」	・宇宙遊泳をしている動きをしながら，だんだんにグループが集まってくる。	
		「見つけた，見つけた，宇宙のいろいろ。宇宙はおもしろいなあ」 宇宙人のダンスだよ！	グループの表現 ・流れ星があちこちに，キラキラスー ・宇宙人に出会ったよ。ピピピピピー ・ブラックホールに吸い込まれるう ・宇宙基地を建設しよう ・オーロラが揺らめいている ・ペガサスが宇宙をかけめぐる Aグループ(3つの場面を組み合わせて) 流れ星で流れていたら，宇宙人に出会ったよ。最後はブラックホールをやろう。 Bグループ(テーマを1つ決めて詳しく) ぼくたちは，宇宙基地建設を詳しく表そう。部品がくっついていくところがおもしろそうだね。	・グループごとに個々の表現をしてもいいし，3～4つの場面を選んで，同じテーマで表現してもよい。
		「わあ,隕石の衝突だあぁ～」	・全員で隕石の衝突を表現する。 ・最後は，グループで固まって小さくなる。	・この間にゴムを用意する。担当の児童を決めておくとよい。
マスゲーム	星の誕生	星の誕生 「新しい星の誕生です」	・グループのみんなで1つの輪を持って踊る。 〈輪になって〉 　広がる―縮まる 　上がる―下がる 　回る―捻れる 〈横1列に並んで〉 　左へ―右へ 　山の形―谷の形 〈グループで自由に〉	黄色いゴム（3cm幅×10mのゴム）を，1つの輪にしておく。

リズムダンス	星座たちのパーティー	星座たちの踊り 「星座たちの誕生を祝って，さあ，華やかにパーティーだ！」	・軽快なリズムの曲に乗って楽しく踊る。 ・隊形を工夫して踊る。	
	退場	「夜，空を見上げてみてください。星たちが今夜もパーティーをしているかもしれませんよ」	・グループごとに並んで，流れ星のように走り去って退場する。	

◯ 指導の流れ

　この授業で創ったそれぞれのグループの表現を中心に，他の要素も前後に組み合わせて運動会の作品を構成。

　単元の初めはリズムダンスから取り組むとよい。その後の授業の初めに毎回取り入れていくことができ，心と体を弾ませてから授業に臨むことができる。

　ここでは，児童が選んできた軽快な曲に，星座をイメージした動きをつけて「星座たちのパーティー」と題した。

　次に，「宇宙探検」へと進める。宇宙からイメージしたことを表現し，「はじめ—なか—おわり」のひとまとまりの動きを作っていった。ここでは，各グループの活動を主体として，児童の発想を大切にした。

　運動会では，リズムダンスや民舞など，いわゆるお揃いのダンスを発表することが多く見られるが，そこから一歩広げて，グループで創ったひとまとまりの動きのようなものを取り入れて構成すると，オリジナルな作品づくりを学ぶことができ，より達成感が味わえると考える。

◯ 作品構成

　運動会で発表する場合は，入場の場面も重要となる。そこで，ロケットをイメージして入場することとした。ロケットが強調されるよう「組体操」的な要素を織り交ぜた。このことによって，宇宙へ飛び立っていくストーリーが生まれたのである。

　入場（ロケット組立）→宇宙へ（グループ作品）とつなげた後，黄色いゴム（3cm×10mを輪にしたもの）で思い思いの形をつくって星座を強調するマスゲームを取り入れたが，この場面は割愛することが可能である。

　そして，作品の最後は，ずっと踊り込んできたリズムダンス「星座たちのダンスパーティー」で締めくくる。

　「今年の運動会の作品は見応えがありました。壮大な物語を見せてもらったようでした」との参観者の感想から，本作品が印象深いものであったことがうかがえる。

厚紙
スズランテープ

「流れ星」をイメージしたものを手にはめ，さらにそれを強調するため，黒いTシャツを着て踊った。

　運動会を授業の発表の場と捉え，ふだんの表現運動の授業でつくった作品を生かすことを第一に考えたい。また，同時にリズムに乗って踊る爽快さも味わわせたい。両者を組み合わせることで，各グループで自由に表現するよさと，みんなと一緒に踊るリズムダンスのよさとを，互いに引き立たせることができる。

［長津　芳］

メモリアル HOSOYA

中学年

1 運動会の作品につなげる学習過程

時間	ダンスの種類と運動会の作品名		学 習 内 容
1	表　現		「昭和時代」～昔の遊び，昔の道具，戦争など～をテーマに動きを見つける。
2			動きを工夫し，簡単なひと流れの動きにする。
3	リズムダンス	先生作「戦い」と児童の作品「未来へ」	曲に合ったイメージで即興的に動く。「戦い」の踊りを踊る。
4			「未来へ」で踊りたい動きを決める。
5			グループの動きをつなげて作品にする。
6	運動会の作品「メモリアルHOSOYA」	オリエンテーション	運動会の作品の全体像をつかむ。
7		練　習	入　場　　表現「昭和時代」を練習する。
8			組体操　「復興そして誕生」を練習する。
9			〃　　　　　　　　　　　　隊形を確認する。
10		踊り込み	校庭の位置を確認して，全体を通して練習する。
11			
12		リハーサル	本番同様におこなう。

2 学習の目標

①軽快なリズムに乗って「戦い」や，「未来」のリズミカルなダンスを全身で踊る。
②友達のよい動きを取り入れ，未来の部分の曲に合う動きをイメージをもって工夫する。
③友達と積極的に関わり，協力して運動会の作品を踊る。

3 学習の進め方

学習活動	指導の要点と言葉かけ
1 導　入 ①ウォームアップ ・軽快なリズムに乗って踊る。 ・いろいろな友達とペアになって踊る。 　♪「5・6・7・8」/ Steps **2 曲に合わせ，即興的に踊る** ①いろいろな曲のイメージに合わせて即興的に踊る 　♪「インベーダーインベーダー」/きゃりーぱみゅぱみゅ 　♪「EZ DO DANCE」/ TRF ・先生の真似をして　　・自分で考えて ②グループで踊る ・リーダーの動きを真似して踊る。 ・リーダーを次々替えていき，最終的に全員の動きを真似して踊る。 ③先生の作った「戦いのリズムダンス」を練習する ・リズムダンスのステップを練習する。	＊リズムに乗って楽しく踊ることで心も体も弾ませる。 ＊2人組になり，手拍子，ターン，波などの簡単な動きを練習したあと，どんどんペアを替えて楽しく踊る。 ・さあ，ペアを見つけて楽しく踊ろうね。 ・振りを間違えたって気にしないよ。 ・曲に合ったイメージで踊ろう。体を大きく使ってね。 ・楽しい曲だね，最初は先生の真似をして。 ・止まらないで動くよ。 ・ここからは自分で考えた動きだよ。 ・困ったら，さっきの動きを繰り返そう。 ・リーダーの動きをみんなで真似してみよう。相談しなくてもいいよ。それぞれが曲から思いついたイメージで，動きにするよ。 ・次々とリーダーを交替して続けよう。 ・みんなで同じ動きを練習しよう。 ・戦いのイメージの踊りだよ。力強く，大きくね。

(3時間目)

	学習活動	指導の要点と言葉かけ
3時間目	戦いのリズムダンス 指さし　ダウン　上下に揺れる　反対も　前に　パンチ　ポーズ　上　下　立ち上がってパンチ3回　ポーズ [1〜4]　[5〜8]　[1〜4]　[5〜8]　[1・2・3]　[4]　[5・6]　[7]　[8]　[1〜4]　[5・6]　[7・8] 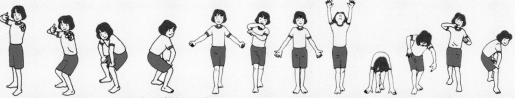 8×2（2回繰り返し）　　　　　　　　　　　　　　　　8×2（2回繰り返し） 気をつけ　おじぎ　手をグルッと回す（4回）　気をつけ　　両手で右　上　左　気をつけ　→倒れる [1・2]　[3・4]　[5〜8・1・2]　[3・4]　　　　　[5]　[6]　[7]　[8] 8×2（2回繰り返し） 3 まとめをする	＊グループでいろいろなよい動きを見つけたことを確認する。
4時間目	1 導入　ウォームアップ ・軽快なリズムに乗って踊る。 　♪「Always」／ FUNKY MONKEY BABYS 　♪「LOVE & PEACH」／ゆず ・体を大きく使って踊る。 2 リズムダンスのグループの踊りを決める ①曲を聞き，もう一度踊ってみる ②グループで踊りたい踊りを決める ③決めた動きを 8×2 呼間にまとめる ④2回繰り返して 8×4 呼間の動きにする 3 まとめをする　見せ合いをする ・ペアグループで見せ合う。	＊リズムに乗って心も体も弾ませる。 ・今日もリズムに乗り，全身を使って楽しく踊ろうね。 ・止まらないで，もっと元気に，笑顔で。 ・友達と踊ってもいいよ。 ・前の授業の動きを思い出して。 ＊アップテンポなリズムで元気に踊るようアドバイス。 ・タイトルは，「未来へ」です。 ・どんなイメージの曲かな。どんな動きが曲に合うかな。 ・いろいろ動いてみた中で一番気に入った動きはどれかな。グループで一番踊りたいことを決めよう。 ・見せ合って，よいところやもっと工夫したらいいところなどアドバイスをし合おう。
5時間目	1 導入　戦いのリズムダンスを踊る ・精いっぱい体を動かして踊る。 2 グループの踊りを発表する ①踊りの最終確認をする ・前時のアドバイスをもとに工夫し，踊りの最終確認をする。 ②グループごとに発表する 3 仕上げる ①各グループの踊りと先生の踊りを練習する ②曲に合わせて構成し，仕上げる 4 まとめをする　学習カードに記入する ・自分の振り返り　・友達のよいところ	・さあ，戦いのリズムダンスを踊ろう。 ・1時間目にやった先生のダンスですよ。 ＊見せ合う前に，確認し合って自信をもたせる。 ・ペアグループからのアドバイスをもとに，もう一度踊りを確認しよう。大きく体を動かして踊るとかっこいいよ。 ・見るポイントは，「リズムに乗って元気に踊れているか」「未来のイメージが伝わるか」だよ。 ＊どのグループの踊りも採用し，達成感を味わわせる。 ・どのグループの踊りもすてきだったね。全部つなげてみんなの作品にしよう。 ＊お互いのよいところを伝え合うことで，次時への意欲を高められるようにする。

4 運動会の作品構成

		運びとナレーション	おもな動き	隊形・備考
表現・リズムダンス	昭和時代	昭和時代 「元気に遊ぶ子どもたち」 ♪「かごめかごめ」	グループで表現 ・グループごとに小走りで入場し，遊びを始める（「未来へ」の隊形に近いトラック外周上から入場する）。	・グループごとに表現する。いくつかのグループで集まって同じテーマで表現するのもよい。校庭全体を使い，グループの動きが重ならないよう配置を考える。
		戦　争 「大変。飛行機が飛んできました。爆弾を落としています」 「みんな，逃げて！」 ♪効果音／サイレン　爆発音	全員で，戦争が始まった様子を表現 ・逃げまどう子どもたち。バラバラに散らばり，慌てた様子で。 ・爆発音で倒れる。	・バラバラに逃げながら次の隊形へと移動しておく。 ・クラスごとに三角形の隊形になる。 ・爆発音で倒れる。
		戦　い ♪「WARRIOR」／BAP	リズムダンス（3時間目指導案参照） ・戦いのリズムダンスを力強く踊る。	・音楽が鳴ったら立ち上がり，リズムダンスを踊る。 ・クラスごとにトラックの外向きに三角形を作る。
表現・組体操	復興・誕生	復　興 「戦争で破壊された街。さあ，みんなで力を合わせて立ち上がりましょう」 ♪「もののけ姫」サウンドトラック ♪「崖の上のポニョ」サウンドトラック ♪「ファイナルファンタジー」 ♪「スターウォーズ」	全員で表現 ・戦争が終わり，ダメージを受けた自分たちが力を合わせて立ち上がっていく様子を組体操で表現する。 　1人技　片手バランス　たけのこ 　　　　　片足バランス 　2人技　高床式倉庫 　3人技　3人バランス　つみき 　　　　　ピラミッド	・学校が創立した時期であるので，全員で学校誕生を表す動きを入れる。 ・組体操はあらかじめ，他の時間に技を練習しておく。 　1人技〜3人技 ・ピラミッドは「戦い」のダンスの位置。
リズムダンス	未来へ	未来へ 「さあ，輝く未来に向かって元気に踊りましょう！」 「最後に元気に踊ります」	リズムダンス「未来へ」 ・軽快なリズムに乗って楽しく元気に踊る。 ・未来をイメージして踊る。	・ポンポンは，作品が始まる前に「未来へ」の隊形に近いところ（トラック外周）に並べておく。
フィナーレ		退　場 ・クラスごとに横1列に並び，おじぎをして退場門にはける。		

指導の流れ

　授業では，まず表現に取り組んだ。運動会の作品に取り入れることを踏まえ，作品のテーマに合わせた内容で授業をおこなった。それぞれのグループで題材を決め，「はじめ」と「おわり」を工夫してひとまとまりの作品にした。

　次に，リズムダンスである。リズムダンスは，まず，「戦い」のイメージで教師が選んだ曲に動きをつけて全員で踊った。もう1つは，児童が選んだ軽快な曲に，児童が考えた動きをつなげて1曲を構成する「未来へ」である。児童のアイデアや発想を大切にし，躍動感溢れる作品になるようアドバイスした。曲の構成をきちんと把握しておき，Aメロ，Bメロ，サビ，間奏など，どの部分に合うか考え，グループの動きを教師がパズルのように組み合わせて1曲を構成した。

　組体操は，多様な動きをつくる運動の時間などを利用し，取り組んでいくとよい。実態に合わせ技の数を調節する。笛でなく音楽に合わせて動けるようにするとひとまとまりの作品となる。動きに合うような音楽を選び，編集して使用する。

ピラミッドは，実はこんなしかけ。負担が少ない

　ポンポンは，すずらんテープにキラキラテープを何本か貼って作った。キラキラ光るものは，太陽の光に映え，とてもきれいである。

未来をイメージして元気に踊ります

　表現，リズムダンスのいずれも，児童が考えた動きを取り入れた。これによって，よりいっそう運動会ダンスへの意欲が高まり，作品への思い入れも強くなったと思われる。

作品構成

　今回の作品は，学校の創立60周年を記念し，「メモリアルHOSOYA」と題した。

　表現の作品「昭和時代」では，昭和の初め，仲良く遊ぶ子どもたちの様子を表した。そして，戦争。激しく力強いリズムダンスで戦いを表現した。戦後間もない頃，学校が誕生した部分は，全員同じ動きをして表した。戦争によって日本中がダメージを受けたが，人々が力を合わせて復興していく様子は，組体操で表現した。最後に，輝く未来に向かって，平成時代に生まれた子どもたちが躍動する，「未来へ」というリズムダンスを元気いっぱいに踊り，フィナーレとなる。

　運動会ダンスを構成するうえで大切なのは，このようにストーリー性をもたせることである。ストーリーがあることで，子どもたちは全体のイメージをもって細部の練習に取り組めると考えるからである。

[福田貴志子]

5 学校ダンスモブ

高学年

❶ 運動会の作品につなげる学習過程

時間	ダンスの種類と運動会の作品名	学習内容
1	体育①② 覚えて踊ろう！ 学校ダンスモブ	クラスのみんなで初めてのダンスフラッシュモブ
2		好きなダンスフラッシュモブはどれ？
3	体育③④ オリジナルダンスモブを作って踊ろう！	動きを見つける（1人で）。
4		動きをつなげる（グループで）。
5	クラス別活動① クラスダンスモブ	グループのオリジナルダンスモブ（❶）から「クラスのオリジナルダンスモブ」（❷）を選ぶ。選ばれたグループは，A～Jの表現（p. 89）が「どこで見つけた何」かを，それぞれ見つけた人が説明してから，クラスの全員に教える。❶と❷を続けて踊る。
6	学年活動①②③ 学年ダンスモブ	各クラスのオリジナルダンスモブ（❷）を披露する。各クラスの担任の先生がジャンケンまたはくじを引いて「学年オリジナルダンスモブ」（❸）を決定する。
7		学年オリジナルダンスモブに選ばれたグループは，A～Jの表現が「どこで見つけた何」かを，それぞれ見つけた人が説明してから，学年全員に教える。
8		クラスごとに，❷～❶～❸の順で踊ってみる。見せ合い。
9	クラス別活動② 演出	❶の始め方，❶と❷，❷と❸のつなぎ方，❸の終わり方のそれぞれの演出を考え，「各クラスの運動会のダンスフラッシュモブ」（❹）に仕上げる。
10	学年活動④ リハーサル	クラスごとに場所を決めて移動したり踊ったりしてみる。 修正して「運動会のダンスモブ」（❺）に仕上げる。 ＊場の使い方は先生が提案する。

❷ 学習の目標
①身近な「もの」や「こと」をよく観察して，身体で表現する。
②見つけた表現を友達と教え合って動くことを楽しむ。
③運動会という発表の場をみんなで楽しむ。

❸ 学習の進め方

	学習活動	指導の要点と言葉かけ
1時間目	1 導入　ダンスフラッシュモブとは？ ①ダンスフラッシュモブってどんなダンス？ 　みんなで踊ることを目的としているダンス 　日常の身振りを生かしたオリジナルなダンス	・フラッシュモブについて調べてきた人いますか？みんなに教えてください。 ＊前時に本時の活動について予告しておく。 ・どんなダンスか，ちょっと見てみましょう。 ＊駅などでおこなわれているダンスフラッシュモブの映像を用意して，見せる。
	2 アーティスト（○○さん）のダンスフラッシュモブを覚えて踊る ①動画（踊り方の説明）を見ながら動く ・ステップなど，ちょっと難しい部分があれば，抜き出して練習する。 ②動画（通し）を真似して踊る ③「どこが」「なぜ」おもしろいか，近くの人と話し合う	・ちょっとみんなに紹介したい，とても簡単なダンスフラッシュモブがあります。例えば○○さん（○○は，アーティスト名）のダンスは，みんなも簡単に踊れるダンスです。 ・みんなも真似して踊ってみましょう。 ・どこがおもしろかったですか。

	学習活動	指導の要点と言葉かけ
1時間目	③アーティスト（△△さん）のダンスフラッシュモブを覚えて踊る ①「△△さん」は，どんなアーティスト？ ②動画（踊り方の説明）を見ながら動く ・ステップなど，少し難しい部分があれば，抜き出して練習する。 ③動画（通し）を真似して踊る。 ④「どこが」「なぜ」おもしろいか，話し合う ④ "フラッシュ"を演出する ①最初から踊る人と途中から踊る人を決めて踊る ②交替して踊る（ビデオ撮影） ③みんなで録画を見る ⑤まとめをする ・「どこが」「なぜ」おもしろいかをグループ（3人）で話す。 ・宿題（動画での予習）の確認と学習カードへの記入。	・もう1つ，△△さん（△△は，アーティスト名）のダンスフラッシュモブを踊ってみましょう。 ・よく見て，真似して動きましょう。 ・どこがおもしろい？ なぜおもしろい？ ・近くの人と話し合ってみましょう。 ・ペアを作ってジャンケン。 ・勝った人がまず踊り始めます。 ・負けた人，自分のタイミングで入りますよ。 ・ダンスが終わったら何事もなかったかのように歩きましょう。 ・グループで話したことを発表してください。 ・家で動画を見ることができない人は，昼休みに先生のパソコンで予習しておきましょう。 ［板書］検索 「んまつーポスフラッシュモブ」
2時間目	①導　入 ・「〇〇さん」と「△△さん」のダンスモブを踊る。 ②アーティスト（んまつーポス）のダンスフラッシュモブを覚えて踊る ①「んまつーポス」はどんなアーティスト？ ②先生と一緒に踊ってみる ③教え合い（予習してきた人→してこなかった人） ④"フラッシュ"を即興で演出して，みんなで楽しむ 　♪「トッカータとフーガ」／バッハ ③「んまつーポス」のフラッシュモブの分解 ①「んまつーポス」のフラッシュモブを分解する ・先生と一緒に。 ・みんなで，踊りながら，カウントしながら。 ②「どこが」「なぜ」おもしろい？ ・グループ（4人）で話し合う。 ③①②を確かめながら，グループで踊る ④まとめ ・「どこが？」「なぜ？」をみんなで話す。 ・次時の確認と学習カードへの記入。	・「〇〇さん」と「△△さん」のダンスモブを思い出して踊ってみましょう。 ・みんな予習をしてきましたか？ ・もし予習していない人がいたら，先生や友達の動きを真似しましょう。 ・予習してきた人は，アーティストと同じように丁寧に教えてあげましょう。 ・自分の好きなところから踊りに"突然"入ってください。 〈動きの構成〉 <table><tr><td>A・B・C</td><td>ピアニスト</td></tr><tr><td>D</td><td>指揮者になって</td></tr><tr><td>E</td><td>両手で幕を挙げて…</td></tr><tr><td>F</td><td>スポットがまぶしい</td></tr><tr><td>G</td><td>ビブラート</td></tr><tr><td>H</td><td>ステップ</td></tr><tr><td>I</td><td>その場かけ足</td></tr><tr><td>J</td><td>おしりシンバル</td></tr></table> アルファベットは動き 数字はカウント A (8)・B (8)・A (8)・C (8) D (8+8)・D (14+2) E (6+2)・F (2×4)・F (2×4)・G (8) A・B・A・C A・B・A・C H (4×4)・H (4×3 + 4) I (16)・J (2×2) ［板書］「繰り返し」「低―中―高」「急に止まる―急に動き出す」「動かない」「すばやく―ゆっくり」など

5　学校ダンスモブ

	学習活動	指導の要点と言葉かけ
3時間目	①導　入 ・「〇〇さん」「△△さん」「んまつーポス」のダンスモブを踊る。	・各自で"フラッシュ"を演出しながら踊ってみましょう。 ・前時にわかった「どこがなぜおもしろいか」を思い出しながら踊りましょう。
	②オリジナルダンスフラッシュモブを作る ①１人の活動 ・学校の中にある，おもしろい事象・現象を見つける（それぞれ10個）。 ・限られた時間（10分）で見つける。	＊見つけた「もの・こと」を記入する活動シートを用意する。 ・１人で，誰も見つけない「もの・こと」を見つけて，このシートに「何がどうなっている」をその場で記入してください。 ・活動シートを取り替えて。１人が読み上げて，１人が見てきたままをパッと表現しよう。
	②ペアグループの活動 ・見つけた「もの・こと」を全部即興で動いてみる。 ・相手の動きの「いいな」を１つ選ぶ。 ・お互いの「一番いいな」を一緒に動く。	・まず「どこで見つけた何」を伝えてから，友達が真似できるように，はっきり，しっかり表現しましょう。 ＊「一番いいな」…誰も見つけていないもの，特徴をしっかり捉えているもの，自分は思いつかないもの。
	③まとめ（8～10人のグループの活動） ・それぞれが「一番いいな」（表現）を披露し，みんなで一緒に動く。 ・本時の活動を振り返り，学習カードに記入する。	・友達が太鼓判を押してくれた「一番いいな」を，自信をもってグループの人に披露しましょう。 ・グループの全員で，すぐに真似してみましょう。
4時間目	①導　入 ＊3時間目と同じ。	［板書］前時に作った構成図 ・みんなが思い出せるように，自分の表現は自分がリードして踊りましょう。
	②続・オリジナルダンスモブを作る ①グループ活動（8～10人グループ） ・みんなの「一番いいな」（10の表現）を，思い出しながら一緒に動く。 ・10の表現と「んまつーポス」フラッシュモブの動き（A～J）を入れ替えて，オリジナルダンスモブに変身させる。 ・とりあえず踊る→修正・工夫→完成。	・自分の表現は「A～J」のどの動きと入れ替えられるか，友達の意見も聞きながら「分担の動き」を選びましょう。 ・それぞれの動きのカウントで踊ることができるように，自分の「一番いいな」を，短くしたり長くしたり，速さを変えたりして工夫してください。 ＊8人グループの場合は，「FとG」と「IとJ」を1人の児童が受けもつ。
	③まとめ ・各グループのオリジナルダンスモブを発表する。 ・本時の活動を振り返り，学習カードに記入する。	・「一番いいね」がぴったりのところがいっぱいありましたね。 ・忘れないように繰り返し練習（復習）しておくこと。

4 運動会の作品構成

〈始め方〉決めた場所でポーズ→音楽のイントロが聞こえたら，全員が不思議そうに，空のあちこちを見る→曲が始まったら突然踊り出す。

〈メインの部分〉1回目（2分）各クラスのモブ→2回目自分のグループモブ→3回目全員で学年モブ。

〈終わり方〉何事もなかったかのように歩き出す→ふたたび音楽のイントロ→大慌てで最初の場所に戻り，決めポーズ。

学習の進め方

　反転授業の方法を取り入れて，自宅でインターネット等を使って予習をしてくるように伝える。児童ができるだけイメージをもって授業に臨み，授業ではその復習をするという考え方である。自宅の環境が整っていなかったり，見ることができなかったりした児童のために，学校でもパソコンで見られるような環境づくりが必要である。

　最初は，ダンスを模倣するが，「模倣」は「表現」の入り口という捉え方で進める。

> ❖ **プログラムには作品解説を必ず掲載すること** ❖
>
> **プログラム：オリジナルダンスモブ**
>
> 　みんなで踊るために，みんなでバッハの「トッカータとフーガ」に振り付けたダンスです。1つひとつの動きは，1人ひとりが校内にある「もの・こと」から見つけた動きです。それを集めてつなげたら…こんなにおもしろい，みんなが踊れるダンスになりました。（参考：コンテンポラリー・ダンスユニット「んまつーポス」）

ペアの活動からグループの活動へ

ピアニスト（Aの動き）

スポットライトがまぶしい（Fの動き）

アーティストのダンスについて

　アーティストのダンスフラッシュモブの使用は，著作権等に配慮し，教育的な目的に限る。また，学習の中では，ぜひ，アーティストの仕事や作品を紹介したい。また，「んまつーポス」のダンスフラッシュモブは著作権フリーの教材であるが，使用する場合は，参考・引用していることを明記すること。

> 　「学校ダンスモブ」は，児童のコミュニケーション能力（対話をしてイメージを共有し，自ら考え，お互いに考えを伝え，深め合いつつ，合意形成・課題解決する力）の育成に資する活動を意図的・計画的に設定した点で，学校で取り組むダンスの教材としての価値（言語活動の充実）がある。
> 　本稿の提案内容は，平成25年度に日南市立飫肥小学校が取り組んだ「次代を担う子どもの文化芸術体験事業」（文化庁）のために，ダンスユニット「んまつーポス」（豊福彬文, 他）と共同開発・実践したものである。

［高橋るみ子］

運動会での表現運動…成功の秘訣

　運動会を華やかに，感動的に盛り上げることのできる表現運動。現場の先生方には，いろいろと苦労があるかもしれません。学年の先生方との連携，大人数の子どもたちの指導，演出の工夫，保護者へのアピール，それぞれちょっとした秘訣があるようです。
　本章執筆の先生たちへのインタビューをもとにまとめてみました。

❶ 学年便りやプログラムでアピール
　「忍者」であればグループごとに術の名前が違うので，あらかじめ学年便りに載せて伝えておいたり，我が子がどこで踊っているのか，プログラムに演技図を簡単に載せて，子ども自身に赤い印をつけさせて配布したりするのはアイデアですね。また，表現運動では全体の話の構成がわかると安心して見ていただけるので，物語の解説や見どころも書き加えてみましょう。「工夫したところ」「見てほしいところ」を子どもがカードにひと言書いて，運動会の招待状のようにして保護者に渡すと喜ばれますよ。

❷ 保護者にも協力していただく
　体育着に何かを縫い付けるなど，簡単な衣装への協力をしていただくときに，みんな同じではなく，我が子とわかるようなものを作ってもらうといいですね。

❸ 全校態勢で取り組む
　全校でテーマをもって行事をやり遂げることができたら，一体感のある取り組みができます。例えば，大きく掲げたテーマ「宇宙」や「祭」などをイメージしたクラスの応援の旗や，入場門の飾りなども工夫ができるでしょう。

❹ 学年の先生と協力できるように
　学年の先生に「いつまでにクラスの術を決めておいてください」というような見通しを出したり，表現的な要素が入っているときは，先生たちにも参加していただいて，表現の要素や楽しさを伝えたりしていきましょう。「さあ，手裏剣を1組の先生に向けて投げてみよう，あむあむ。ありゃ，食べられちゃったね，2組の先生に投げるよ，ヒラッヒラッ！　キャーかわされちゃったね」「3組の先生の"んばば族"はどんな踊りで登場してくるかな？　さあ，拍手！　みんなもついていって行進しよう」。
　隊形移動等は，事前に紙面を渡しつつ，「このように移動するので，自分のクラスの先頭を走ってください」などの指導をお願いしましょう。また，踊り担当，衣装担当，音担当，学年便り（運動会号）担当と分担を決めつつ，学年の先生方のよいアイデアを入れていくようにするといいですね。大人数を動かすときは，時間を無駄に使わないように，子どもたちを動かしてからの訂正がないように，事前の打ち合わせを綿密にすることが大事です。

＊

　子どもたちのがんばりを保護者，職員，みんなで認め合える，最後には感動をわかち合えるすてきな運動会の表現になりますように。

第5章

表現の題材はどこにでもある

1 国語科（書写）から 体いっぱい文字を書こう
2 国語科から 詩『かぼちゃのつるが』
3 国語科から 空想日記「わたしの夏休み」
4 社会科から わたしの町のクリーンセンター
5 社会科から 消防車出動
6 算数科から ○△□形遊び
7 生活科・理科から
　草むら探検！冒険の旅に出かけよう！
8 理科から 水のすがた
9 理科から 今日の天気は，その時○○は？
10 音楽科から 速さの変化を体で感じて
11 体育科保健・理科から
　ミクロの世界「体内の出来事」
12 総合的な学習の時間・家庭科から 3分間クッキング
13 総合的な学習の時間から 地球が大変!!
14 総合的な学習の時間から お正月（伝統行事）

この章では，学級担任制の小学校ならではの表現運動の授業例を取り上げました。教科や，総合的な学習の時間など，子どもたちの学校生活の中に，たくさんの表現運動の種があります。教室での学習や，社会科見学の最中に，輝く子どもたちの瞳を見つけたら，チャンス。興味や関心，好奇心でいっぱいのその気持ちを体いっぱいで，表現させてあげましょう。

1 国語科（書写）から
体いっぱい文字を書こう

中学年

1 学習の目標
①文字の特徴（はらいやはね）を捉えておおげさに動く。
②友達と協力して，文字からイメージを膨らませながら作り上げる。
③漢字の意味の気持ちになって動く。

2 学習の進め方

	学習活動	指導の要点と言葉かけ
導入 10分	①ひらがなでウォームアップ	・先生と一緒に，ドア２つ分に大きな筆を持ったつもりで「あ・い・う・え・お（示範）」を書こう。始筆からはっきり書くよ。 ・頭，胸，肘，尻で自分の名前を大きく書いてみよう。 ・２人組になって，１人は相手に背中を向け，自分の名前を体からはみ出すほど大きく，上も下も使って書いて見せ合おう。 ・順番に好きなひらがなを書いて当てっこをしてみよう。
展開 25分	②先生と一緒に体で文字を書く ［板書］漢字の特徴を捉え，漢字の気持ちになって動く。 ・座ったままで「流」「飛」を書く（はらい，止め，はね，曲線などを確認する）。 ・その場に立ち上がって，先生と一緒に「流」を動く。 ・「飛」を動く。	・今日は漢字に挑戦。訓読みと音読みを言ってみよう。 ・座ったまま，一緒に大きく書いてみよう。始筆はどこから入って，どっちのほうへ行くの？ ・「ながれる の りゅう」と言ってから書くよ。 ・さんずいから，ぴょん，ぴょん，よいしょっ！…（書き終わったら）最後は，何になって流れていくのかな？ そうめん？魚？ 涙かな？ 大きく流れてみよう。本当に流れるように動けたね。 ・ぐいーぴょん！ てん，てん，しゅー，ちょん，しゅー，…最後は何になって飛んでいく？ 何になって飛んだの？ その気持ちになって飛んでるね。
	③好きな漢字を選ぶ ①3・4年生でこれまでに習った漢字の表（先生がピックアップしたもの）を見て，文字を選ぶ ②４人組で，リーダー交替で動く 	・漢字を体で思いきり空中に書いて，その漢字の気持ちで動きましょう。どの漢字をやってみたいかな？ ・４人組になって真似っこしよう。１番さんの文字をみんなで真似しよう。訓読み音読みをみんなに伝えてから書くよ。終筆になったらその漢字の気持ちになって動いてみて。用意，スタート（太鼓をたたいて伴奏）。書けたら２番目の人も順番に。 ・漢字の筆順も確認できたし，その漢字の気持ちになれたね。
	④グループでまとめる ①一番やってみたい文字を１つ相談して選ぶ	・グループで１つ芸術作品にしてみよう。 ・今度は大きく床面に動いてみよう。 ・最後はどうなるかな？ ・「はね」や「はらい」をしっかり見せるとかっこいいね。
まとめ 10分	⑤見せ合い ・近くの４人組と見せ合う。 ・本時の振り返りをする。	・当ててみて！ どんな文字を表現しているかわかるかな？ ・文字の形をはっきり表現することができて，漢字の意味も表現できていましたか。友達と協力して漢字が創れましたか。

書写の学習を生かすポイント

ふだん教室にいるときから文字に対して体で動く体験を重ねていると，よりスムーズに表現の世界に入れる。書写の時間にノートに書くだけでなく，腕全体で大きく書く経験をしておくことが大切。それができるようになったら，胴体も動きの感じに合わせて動けると，より何を表現したいのかがわかる。

学習の進め方のポイント

体全体で動く前に座位で腕全体を使って書くことで，その運動感覚を体全体に置き換えやすくなる。また空中に書くのか，床面に書くのか，描く面を伝える。

まずは，文字の形である縦線，横線，斜めの線等を明確にさせることと，書くときの出だしの勢いと終わり方をどうするのかを表現することから展開していく。慣れてきたら文字の意味を汲み取って表現することにも挑戦させたい。

動きの引き出し方

「はね」「はらい」など，形や方向の特徴を模写することができるようになったら，文字の意味やイメージ，勢いを大切に，大げさに体からはみ出させて表現させるとよい。国語科の書写の時間と表現運動の時間では求めている表現が少し違うと気づかせたい。文字のもっているイメージを体の動きで表すという連想ゲーム感覚で取り組ませる

❈ お薦めの文字 ❈

動きやイメージが膨らみそうな漢字を選ぶとよい。人の感情や行動を表す意味の文字，季節や気象，生物を表す文字などは，形を離れてイメージを表現させる活動にもつなげられる。

3年生	泳	歯	集	勝	転
	流	苦	油	寒	など
4年生	芽	喜	泣	鏡	笑
	脈	争	など		

と，自然と動きが大きくなる。

特に腕だけが先行してなかなか膝が曲がらないことが多い。全身で上から下まで，上の部分は背伸びをする，低い部分は，膝をよく曲げて底辺の部分をイメージさせる。胴体の動きが少ないときは，へそも使うように促す。

また，歩幅が狭いと全体の表現も小さくなるので，「大きく足を開いて，1歩を大きくして」の声かけをする。

まずは教師が大げさに示範して見せることが大切。たとえば，「之」を書くときには，ジグザグのイメージを強調して，めりはりをつけてキュキュキュと鋭角に動いたり，最後は流れる感じでスーッと走ったりしてみせる。喜・怒・楽など感情を表す漢字では，形を離れて，その漢字から湧いたイメージを，漢字の気持ちになりきって動いてみせるとよい。

評価のポイント

児童の動きのどこを見て，褒めるのかなど。
・大きな筆になりきって動けたか。
・ひらがな・漢字の字体の特徴を捉えて動けたか。
・漢字の意味することを，その気持ちになって動けたか。
・仲間と楽しく一緒に協力して漢字を描けたか。

［笠井里津子］

2 国語科から 詩『かぼちゃのつるが』

高学年

❶ 学習の目標
①かぼちゃのつるが伸びる様子を，体全体を使って精いっぱいの動きで表す。
②友達の動きを感じて，詩のイメージを膨らませながら，ひとまとまりの動きを作り上げる。

❷ 学習の進め方

	学習活動	指導の要点と言葉かけ
導入 10分	① ウォームアップ ・移動しながら「だるまさんがころんだ」(p.12)をする。 ・止まるときに最初は１人でポーズ，次第に２人組で関わり合いながらポーズをとる。	＊「だるまさんがころんだ」をおこなう際には「捻れる」「伸びる」など，精いっぱいの動きを体感できるような課題を出す。 ・高く伸びる人と横に伸びる人でバランスをとってみよう。 ・捻れる人にうまく，絡まってみよう。
展開一 25分	② 今日の課題をつかみ，先生と一緒に動く [板書] かぼちゃのつるが伸びる様子を，体全体を使って表そう。 ①『かぼちゃのつるが』の詩を全員で読み，感じたことを発言する かぼちゃのつるが はい上がり はい上がり 葉をひろげ 葉をひろげ 葉をひろげ 細い先は (後略) ②先生の言葉かけで，つるが伸びる様子を表す ③自分で考えたつるの伸びる様子で動く ・先生のリズム太鼓に合わせて各自がつるの伸びる様子で動く。	・今日は『かぼちゃのつるが』の詩を題材にして，かぼちゃのつるが伸びる様子を，体全体を使って精いっぱいの動きで表そう。 ・(児童の発言に応じて)「葉をひろげ」は，２回続くのでたくさんの葉が広がっているように感じるね。「竹をしっかりにぎって」のところは力強さが伝わってくるよ。最後の「空をつかもうとしている」は，さらに伸びようとしている様子を表したいな。 ・つるが細い竹に絡まって，伸びようとする様子を先生と一緒に動いてみよう。まず，最初は小さくなって。少しずつつるが伸びるよ。小さな葉っぱが出てきたよ。もう１つ出てきたよ。また，伸びて，もっと伸びて。最後は，赤ちゃんが手を開いているように，空に向かってグーンと伸びて。 ・今度は，初めの動きを自分で考えて動くよ。少しずつつるが伸びる様子だよ。
	③ 自分のイメージで動く ①自分で考えたつるの伸びる様子で動く ②４人組で，「リーダーに続け！」をおこない，友達の動きを知る	・４人組で，「リーダーに続け！」をするよ。１番の人の動きから順番にやってみよう（太鼓でリズム）。 ・つるが伸びる様子を，次々に動くよ。そのとき，特に気をつけることをグループのメンバーに伝えよう。 ・つるが伸びる様子を，体全体を精いっぱい使って動くことができているね。
	④ グループでまとめる ①「はじめ」「なか」「おわり」をひとまとまりの動きで動く ・４人の考えた動きを順番に動き，その後，役割を決めて「なか」と「おわり」の部分をつなげて表現する。	・グループで小さな作品をつくってみよう。４人が考えた動きを続けて動いた後に，「竹をにぎってはいあがり」と「赤子のような手を開いて，ああ 今 空をつかもうとしている」の部分を役割を決めてひとまとまりの動きにしてみよう。 ・「だるまさんがころんだ」の動きを取り入れてもいいね。 ・役割を決めて，様子がわかるように表現してみよう。
まとめ 10分	⑤ 見せ合って，相手のよいところを見つける ・近くの４人組（兄弟グループ）と見せ合う。 ・本時の振り返りをする。	・「作品を見るポイント」をもとに，どの動きがよかったか伝えよう。 ・詩の伝えたい，諦めないことやさらに高きをめざしての内容を，精いっぱいの動きによって表すことができたね。

◉ 詩の学習を生かすポイント

詩は，児童1人ひとりがそれぞれの思いや感じ方を自由に表現できる教材である。詩の学習時に，できるだけ多くの発言を引き出し，さまざまなイメージをもたせることが大切である。

◉ 学習の進め方のポイント

①精いっぱいの動きができるように，ウォームアップの段階で十分に動きの引き出しをおこなうようにする。
②各自が自分のイメージをきちんともち，1人ひとりが自分のかぼちゃのつるを表現できるようにする。
③グループ内で友達の動きを真似して動き，よい動きや工夫されているポイントを見つけられるようにする（リーダーに続け！）。
④友達の動きを感じながら，自分の思いが表現できるように，グループ内で意見交換しながら作品づくりに取り組むようにする。
⑤「はじめ」「なか」「おわり」の小さな作品に仕上がるように，強調したいところは繰り返したり，大きな動きにしたりする。
⑥作品を見せ合うときは，作品を見るポイントを掲示し，どのようによかったのかが，発表者に伝わるようにする。

精いっぱい伸びた
かぼちゃのつる

◉ 動きの引き出し方

①動きながらの「だるまさんがころんだ」では，初めに「体のどこかを捻って止まれ！」の言葉かけで，普段はおこなわない動きを引き出すよ

リーダーに続け！

うにする。その後「精いっぱい上に伸びるよ！」や「友達の動きを感じて止まってみるよ」などの声がけで，作品づくりに結びつく動きを引き出すようにする。
②本時の課題をつかんだら，詩から各自がつるの伸びる様子をイメージできるように，イメージマップを活用する。
③グループ内で，「リーダーに続け！」をおこなう際には，「動きを大きくして，自分の思いが友達に伝わるようにしよう」と，言葉かけをし，動きのよさをお互いが感じられるようにする。
④精いっぱいの動きを引き出すことができるように，よい動きの児童を紹介し，どこがどのようによかったのかを全員で共有するようにする。
⑤「はじめ」の部分は，4人組の動きをつなげるようにする。その際，「伸びる，伸びる」が強調されるような順番にするように促す。
⑥「なか」「おわり」の部分では，4人で役割を決めて，竹に巻きつきながら伸びる様子や，空に向かって伸びていく様子を表すように声かけをする。
⑦精いっぱいの動きは，繰り返し練習する中で感じ取れるように，練習時間を確保する。
⑧作品を見るポイントを事前に提示することで，兄弟グループで見せ合う際に，ポイントを絞って見ることができる。また，ひとまとまりで動くグループも，気をつけることを意識して練習できる。

◉ 評価のポイント

・友達と協力しながら，進んで動いたり，作品づくりに取り組んだりしたか。
・自分の動きたいイメージをもつことができたか。
・体全体を使って精いっぱいの動きをしたか。
・捻る動きやすばやい動きなどができたか。

［齊藤久枝］

❖ **作品を見るポイントの例** ❖

・表したいことが繰り返しで強調されている。
・メンバーの動きが揃っている。
・役割の動きが効果的になっている。
・同じ動きをずらすなどの工夫がされている。
・前後左右・高低など空間の使い方が工夫されている。

3 国語科から 空想日記「わたしの夏休み」

高学年

1 学習の目標
①空想日記（課題）からイメージしたことを即興的に踊る。
②自分が夏休みにしたいこと，友達がしたいことをダンスで見せ合って違いやよさに気づく。
③友達と協力して，それぞれがイメージした動きを日記風の小さな作品にまとめる。

2 学習の進め方

	学習活動	指導の要点と言葉かけ
導入 10分	**1 Shall we ダンス？ ～踊る～** 「空想日記」で課題をつかむ ・先生が朗読する「わたしの夏休み」に合わせて，即興的に踊ってみる。  足の裏が熱い！　アッチッチ!!	・先生が朗読する「空想日記」を聞きながら，頭に浮かんだ様子を体の動きで表してみよう。 ・考えるのは NG，思いついたらすぐに動こう。 ・困ったときは，誰かの真似をしても OK。止まっている時間を作らないことがポイントだよ。 〈多様な動きを引き出す言葉かけ〉 ・もっとオーバーに，指先＆つま先＆髪の毛の先まで動かして！ ・空いているスペースを全部使おう！ ・もっと速く！（⇔もっとゆっくり！） ・止まらないで動き続けて！（⇔ピタッと止まって！） ・今のシーンを，ちょっと巻き戻そう！→もう一度再生！
展開 25分	**2 Let's ダンス！ ～創る～** ［板書］わたしが夏休みにしたいことは…。 ①リーダーに続け ・3人組でリーダーを決め，動きを真似る。 ・リーダーは順番に交替する。 ②グループでまとめる ・それぞれの動きをつないだり，組み合わせたりしながら，ひとまとまりの動きにまとめる。 ・発表前に，グループのひとまとまりを確認する（リハーサル）。	・リーダーは「海水浴」「遊園地」など，「夏休みにしたいこと」を動きで伝えよう。言葉には出さないこと。 ・メンバーも，それが何かを聞かないこと。一緒に動いて想像しながら，「友達の夏休み」を感じよう。 ・太鼓が鳴っている間は動く，トンと鳴ったら止まる。それが3回で1クール（1人分）だよ。 ・一緒に動いてみて，おもしろかった動きなどを伝え合いながら，グループの「夏休み」を決めよう。時間は1分だよ。 ・1クールで小さな作品になるように仕上げよう。「はじめ」と「おわり」だけを確認し，残りは動きながら創っていこう。 〈創作中の言葉かけ〉 ・3回は通して練習しよう！ ・ネタに困ったら，同じ動きを繰り返してみよう！ ・動きの速さを変えてみよう！（スロー＆クイック） ・空いているスペースをいっぱいに使おう！
まとめ 10分	**3 SHOW Time !! ～見る～** ・2つのグループを「ペアグループ」として，お互いの作品を見合う。 ・感想（＝言葉のプレゼント）を伝え合う。	〈見るポイント〉 ・「夏休みにしたいこと」が伝わる動きをしているかな？ ・グループとして工夫しているところはどこだろう？ 〈感想のポイント〉 ・「よかった」「おもしろかった」では伝わらないよ。「指先まで伸びていたよ」など，具体的に伝えよう！

● 国語科の学習を生かすポイント

日頃からさまざまなテーマで作文を書かせておくとよい。日記などもヒントになる。子どもたちが実際に書く身近な題材をつなぎ合わせることで、「空想日記」は児童のイメージを膨らませていく。

特に非現実的なテーマ（「目が覚めたらアリになってて…」「目の前に宇宙人」等）は、答えがない分、何でもありのおもしろさがある。奇想天外な内容のものは、全体に紹介し、発想を膨らませておくのも仕掛けの1つである。作文の時間に、発想をメモさせて、それをどんどん広げるところをうまくダンスに生かすとよい。

● 動きを引き出すポイント

〈児童の心と体を流れの中で"ほぐす"〉

イメージがつかめなかったり、恥ずかしくて動けなかったりすると、子どもたちの体はどんどん固まってしまう。「空想日記」は、考える隙を与えず、耳に入る言葉の情報と周囲の動きを互いに感じ合う中で、動きながら本時の課題をつかませることがねらいである。また、「日記風」にすることで、「ひとまとまり」の感覚をつかませることができる。

心と体がほぐれてくると、さらに動きのイメージが膨らんでくる。

〈多様な動きを引き出す教師の仕掛け〉

- 「シャッターチャンス（＝止まる）」を入れるなど、流れにめりはりをつける。
- 動きにバリエーションをつけるため「スロー＆クイック」「巻き戻し」などの演出を加えておく。
- 「もっと大きく」「もっと遠くへ」など、「もっと＝極限化」を意識させる。

❈「空想日記」のネタ❈

◇アリの大冒険　　　◇アイスのひとり言
◇スイカのつぶやき

⇒テーマのイメージが、具体的な動きとしてつかめるような内容にする。
⇒3つ程度の出来事を仕組んでおく。
そのうちの1つに"アクシデント"を入れておくと、一気に盛り上がる。

「わたしの夏休み」
★シャッターチャンス（＝止まる）

今日、わたしは、海水浴へ行った。到着すると、わたしの目に、広い海と砂浜が飛び込んできた。
もう待てない。さっそく友達と海までかけっこだ。
ヨ〜イ、ドン!! 走った。
ところが、びっくりするほど砂が熱かった。アッチ、アッチ、アッチッチ〜！〈★〉

やっと海までたどり着いた。冷たい水が心地いい。
わたしは、沖に向かって泳いだ。
でも、なかなか前に進まない。よ〜し、波と対決だ。
わたしは、さらに必死になって泳いだ。鬼のような顔で泳いだ。〈スローモーション 〜 ★〉

わたしの負けだ…。トボトボと砂浜のほうに歩いていたそのとき、後ろから高波がおそってきた。
ザブ〜ン！　5秒間、おぼれた!!〈★〜巻き戻し〜再生〜★〉

〈イメージと動きをつなげる〉

①みんなで動きを揃える段階

リーダーの動きを真似る。そして、みんなの動きをつないでいく。言葉ではなく、動きで伝え合い、感じ合うのがポイントである。ノ

ンバーバルのやりとりが、集中して何かになりきる「模倣の空間」をつくる。

②1人ひとりが役割をもって作品を構成する段階

誰かが魚釣りをする動きを見て、網になる児童が現れ、釣られまいとする魚が必死にピチャピチャと暴れ回る。そこには一連のストー

リーが成立している。子どもたちの中で、イメージと動きがつながっていく段階である。

● 評価のポイント

友達の発表を見るときのポイントにもなる。

- 体の動きからイメージしたことが伝わってくるか。
- 友達（グループ）の動きのよさは何か。

［中村　譲］

4 社会科から わたしの町のクリーンセンター　　中学年

1 学習の目標
①クリーンセンターで見たゴミや機械，炎などの特徴を捉えて，大げさに表現する。
②友達が見つけたいろいろな動きや動きのよさを知り，自分の踊りに取り入れる。

2 学習の進め方

	学習活動	指導の要点と言葉かけ
導入 — 10分	① 「走る—ピタッと止まってポーズ」でウォームアップ ・先生の真似をして動く。 　ひねる　小さくなる　かくれる　など ・グループでリーダーを交替しながら，リーダーの真似をして動く。	＊すばやく止まってポーズをとるように声をかける。 ・先生の真似をして動いてね。 ・走る—ピタッと止まる，ひねる。忍び足で走る—ピタッと止まる，かくれる。 ・今度はグループで，リーダーの真似をしてやってみよう。 ・ピタッとすばやく止まれてすごいね。いろいろな動きができたね。
展開 — 25分	② 今日の課題をつかむ [板書] クリーンセンターで見たものを，特徴を捉えて大げさに動こう。 ・見てきたものやそのイメージを出し合い，ホワイトボードに貼る。 ・先生と一緒に動く。 ③ グループでシーンを選び，動きを出し合う ①ホワイトボードを見て，やってみたいシーンを選ぶ ②3〜4人組のグループで，交替でリーダーになりながら即興的に動きを出し合う ④ 簡単なまとまりにして踊る ・気に入ったシーンを選び，工夫し合ってまとめる。	＊特徴を捉えて，大げさに動くことをポイントに一緒に動く。 ・クレーンでゴミが持ち上げられて，揺れるところを動いてみるよ。 ・ゴミがユラ，ユラ。大きく〜ユラ，ユラ，ユラ，ピタッ！　クレーンが止まった。急に落ちる！　ドサッ。 ・大きく揺れたり，小さく揺れたり，急に落ちたり，大げさにできたね。 ＊声をかけたり，一緒に動いたりして，いろいろな動きを引き出す。 ・ゴミピットにゴミが入れられるところをやりたいのかな。ゴミはドバドバッと入れられていたね。ドバドバッてこんな感じかな。 ・煙が出てフワフワ…上っていって，急に燃え出したんだね。急に変化するところがいいね。 ＊選んだシーンの特徴が伝わるように大げさに動き，「おわり」を考えてまとめるようなアドバイスをする。 ・炎が激しく燃えているところだね。激しく燃えていた火はどうなっていくかな。激しく燃えていたところと消えそうなところの違いがよくわかったよ。
まとめ — 10分	⑤ 作品を見せ合い，互いのよさを伝え合う ・表したい特徴を精いっぱい踊る。 ・他のグループの作品を見て，よさを伝え合う。 ・特徴を捉えた動きや大げさに表現できたことをグループ間で伝え合う。 （児童の言葉）炎が激しく燃えているところがよかったです。	・発表するときには，一番表したいところを精いっぱい踊ろうね。 ・特徴を捉えた動きや大げさに動けているところをよく見ようね。

◉ 社会科見学を生かすポイント

どんな働きをしていたか，どんな動きをしていたかなどくわしく思い出せるように，イメージマップを使って見学を振り返るようにする。また，「一番印象に残っているところはどんなところかな？」などと質問し，擬音語や擬態語を用いながら，いろいろなシーンやそのイメージを書き出すとスムーズに表現の世界につなげることができる。

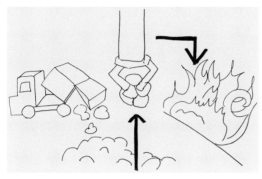

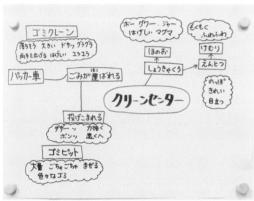

イメージマップ

◉ 学習の進め方のポイント

ウォームアップでは，「走ってポーズ」をおこない，体の使い方や動きの感覚をつかめるようにする。体の使い方では，体幹部を大きく動かすことが大切なので，ひねったり，大きくなったり，サッと床に伏せたりして，動くことを楽しみながらおこなう。

グループが自立して動けるようにするために，初めは「リーダーに続け！」を活用し，リーダーを交替しながらいろいろな動きを見つけ，出し合うとよい。自分の意見や考えを出すことに徐々に慣れ，表現し合って動けるようになる。

◉ 表現しやすい場面

火が燃えるシーンやゴミが投げ込まれるシーンのように，児童が印象に残っているところや動きが変化するところを選ぶと，イメージが膨らみ，表現しやすくめりはりをつけた動きになる。

◉ 動きの引き出し方

児童が課題を体得するためには，一緒に動いて，全身を使い大げさな動きで示範をして見せることが大切である。例えば，足も使い，上げたりジャンプしたりして，ゴミの動きが大きく見えることを知らせる。また，「ゴミがどんどん投げ込まれていくよ。次は，すごーく大きなゴミがきたよ」「クレーンの揺れが急に大きくなったよ。あっ，紙が舞い始めた」などの言葉がけで，いろいろな動きの変化を引き出す。

ゴミを持ち上げるクレーン車

◉ 評価のポイント

・機械やゴミの動きの特徴を捉えて，大げさに動けていたか。
・体全体で精いっぱい動けていたか。
・友達のよい動きを見つけ，自分の表現に取り入れることができたか。
・友達と楽しく一緒に協力して動きを見つけ，動けていたか。

[菊地佳子]

❖ **表現しやすい場面（社会科見学の例）** ❖

○食品工場
・機械がオートマチックにお菓子を箱詰めしているところ。
・チョコレートを他の材料に混ぜているところ。
○クリーンセンター
・炎が上がったり，煙が出たりしているところ。
・クレーンでゴミを持ち上げているところ。

5 社会科から 消防車出動

中学年

1 学習の目標
① 「走る―止まる」の動きをもとに、あちこちに火事を知らせる動きを工夫する。
② 友達と協力して、イメージを膨らませながら、火事から消防車の出動までの流れを途切れずに表す。

2 学習の進め方

学習活動	指導の要点と言葉かけ
導入 10分 **1** 「走る―止まる」でウォームアップ ・「走る―止まる」をもとに、あちこちに走り回って「火事だ！」と知らせる動きを繰り返す。 　走って行って「火事だ！」 　上のほうの人にも「火事だ！」 　とび上がりながら「火事だ！」 　振り返って…、遠くの人に… など	・走っている途中で、先生の太鼓が鳴ったら「ピタッ」と止まりましょう。 ・止まったときには、いろいろなポーズがとれるといいね。 ・「あっ火事だ！」火事を発見したので、急いであちこちに知らせましょう。 ・いろいろな方向に走っていって「火事だ！」 ・マンションの4階の人にも、とび上がって「火事だ！」 ・遠くの人にも「火事だ！」
展開 25分 **2** 消防車が出動するまでを表す　（15分） ①先生と一緒に、動きを確認する ・走って整列―敬礼―1列になってすばやく移動―ホースを広げる―ホースを持って構える。 ②先生と一緒に動く  走って整列―敬礼	・消防署見学のことを思い出そう。火事の知らせがあったとき、消防署の人たちはどう動いていましたか？ 　例）棒を滑り降りていたよ。 　　　急いで集合していたよ。 　　　ホースをかついで走っていたよ。 　　　ホースは2人組でしっかり持っていたよ。 ・整列して出動し、ホースを持って構えるところまでをやってみましょう。 　例）グループごとに集合する場所や整列の仕方を決めよう。 　　　号令をかける人がいるといいね。 　　　先頭を決めて1列ですばやく走ろう。 　　　まっすぐに走る。曲がるときは直角に。 　　　ホースをサッと広げる動きをしてみよう。 　　　腰を低くして構えるよ。
3 「火事だ！」から「消防車出動」までをつなげて動く　（10分） ①先生の言葉かけで動く  いろいろな方向に走っていって「火事だ！」 ②グループごとに練習する	・先生の言葉かけに合わせてひと通り動いてみよう。 ・初めに「火事」を見つけたところからだよ。グループで決めた集合場所に集まって、「消防車出動」の場面をやるよ。 　「あっ火事だ！　大変。知らせなきゃ。 　　走って行って―火事だ！ 　　走って行って―火事だ！ 　　3回目をやるよ。走っていって―火事だ！ 　　集合。グループで決めた場所に横1列に集まるよ。敬礼。 　　出動するよ。ホースをサッと伸ばして、構え。放水。 　　水の力はすごいよ。しっかりホースを支えて…」 ・グループごとにスムーズに流れるように練習してみよう。
まとめ 10分 **4** 見せ合って、相手のよいところを見つける ・全体を前半グループと後半グループに分けて見せ合う。 ・本時の振り返りをする。	・いろいろなところに「火事」を知らせに行っているかな？ ・消防車がすばやく出動できたかな？ ・次の時間は、火や水の動きを見つけていきましょう。

社会科見学を生かすポイント

実際に見たり，聞いたり，体験したりすることで動きのイメージが膨らみやすい。

工場見学では機械の規則正しい動きを捉え，「〇〇ができるまで」の様子を表したり，ゴミ処理場見学では収集車のダイナミックな動きや炉の中で勢いよく燃える炎を表したりすることもできる。

表現運動の授業で取り上げたいと思う場面は，ビデオなどで撮影し，学校に戻ってからも見られるようにしておくとよい。

学習の進め方のポイント

「あっ火事だ！」の動きづくりでは，「走る―止まる」の動きを取り入れる。方向を意識して，自由に走り回るようにさせる。

「速く」「いろいろな所に」という点を強調し，「全速力で走る―ピタッと止まる」のように，対極の動きでめりはりをつけるとよい。

「消防車出動」の場面では，教師の言葉かけで一緒に動くことにより，整然とした動きを意識させたい。

どのような動きを取り入れたいか，児童と話し合いながら動きづくりをしていく。

発展させるには「火と水の対決」など，燃える火と それを消そうとする水が対決する様子と刻々と変わっていく場面を表すこともできる。
例）火が燃える―火事を知らせる
　　火が燃える―消防車出動・消火開始
　　火と水の対決―火が消える

火になったり，水になったり，周りのいろいろなものになったりして，次々に変身して動きを見つけていくようにさせる。

動きの引き出し方

「走る―止まる」の動きを繰り返しおこない，全速力で走ったり止まったりすることができるようになったら，空間を広く自由に使って「火事」を知らせる動きを工夫させる。

「後ろを振り返りながら叫んでみよう」「腰を落として低い姿勢から叫んでみよう」など，「火事だ！」と知らせるときの動きも工夫することができる。

「3回は繰り返そう」と呼びかける。一度で終わりにするのではなく，同じことを場所を変えて，繰り返し動くとよいことを知らせる。

消防車が出動するときの基本の動きは，社会科

見学の際に撮影したビデオ等を参考にする。印象に残っている動きを取り出すとよい。
例）走って集合，棒を滑り降りる，整列して敬礼，サッと着替える，ホースを接続する，ホースを伸ばす，放水の号令，しっかりホースを支える

動きに表しやすいものを取り上げる。体全身を使って大きな動きでできるものだと，児童も動きの違いが意識できて表しやすい。

放水のときには，いろいろな方向に散らばって水をかけるようにする。

作品らしいまとまりにするには，
「あっ火事だ！」…個の動き，いろいろな方向に
「消防車出動」…集団の動き，動きを揃えて
「放水」…個の動き，いろいろな方向から
のように組み立てるとよい。

評価のポイント

・いろいろな方向に全速力で走ったり，ピタッと止まったりして動けたか。
・「あっ火事だ！」から「消防車出動」までを，途切れることなく動いていたか。
・仲間と楽しく一緒に協力して動けたか。

[八嶋純子]

6 算数科から ○△□形遊び

中学年

❶ 学習の目標
①図形（○△□）の特徴を捉えて，体全体で図形を描いたり形を作ったりする。
②1人で，ペアで，グループで協力し合って図形を描く。

❷ 学習の進め方

学習活動	指導の要点と言葉かけ
導入 10分 ① 仲間づくり遊び ・先生の太鼓のリズムに合わせてランニング。笛の数で仲間づくり。1人，2人，3人，4人，全員。 ・輪にした紐を使って，○△□遊び。	・先生の太鼓のリズムに合わせてランニングするよ。笛の数で仲間をつくり，手をつないでグルグル回るよ。「回れ回れ，4人で回ったら丸ができた」と言ってグルグル回るよ。 ・輪にした紐を使って○△□遊びをするよ。体を捻っていろいろな○△□を作っちゃおう。
展開 25分 ② 今日の課題をつかむ ［板書］図形（○△□）の特徴を捉えて，体全体で図形を描きましょう。 ①図形（○△□）の特徴について知っていることを話し合う ②曲線，直線，頂点を体で表現するときの工夫について話し合う ・曲線…できるだけ丸くやわらかく，力を抜いて。 ・直線…まっすぐに，ピンと張って。 ・頂点…とがらせて，腕や足を曲げて。 ③ ○△□の形の特徴に合わせて，体の部位や体全体を使って表現する ①1人で○△□ ②2人で○△□ ③3人で○△□ ④4人で○△□	・体全体で図形を作るよ。1人で作ったり，友達と協力して作ったりするよ。 ・○のことは「円」て言うんだね。その場で曲線の動き。できるだけ。 ・三角形は頂点が3つに辺が3本。辺は直線だから体をピンと張るといいね。体を丸く，やわらかく力を抜いて。フニャフニャクネクネ。みんなでグルグル回ったら円ができたよね。グルグル回ってもいいよ。力を入れてピタッと緊張してみよう。 ・四角形は頂点が4つに辺が4本。頂点をとがらせたいから，腕や足を曲げてみよう。 ・次々に人数を変えて図形を描くよ。 ・人数の組み方は，さっきの「仲間づくり」と同じ。 ・太鼓のリズムに合わせてランニング。笛の数で仲間をつくって，「でーきた」1人で○，1人で△，1人で□。 ＊人数を増やして繰り返す。
まとめ 10分 ④ 見せ合って，友達のよいところを見つける ・2つのグループずつ発表し，よいところを見つけ合う。 ・全部のグループで動いて，最後の決めのポーズ。 ・本時の振り返りをする。	＊グループの人数は3～4人。自分で動きやすく表現しやすい人数を選ばせる。 ・体育館全体を大きな画用紙だと考えて図形を描こう。 ・見るときは手拍子をしたり声援を送ったりしよう。 ・みんなで「でーきた」「みんなで○」「みんなで△」「みんなで□」と叫ぶと表現しやすいし，どんどんやる気が出てくるね。 ・最後は，みんなで動いて，「はい　ポーズ」で決めようね。 ・学習カードにまとめをしよう。

◉ 算数科の学習を生かすポイント

算数科の学習で，三角形・四角形は第2学年で，円は第3学年で学習する。直線・頂点・角・辺といった図形を構成する要素も学習している。ここではおもに視覚で捉えてきた図形を即興的に体全体で表現し，○△□形遊びを楽しみたい。

◉ 学習の進め方のポイント

導入で仲間づくりをして，1〜4人のグループがすぐにつくれるようにする。特定の友達とばかり組むのではなく，クラスのたくさんの友達との交流を経験させたい。そのために，ペアやグループを組むときに，「まだ組んだことのない友達と一緒に」や，「男女一緒のグループで」など簡単な条件を加えてやると，自然な形でたくさんの友達と仲間づくりができる。

2〜3mの長さの紐（リボン等）を輪にして使用する。安全面から「首にかけないこと」を約束し，用具を使った○△□の形遊びも経験させる。

ウォームアップができたら，今度はそこに「○△□遊び」を加える。「太鼓のリズムに合わせてランニング，笛の数で仲間づくり，3人で○」と言葉かけしてやることで，児童は即興でいろいろ工夫した○△□を表現していく。いくつか工夫した動きや形（ポーズ）を取り上げて褒めると，さらに表現のバリエーションが広がっていく。体全体で○△□遊びを体感していると，自然な形でリーダーが生まれてくる。うまくいかないグループには，教師が加わりサポートする。

学習のまとめは，グループ作品の見せ合い。紐の輪を使っても使わなくてよい。その場で2つのグループ（隣接しているグループ）が発表し，他のグループが観客役。「体育館いっぱいの画用紙に，次々と○△□の形が描かれていって，最後はみんなの作品の完成だ」と意欲づけて，即興表現の発表会とする。

◉ 動きの指導のポイント

「○△□形遊び」と言うと，形づくりの静止のポーズとなってしまいがちである。そこで「太鼓のリズムでランニング…○，太鼓のリズムでランニング…△，太鼓のリズムでランニング…□」とリズミカルなインターバルを設定してやる。慣れてくるとランニングだけでは物足りず，自由に踊り出す子も出てくる。太鼓のリズムに変化をつけてやるなど工夫し，気持ちが盛り上がったところで，メインの○△□形遊びの表現に続ける。

◉ 発展させよう

「太鼓のリズムでランニング…」の部分を「大きく回って…3人で△」「小さく小さくもっと小さく回って…大きな□」などの言葉かけをすると，さらに形遊びが工夫できる。

「○から連想するもの…ボール，月，タイヤ…に変身！」「△から連想するもの…おにぎり…，おにぎりに変身！…食べちゃうよ。パクッ…半分食べられちゃった…」など，形遊びから想像を広げて，身体表現につなげていく。

◉ 評価のポイント

・図形（○△□）の特徴を捉えて，体全体を使って動けたか。
・1人で，ペアで，グループで協力し合って図形を描くことができたか。

[村島恵美子]

❖ 言葉かけいろいろ ❖

児童の体が変わる言葉を探してみよう。

〈○形遊び〉
・みんなでグルグル回ると○ができるね。
・力を抜いてやわらかく。
・コロコロ転がってもいいよ。

〈△形遊び〉
・もっと角を鋭くとがらせて。
・手，足，背骨をピンと張ってまっすぐ。
・指先，つま先まで力を入れて。
・△と□が合体してピラミッドの形ができたね。

〈□形遊び〉
・正方形，長方形，ひし形（ダイヤ），台形，いろんな形の四角形がでてきたね。
・□が動き出した。
・□が縮んだり伸びたりしている。

7 草むら探検！冒険の旅に出かけよう！

生活科・理科から　　低・中学年

1 学習の目標
①草むらや池にいる生き物の様子や特徴を捉えて，おおげさに全身で動く。
②友達と仲良く，草むらや池で起こる出来事を考え，いろいろな運びを見つけて表現する。

2 学習の進め方

	学習活動	指導の要点と言葉かけ
導入 10分	① 「リーダーに続け！」のカードめくりでウォームアップ ・リーダーはカードをめくり，カードに書いてあるものにすばやくなる。 ・他の２人はリーダーの真似をする。  ムニョムニョポコッポコッ	・今日のカードの中にはありえないことが起こるスペシャルカード（イメージを広げるための言葉が書かれたカード）があるよ。『キノコのダンス！』キノコってどんなダンスすると思う？…ムニョムニョポコッポコッ！ ルンルンルン！ ・この体育館全部が草むらだと思って，大きく思いっきり動いてみよう。 ・３人組になってリーダーの真似をしながら続いて動こう。順番にリーダーになり，リーダーは体育館の床にまかれたカードをめくり，カードに書いてあるものにすばやくなろう。
展開 25分	② 今日の課題をつかむ　　　　(5分) ［板書］草むらや池で起こる出来事を表現する。 ①先生と一緒に冒険の旅に出かける	・今日は草むらの探検に出かけるよ。みんなが小さくなるように魔法をかけるね。「エ〜ィッ！」 ・冒険の旅に出かけるよー！ 先生の後についてきてね。途中で事件が起こるかもしれないよ。 ・笹の葉っぱの舟に乗っていこう。一緒にオールでこぐよ…舟を降りて探検しよう…草のかげに青虫がいた。青虫になってみよう！…あっ！ 大きな鳥が来た！ 青虫をねらっている…わぁー大きな鳥にさらわれたー。
	③ どんな事件が起こるか考える　(10分) ①自分の好きな生き物になって，草むらや池でどんな事件が起こるか話し合い，その後，動きながら表現を考える ②１人の事件をクラス全員で動いてみる ③３人組で，リーダー交替で動く	・今度はみんなだけで冒険の旅に出るよ。自分の好きな生き物や植物になってどんな事件が起こるか考えてみよう。ありえないことが起こるのもいいね。 ・○○さんが言ってくれた事件をみんなで動いてみよう。「トンボがクモの巣にひっかかったら，クモが来た…でもカマキリが助けに来た！」「大雨で洪水になり，池のカエルが流された…」 ・３人組になって真似っこしよう。リーダーを交替して次々にやってみよう。
	④ グループでまとめる　　　(10分) ・一番やってみたいものを１つ選び，発表会に向けて作品にまとめる。	・グループで話し合って，どれか１つの事件に決めてやってみよう。どんな生き物にどんな事件が起こったのか，見ている人にわかるように練習しよう。最後はどうなるのかな？
まとめ 10分	⑤ 見せ合って，相手のよいところを見つける ・近くのグループと見せ合い，ミニ発表会をおこなう。 ・本時の振り返りをする。	・どんな生き物や植物が出てくるのか当ててみよう！ どんな事件が起こったかわかるかな？ ・生き物や植物の様子や特徴がよくわかりましたか。友達と仲良く，事件が起こる表現を考えることができましたか。

● 生活科・理科の学習を生かすポイント

学校内の花壇や池，また学校周辺の草むらや小川など，児童の身近にあり，実際に生き物を見つけたり観察したりした場所を考えさせると，イメージしやすく，よりスムーズに表現できる。動きを引き出すカードにも児童が生活科や理科の時間に見つけたものや観察したものを書き，すぐに動き出せるようにする。観察したときの様子を思い出させ，生き物や植物になりきり体育館中が草むらになったイメージをもたせる。

● 学習の進め方のポイント

3時間の単元で進めると，動きやイメージがより広がる。

〈1時間目〉①運動の課題
「跳んで，止まって，○○になろう」
・いろいろな走り，いろいろなジャンプを見つける。

〈2時間目〉②イメージの課題
「ムシムシ天国で見つけたよ」
・実際に観察で見つけた生き物や植物の様子を捉えて表現する。

〈3時間目〉③運びの課題
「草むら探検！ 冒険の旅に出かけよう！」
・草むらで起こる出来事を考えさせ，そこから自分の空想の世界に表現を広げる。

イメージカードめくり

❖ 絵カード・イメージ言葉カード ❖

即興的な表現に結びつけるため，動きやイメージを広げやすい絵や言葉を書いたカードを使う。

ダンゴムシとカマキリ	おちば川のタニシ
カエルのジャンプ	ホタルの水辺のアメンボ
クモの巣をはるクモ	カナヘビのかくれんぼ
えさを持ち帰るアリ	草の先に止まるトンボ

「リーダーに続け！」どんな事件が起こったかな？

● 動きの引き出し方

まず，①走る一跳ぶなどの運動の課題をおこない，体全体を使って大きく動くことができるようにさせ，次に②イメージを広げるために実際に自分たちが見つけた生き物や植物の様子を捉えさせる。ここでは生活科や理科の時間に観察したノートや学習カードを用いて，様子を思い出させてもよい。そして教師の言葉かけや動きの真似をしながら生き物になりきり，思いきり大げさに表現させる。またよい動きの児童を紹介したり，思うように動くことができない児童には動きのヒントを声がけしたりしていく。さらに③変化のある運びを工夫させるため，教師と一緒に動いたり，空想の事件を書いたイメージ言葉カードを使ったりするとよい。

即興的に表現させる場面では動きを広げることができるよう，グループのリーダーを交替させながら，次々と仲間の動きを真似し，表現を共有させることが大切になる。

このように，身近な自然の観察をもとにした題材は，児童自身が発見した喜びや驚きが心の中に感動として残っているため，様子や特徴を捉えた生き生きとした表現につながりやすい。

● 評価のポイント

・体全体を使って大げさに，なりきって動けたか。
・観察で見つけた草むらや池にいる生き物や植物の特徴を捉えて動けたか。
・変化のある運びを工夫して表現することができたか。
・友達と仲良く，楽しく表現できたか。

[落合裕子]

8 理科から 水のすがた

中学年

❶ 学習の目標
①液体（水）が気体（水蒸気）や固体（氷）になる実験で観察したことを，動きに表す。
②水が沸騰する様子や蒸発する様子，氷になる様子を，友達と協力して，イメージを膨らませながら，体を精いっぱい使って動きにする。

❷ 学習の進め方

	学習活動	指導の要点と言葉かけ
導入 10分	**1 ウォームアップ** 「いろいろなものになってみよう！」 ①走る―止まる ②猛獣狩り ③海水浴に行こうよ（p. 13）	＊走るときは思いきり走り，止まるときは，ピタッと止まるよう「めりはり」を大切に指導する。 ＊止まる前に思いきり跳んだり，跳んだ後に転がったりするなど，バリエーションを加えると，動きに広がりが出てくる。 ＊猛獣狩りでどんな動物になるかは，多様な動きを経験させるという目的に準じて決めるとよい（空を飛ぶ動物，地を這う動物，ゆっくり大きく動く動物など）。
展開 25分	**2 今日の課題をつかむ** ［板書］「水」になりきる！ 〜実験で観察した水のすがたを表現してみよう〜 ①先生と一緒に液体（水）が沸騰し，やがて気体（水蒸気）になる様子（蒸発）を動く ②先生と一緒に液体（水）を冷やし，やがて固体（氷）になる様子を動く	・水になるよ！　水って，硬い感じ？　やわらかい感じ？ ・ガスコンロで点火すると…すぐに沸騰する？　水は，ゆっくりグツグツいってくるよね。そして，小さな泡になり，その泡が，だんだんと速く大きく激しくなっていったよね。全身で表現しよう。目も顔も頭も首も使って表現しよう。 ・みんなは試験管の中に入った13〜18℃の水だよ。ユラユラ自由に。その試験管を氷が入ったビーカーに入れます。ギュン。そこに食塩水を入れると，外側からだんだん固まってきたよ。 試験管を揺らすとどうなる？　温度が下がっていくと…。 ・最後には，固まるよ。固まった。…その氷が，だんだんと溶け始めるよ。どこから溶ける？　さらに溶けていくよ。全部溶けたよ。また自由な水になるよ…。
	3 グループになって，2の①②を表現する ①グループになって，①②のどちらを表現するのか決める（両方でもよい） ②グループごとに，イメージを出し合って，小さな作品にしていく ・話し合い→練習→発表のサイクルを何回か繰り返す。 ・座って話し合うのではなく，立って動きながら作っていく。	＊イメージを動きにしやすいよう，音楽を流す。 ＊間延びしないように，時間は短く設定し，ひとまとまりの長さは20〜30秒。 ・指先や目線まで意識して動きにしているところがすごいね。 ・髪の毛まで動かして自分の世界に入り込んでいるね。 ・足をバタバタと動かしたり，腕を振り上げたり，振り下ろしたりする動きを繰り返すと沸騰している様子がよく伝わるね。 ＊グループの様子を見ながら，よい動きをしているグループを紹介する。
まとめ 10分	**4 見せ合い** ・兄弟グループで作品を見せ合う。 ・作品を見て，よかったところやアドバイスを交換し合う。 **5 本時の振り返りをする**	・水が沸騰する様子，蒸発する様子，氷になる様子を，グループのメンバーと協力しながら，表現することができたかな？

◯ 理科の実験を生かすポイント

今回の授業は，4年生の学年末におこなう理科「水のすがた」という実験がもとになっている。児童は，観察したことを絵や言葉にして表すという学習には慣れているが，身体表現にするという学習には慣れていないことが多い。したがって観察をする前に，「この実験を後で身体表現にしてみるよ」ということを伝えておくとよい。事前に伝えることで，実験・観察への取り組みも能動的になるからである。

自分が観察したことを何かに表すという活動は，観察を「より細かく具体的におこなおう」という動機につながる。それが身体表現にするとなると，具体的な動きを想像しながらの観察になり，いっそう「よく見よう」という気持ちにつながる。また，観察を通して気づいたことや考えたことを身体表現にするという行為は，それらがより具体的に自分のものとして落ちるだけでなく，身体を使った分，印象が大きくなり，記憶にも残りやすい。

◯ 動きの引き出し方

児童たちの動きは，どうしても小さくなりがちである。その動きを大きくするには，教師の示範が重要になってくる。特に手足で表現しがちなので，教師が首を動かし，顔や目を使った表現や身体全体をダイナミックに使った表現を示すとよい。

今回のテーマでは，「小さな泡がグツグツと激しくなっていく様子」や「湯気がフワフワと漂う様子」「ユラユラとやわらかい水がカキーンと固まる様子」といったように水の質感を丁寧に体験させることが重要である。また，実験では，試験管の中に入った水を観察したが，水が何に入っているかを自分たちで想像させるのもおもしろい。さらに，沸騰したり，凍ったりすることを繰り返すなど，実験にとらわれすぎず自由な発想でイメージを膨らませていくよう声がけをした。

イメージを広げ，多様な動きを引き出すためには，教師の言葉かけが重要である。例えば，「水が蒸発し，目に見えない姿（水蒸気）となって，空気中を漂う」様子を動きにするために，教師がどんな投げかけをすれば，児童の動きは広がりを見せるだろうか。「綿毛がいっぱいのタンポポが，風に吹かれ，フワーッと飛んでいく感じ」という表現はどうだろうか。1つひとつの綿毛が軽やかにフワフワと空気中を踊るイメージが伝わると，動きに広がりができるのではないだろうか。教師自身のイメージする力とそのイメージを伝える力が試されていると言える。

◯ 評価のポイント

実験で観察したことからイメージを膨らませ，友達と協力して，体を精いっぱい使って，動きにすることができたか。

◯ 3時間での展開

本時案では，1時間の展開を載せたが，表現の授業が初めてである場合や少し抵抗がある場合は，3時間くらいかけて，表現の心と身体をじっくり作っていくことをお薦めする。

1時間目：本時案のウォームアップ「いろいろなものになってみよう！」を，初めは教師主導で，楽しく丁寧におこなう。体の極限まで使って，ハアーハアーと息切れするくらい動かす。「いろいろなものになりきる」体験を通して，「表現の授業って楽しい」と思わせたい。

2時間目：本時案の2の教師とのやりとりをゆっくりやり，2人組で友達の動きの真似をする。

3時間目：4人組になって，2時間目の動きを出し合いながら，小さな作品にする。

［石川　岳］

❖ 今回学習した3つの実験 ❖

①「丸底フラスコに入れた水をガスコンロで熱していくとどうなるか」を観察する。水は熱すると，水面から湯気が出始め，やがて水の中に小さな泡が見え始める。その泡は，しだいに大きく，たくさん見えるようになる。（沸騰）

②「湯気や泡の正体は何なのか」を調べる実験をする。①の実験で出てきた湯気や泡をビニールに閉じ込めることで，水が目に見えない姿（水蒸気）に変わったことを知る。（蒸発）

③「水を冷やすとどうなるか」という実験をおこなう。水の入った試験管を氷の入ったビーカーにつけることで冷やしていく。そこに食塩水を加えることで水が氷になっていく様子を観察する。

＊3つの実験を通して，水（液体）が沸騰して水蒸気（気体）になる様子（蒸発）と，氷（固体）になる様子を学習した。

9 理科から 今日の天気は,その時○○は？ 　高学年

❶ 学習の目標
①表したい天気やその場面がもつイメージをつかんで，なりきって大げさに動く。
②天気からイメージを広げて，場面の様子を捉えた動きを工夫する。

❷ 学習の進め方

学習活動	指導の要点と言葉かけ
導入 12分 ① 今日の課題をつかむ ・先生が提示する天気や場面からイメージをもち，先生と一緒に動く。  ・動いてみたい天気や場面の様子を紙に書き出す（4〜5人のグループで）。	・今日は「天気」からイメージを広げて動くよ。 ・みんなは風。走って吹く風になるよ。途中で回ったり吹き上げて飛んだりするよ。やってみよう。風が…走って吹いて回って飛んで吹き上げる！ ・台風で強風が吹くと木はどうなる？（揺れる，枝が折れる，葉や枝が飛ばされる，木が裂ける）2人で木や枝になってやってみよう。強い風が吹いてきたよ。木が揺れる，枝がしなるよ，あ，枝が折れた，木が裂けて…倒れた。 ・晴れたよ。太陽が出てきた。キラキラ…。太陽に向かって伸びる小さな芽になってみよう。種から芽が出た，次々と葉を広げていく，上にも伸びる伸びる… ・動いてみたい天気や，そのとき周りのものがどのようになっているかを紙に書いてみよう。いくつでもいいよ。
展開 23分 ② 動きを出し合ってグループで動く（8分） ・交替でリーダーとなり，全員がリーダーの動きを模倣して動く。 ③ グループでひとまとまりの動きを創る（15分） ・②の動きの中からやってみたい天気やその場面を1つ選んで，動きを決めて，簡単な「はじめ」「おわり」をつけてまとめる。	・自分の好きな天気，好きな場面を1つ選んで動いてみよう。 ・○○君の動きは，川の様子だね。大雨の日の川かな。体全体をくねらせて，川の流れになって動いている，いいね。 ・グループで一番やってみたいところをまとめよう。 ・気に入った動きの場面は何回か繰り返して踊ろう。表したいことがよくわかるし，盛り上がりができる。 ・このグループは，何の動きかな？　晴れのときの花だね。太陽がもっと強力になったらどうなるかな？　…ああ，花がしおれちゃった。 ・役割分担して台風と木を表現するんだね。いい考えだね。
まとめ 10分 ④ 小作品を見せ合って，よかったところを話し合う ・ペアグループで発表会をする。 ・本時の振り返りをする。	・どんな天気か想像しながら見よう。 ・天気や場面の様子にぴったりした動きが工夫できたかな？　体全体を使って大げさに動いたり，友達と息を合わせて動いたりできたかな？ ・友達と協力して考えたり練習したりできたかな？

■2・3時間目／3時間の進め方
　2時間目には，変化する天気を続けて表現する。「○，ときどき○，のち○」のカードを用い，「晴れ→台風→晴れ→台風」のように同じ天気を繰り返したり，「晴れてさわやかに木がそよぐ→台風→川が増水する」のようにいくつかの場面を組み合わせたりして，グループで1つの作品を創りあげる。3時間目には，作品を修正したり通して練習したりしてから発表会をする。

◉「天気」をテーマとした学習のポイント

「天気」は毎日の生活と切り離せない身近なテーマであり,基本的で大切な表現の題材である。跳んだり回ったり揺れたり,明るく楽しいものからダイナミックで激しいものまで,多様な動きを引き出すイメージが含まれており,表現の幅が大きいという利点がある。

高学年の児童は,抽象的で形が見えにくいものを理解する力も身についてきている。激しい雨や雷などになりきってダイナミックに体を動かすことができる運動能力もついてきている。しかし,姿や形が目に見えにくいと,すぐには動き出せなかったり,動きが続かなかったりもする。

そこで,「今日の天気は,その時○○は?」として,周りの様子にも目を向けさせ,さまざまな天気模様を表現する題材[注]を用いた。周りにあるものの様子を動きにすることで,天気を直接表現しなくても,天気を感じさせる表現をすることができるからである。

〈注〉松本富子 「今日の天気は,その時○○は」の授業提案,群馬県女子体育連盟ダンス表現運動会員研修会,2007年6月

◉ 学習の進め方のポイント

〈課題の提示〉

教師の言葉かけで一緒に動く課題の提示は,1時間の学習を左右する。何をどのように表現するのか,そのポイントを体を動かす中で理解できるようにする。

〈積極的に褒める〉

リーダーの動きを模倣して動く場面は,楽しみな反面,戸惑いや不安もある。そこで,なりきった動きや大げさな動きを積極的に褒めるとよい。そうすることで児童は友達の動きのよいところがわかり,自分も安心して大げさな動きで表現を楽しむことができる。

◉ 動きを引き出すイメージマップ

天気からイメージを広げ,そのとき動植物や周りのものはどうなるか,想像させると動きを見つけやすい。

晴れは表現しにくいが,「晴天の日のそよ風でそよぐ木々」は表現しやすい。また,「雨に濡れていく洗濯物」や「飛ばされる看板」などは,表

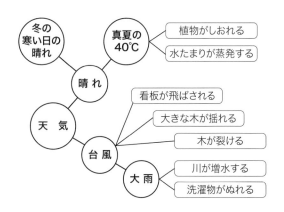

現しやすいだけでなく,新鮮な発想を期待できるイメージである。

◉ 動きの指導のポイント

〈「今日の天気は強風,その時木々は」の例〉

「天気」を題材にした表現の仕方を理解させるため,風の日の木,晴れの日の木をイメージして言葉かけを工夫した。高学年なので「ダイナミックな動きや友達と組んでおこなう動き」を経験できるようにした。具体的には,風になって「走ったり,回ったり,跳んだりして」広い空間をダイナミックに動いたり,数人で組んで強風に吹かれる木や枝になり,「揺れたり,折れたり」「裂けて倒れたり」などして,集団で強風やそのときの木を表現して動く経験をさせた。また,反対に小さな芽になり,晴れの日に「だんだん伸びて葉を広げる様子」を表現して動くこともさせた。

〈表現を引き出す大げさな言葉かけ〉

「ものすごい台風で看板がアメリカまで飛ばされてしまった」など,現実にはあり得ないことでも言葉かけを大げさにすると,児童はその気になって大げさに表現しようとする。想像の世界に自分を置くことができたとき,ストーリーや意外な展開を作り,それを動いて表現することをおおいに楽しむであろう。

◉ 評価のポイント

・表したい天気や場面のイメージをつかんでそのものになりきって大げさに動けたか。
・天気からイメージを広げて場面の様子を捉えて表現できたか。
・友達と協力して,練習や発表をしたか。

[グルン美詠子]

10 音楽科から 速さの変化を体で感じて

低学年

１ 学習の目標
①音楽を聴き，速度の変化に呼応して自由に身体表現をする。
②音楽を聴いて雰囲気や様子を思い浮かべ，友達の表現の様子を見ながら楽しく身体表現をする。
③遅い速度・速い速度が醸し出す音楽の雰囲気や様子，おもしろさを実感する。

２ 学習の進め方

	学習活動	指導の要点と言葉かけ
導入 10分	① 音楽に合わせて膝・手拍子や指揮をする ①「道化師のギャロップ」(カバレフスキー作曲)を聴きながら，2拍子を感じる ②「おどるこねこ」(ルロイ・アンダーソン作曲)を聴きながら3拍子を感じる	・音楽に合わせて膝や手を打ってみましょう。(例：2拍子「膝・手」，3拍子「膝・手・手」，教師も一緒に打つ)。 ・今度は指揮をしてみましょう。2拍子はこうですね。3拍子はこうですね(指揮形を板書し，教師も一緒に指揮をする)。 ・子猫ちゃんが，ニャーオと言っているところは，子猫ちゃんになって一緒に言ってみましょう。
展開 25分	② 今日の課題をつかむ　　　　(10分) [板書] いろいろな速さの音楽を聴いて，その様子を体を動かして表してみましょう ①「白鳥」「亀」「象」(『動物の謝肉祭』よりサンサーンス作曲)を聴きながら，白鳥・亀・象の様子を想像して身体表現をする(遅いテンポ) ②「水族館」「終曲」(『動物の謝肉祭』よりサンサーンス作曲)を聴きながら，様子を想像して身体表現をする(速いテンポ)	＊指揮で腕を動かした活動を発展させて，歩いたりジャンプしたり寝転がったり，体育館いっぱいに広がって自由に身体表現ができるように，それぞれの動物の動きを音楽から想像して動くように助言する。 ・白鳥さんや亀さん，象さんになって動いてみましょう。白鳥さんはどんなふうに泳ぐのかな？　亀さんはのっそり歩くね。象さんは長いお鼻を揺らして重そうにゆっくり歩くね。 ・水族館にはたくさんのお魚さんが泳いでいるよ。みんなで競争したり，ぶつかりそうになったり。いろいろな泳ぎ方をするね。 ・わ〜，○○さんと△△さんの動き，上手ですねぇ。
	③「チャールダッシュ」(モンティ作曲)を鑑賞して，楽器の弾き真似をする　　(5分) ①出だし(ラッサン)の30秒ほどを鑑賞した後，楽器の名前(バイオリン)を確認し，弾き真似をする。 ②フリスカに変わった部分を30秒ほど鑑賞しながらバイオリンの弾き真似をし，出だし(ラッサン)との速度と雰囲気の違いを感じ取る	＊集合して座り，楽器を想像して弾き真似をしながら音楽を聴かせる。速さが急に変わるところをどのように身体表現するか，イメージするように指示する。 ・バイオリンという楽器が演奏しています。どんなふうに弾くのかな，真似してみましょう(子どもたちの様子を観察しながら教師も弾き真似をする)。ゆっくり弾くとき，右手はゆっくり動くね。速く弾くときはキュキュキュって動きますね(教師も一緒に弾き真似をする)。
	④「チャールダッシュ」を聴きながら，音楽の様子に合わせて身体表現する　(10分)	・音楽を聴きながら，バイオリンの弾き真似をしたり，歩いたり，走ったり，ジャンプしたり，体を揺らしたり，いろいろな動き方をして音楽の様子を表現してみましょう。速くなったら，手も足もいっぱい動かしてみましょう。
まとめ 10分	⑤ 音楽の速さが表す様子を確認し，本時の活動の振り返りをする ・速さを動きで表す工夫や感じたこと，気がついたことを話し合う。	・どうでしたか。体をいっぱい動かして速さを感じましたか。ゆっくりとした音楽に合わせて体を動かすと，大きくゆったりした白鳥さんや象さんや亀さんのような動きになりますね。速くなると，水族館のお魚さんが急いで泳いでいるような動きになりますね。音楽の速さは，様子を表すときに大事ですね。

音楽科の学習を生かすポイント

低学年は，体を揺らしたり，手拍子を打ったりしながら楽しく歌唱することを臆することなくできる。また，低学年の音楽鑑賞の授業では，音楽を聴く際，音楽の特徴に反応して身体表現する活動が中心である。これは，速度や強弱の違いによる音楽表現の特徴やおもしろさを実感できるからである。また，楽器を演奏している真似をすることによって発音原理を想像し，実際の楽器を見たり触ったりする活動への興味・関心を高めることができる。音楽を聴いて拍子を取ったり，思わず体が動いてしまったりするという子どもの自然な反応を大事にする。このように，低学年における音楽の活動は，身体表現と密接に結びついている。

学習の進め方のポイント

音楽に合わせて簡単な身体表現をする活動は，例えば，音楽を聴いてリズムや拍子を手や足で打つ，体を揺らす，歩く，駆け足をする，前後にジャンプするなどがある。これらの動きを楽しむには，市販されている運動会用のCDを活用するとよい。これらのCDは，子どもたちが好きなアニメソングや流行歌がアレンジされており，楽しく生き生きとした身体表現が引き出せる。また，音楽に合わせて2拍子・3拍子・4拍子などの指揮をする活動を普段から取り入れておくと，拍感が身につくことが期待できる。低学年のうちに拍感を身につけることは，音楽表現と身体表現の基礎的能力としてとても重要である。

動きの引き出し方

音楽の授業の導入で，手拍子や足拍子を打ったり，2拍子・3拍子の指揮をしたりしながら音楽を聴く，サイドステップをしながら音楽を聴くなどの活動をすることによって，音楽と身体の動きが結びつきやすくなる。この活動をウォームアッ

音楽を聴いていろいろな動きで

亀さんがゆーっくり歩く

白鳥さんはどんなふうに泳ぐのかな？

プとする。

遅いテンポ，速いテンポそれぞれの手足の動き，走る，ジャンプする，転がる，手を伸ばしたり縮めたりする，揺らす，手のひらを開いたり閉じたりするなどのバリエーションを子どもたちと話し合う。動き方がわからずに戸惑っている児童がいる場合は，不安なく動きを楽しめるように，様子を観察しながら適宜，身体表現のヒントを提示する。しかし，ヒントを多用しすぎると子どもの自由で創造的な活動が阻害されるので，子どもたちの活動の様子を教師がよく観察することが重要である。

評価のポイント

手足をはっきりと動かして音楽の雰囲気や様子を表そうとしている児童を褒めると，周囲も刺激を受け，動きが積極的になる。しかし，友達の動きから影響された動きではなく，聴こえてくる音楽と動きが直結していることが大切である。

・音楽をよく聴いて，動物の動きの特徴を聴こえてくる音楽の速さに合わせて自由に身体表現しようとしているか。
・ラッサンとフリスカの雰囲気の違いを，速度に呼応して身体表現しようとしているか。
・速度の違いによる音楽の雰囲気の違いについて，身体表現を通して感じながら楽しく活動しているか。

［中山由美］

11 体育科保健・理科から ミクロの世界「体内の出来事」

高学年

1 学習の目標
①目に見えない小さなものの動きの特徴を捉え，ダイナミックに大げさな動きで表現する。
②病気や消化など，体内の出来事を短いストーリーにまとめる。

2 学習の進め方

	学習活動	指導の要点と言葉かけ
導入 5分	1 ウォームアップ 「リーダーに続け！」(p. 17) ♪はなうたキャラバン／ナオト・インティライミ	・前回やった「リーダーに続け！」を覚えていますね。今日は前回とはできるだけ違う友達と4人組をつくろう。 ・誕生日の早い人から順番にリーダーね。リーダーは曲に乗って好きなように踊ろう。できるだけ移動する動きで。笛の合図で交替。 ・疲れたら，スローモーションで動いてもいいよ。
展開 30分	2 今日の課題をつかむ　　　　(10分) ［板書］体内の出来事（ミクロの世界）をダイナミックに表現しよう。 ①体内の出来事をイメージする ・人体図から保健や理科の学習を思い出す。 ②立ち上がって，先生の言葉かけからイメージした食べ物の動きを試す	・今日は，人の体内で起こっている出来事をダンスで表現します。 ・これは内臓の人体図だね。臓器の名前がわかるかな？ ・私たちの体の中では，どんな出来事があるかな？　病原菌との闘いはその1つだね。他にどんな出来事がある？　食べ物の消化？ ＊児童から出てきたイメージを板書。 ・先生と一緒に食べ物になって消化器官の中を旅してみよう。 ・最初は口の中。噛まれて，噛まれて…グチャグチャになる。 ・次は胃袋の中。消化液が出てきたよ。溶ける〜。 ・長〜い小腸。お腹の中を駆け巡る〜。グルグル，ジグザグ。 ・大腸に来たよ。ゴロゴロ転がって，だんだん固まっていくよ。
	3 好きな体内の出来事を表現する　(5分) ①体内の出来事から表したいものを選び，その場で動いてみる（10秒） ・板書した体内の出来事を見て選ぶ。 ②4人組で，リーダー交替で動く ♪Thousand Knives／坂本龍一　または ♪Jack in the Box／葉加瀬太郎	・体内の出来事の中から，自分が表現してみたいものは何？ ・心臓や肺などの臓器の動きを表してもいいし，血液や病原菌などの小さなものになって動いてもいいよ。 ・一番表したい出来事の特徴的な動きを，その場で動いてみよう。 ・4人組でリーダーさんのイメージした出来事をみんなで真似しよう。リーダーさんは何を表すのかをメンバーに伝えてください。体育館全部が大きな巨人の体の中だよ。ダイナミックに大げさに動こう。 ・いろいろな出来事があるね。なるほど，おもしろいねぇ。
	4 グループで短いストーリーにまとめる 　　　　(15分) ①一番やってみたい出来事を1つ選ぶ ②場面展開を工夫して短いストーリーにまとめる ③リハーサル	・グループで1つ好きな出来事を選んで30秒くらいの短いストーリーにまとめよう。 ・一番表したい出来事を中心にしよう。どんな気持ちなのかな？ ・どんな場面から始まって，どんなふうに出来事が進むのかな？ ・最後はどうなるかな？ ・通して踊ってみよう。そのものになりきって踊ろう。
まとめ 10分	5 見せ合って，相手のよいところを見つける ・近くの4人組と見せ合う。 ・本時の振り返りをする。	・見る人は，何を表現しているのか当ててみよう。 ・体内の小さな出来事を大げさに表現できたかな？ ・出来事のストーリーが見ている人に伝わったかな？

● 保健・理科の学習を生かすポイント

　保健の学習内容「病気の予防」や，理科の学習内容「人の体のつくりと働き」で学んだ知識を生かして，目に見えにくい体内の出来事のイメージを膨らませて表現に結びつけることができる。

　表現では，病原菌や細胞など顕微鏡で見るようなミクロの世界の出来事でも，ダイナミックに大げさに動くことが大切である。また，動きのイメージだけでなく，風邪を引いたときのつらい体験などを思い出し，自分の感覚や気持ちと結びつけて表現させるとよい。

● 学習の進め方のポイント

　人体図やウィルスの顕微鏡写真などを見せながら保健や理科の学習内容を思い出し，イメージを広げるところから始める。学習したこと以外でも児童がよく知っていることならOK。児童から出たイメージを板書し，扱わせたいイメージが出なかったら「こんなのもあるよね」と補足する。その中の1つを教師の言葉かけに合わせて動き，イメージをどのように体の動きで表現するのかを知らせる。その際，児童がすぐになりきって大きく動けるように，具体的なイメージと動き方がわかる言葉や擬態語が有効である。

例）	風邪	とげとげウィルス，チクチク，暴れる
	花粉症	風に乗って飛ぶ，飛び込む，くすぐる
	虫歯菌	食べかすが好物，穴を掘る，グリグリ
	食物の消化	グッチャングッチャン，ドロドロ
	心臓の鼓動	ドックンドックン，ドキドキ

　次に，板書のイメージの中から表現したいものを選び，その場で自分なりにデッサンして動いてみさせる（約10秒）。児童が特徴的な動きを見つけたら，すかさず褒めて自信をもたせ伸ばしたい。「リーダーに続け！」で友達と動きを交換する活動では，リーダーの動きを真似するだけでなく，リーダーが選んだ出来事であれば各自が自分のイメージで動いてもよいとする。

● ダイナミックな動きの引き出し方

　もっと大きく，速く，広くと要求するだけでなく，ダイナミックな動きにつながるイメージを補足する。例えば，「血管の長さは全身で地球2周分，血液は約2分で全身を1周するんだって」と教えると血流のイメージが浮かんで走る速度がグンと速くなる。

　一方，そうした科学的知識だけでなく，ミクロの世界に入り込んでなりきって表現できるように，「巨人のお腹の中を走り回ろう」「虫歯菌がうれしそう

に大きな穴を掘って食べている」など，超現実的な擬人化したイメージをもたせたり，ニュアンスたっぷりの言葉かけで気分を盛り上げたりするとよい。

　また，あまり動けていないグループには「もっと大げさにできるかな？」と声をかけ，児童の動きを教師が真似して一緒に動いて支援する。教師が大げさに動いて見せれば，児童もつられてダイナミックな動きをするようになる。

● 短いストーリーのまとめ方

　出来事のストーリーを考えさせると，だらだらと長い展開になりがちである。そこで，一番表したい場面に焦点を当て，「はじめ−なか−おわり」の展開を考えさせる。中心場面は30秒程度の長さに絞らせる。はじめ（ポーズだけでもよい）−なか−そして最後にどうなるのかを考えるだけで，短いストーリーとしてまとめることができる。

　グループ表現では1人ではできないことが表せるよさがある。イメージによって，グループ全員で1つのものになって表現してもいいし，「病原菌と抵抗する人」のような対立・対応する役割を分担して表現するのもよい。ただし，戦いになると戦いそのものに夢中になってしまう傾向があるので，題材のイメージと特徴的な動きを忘れないように注意したい。

● 評価のポイント

・体内の出来事から特徴的な動きを捉えているか。
・ダイナミックに，大げさに動いているか。
・なりきって，感じを込めて踊っているか。
・短いストーリーにまとめて表現しているか。

[中村恭子]

12 3分間クッキング

総合的な学習の時間・家庭科から

中・高学年

1 学習の目標
① 「料理」ができあがるまでの様子を，全身を使って大きく動くことができる。
② 友達と協力して，「料理」からイメージを膨らませながら動き方を考えることができる。

2 学習の進め方

	学習活動	指導の要点と言葉かけ
導入 5分	**1 準備運動・フラッシュカードでウォームアップ** ・床に裏返しに置かれたカードをめくり，描かれている絵について，なりきって表現してみる。 　例）ソフトクリーム，納豆，たこやき（食べ物でなく，物や動物でもよい）	・頭から指の先まで，全身を使って大きく動いてみよう。 ・考えすぎずに，イメージしたことを体で表現してみよう。 ・2人組になって当てっこをしてみよう。 
展開 30分	**2 今日の課題をつかむ** ［板書］「3分間クッキング」をしよう。 ・表現したいことをホワイトボードか，ワークシートに書く。	・どんな料理やお菓子を表現してみたいですか。3分間でたくさん出してみよう。 ＊イメージが膨らまないグループには，ヒントを与える。 ・もっとたくさんあると思うよ，昨日のおやつはなんだった？　先週家庭科で作ったの何だっけ？　お肉を使った料理がないね〜。
	3 構成を考えて，動いてみる ［板書］1番表現したいことを考えよう。 はじめ… なか… おわり… ・「はじめ―なか―おわり」の構成を考える。	・「はじめ」どんな食材を使うか考えよう。その食材は今，どんな状態になっているのかな？ ・「なか」どういう様子で料理されているのかな？ 　例）パン：こねられて，混ぜられて，膨らんだ 　　　お好み焼き：混ぜられて，流されて，ひっくり返された ・「おわり」料理されたあと，どうなったの？ 　例）袋に入れられた。鰹節をかけられた。箸にまきついた等
	4 グループごとに練習をする ①一番やってみたい出来事を1つ選ぶ ②場面展開を工夫して短いストーリーにまとめる ③リハーサル	・動きにめりはりをつけるために，「はじめ」と「おわり」は，ピタッと止まってみよう。 ・一番表現したいところは，何回も繰り返していいよ。 ・めいっぱい体を使って表現しよう。あと5cm伸びるかな？体が少し痛いくらい捻れるかな？　さっきよりも大きく跳んでみよう。
まとめ 10分	**5 見せ合って，相手のよいところを見つける** ・1グループずつその場で発表，他のグループはその場から見る。その後よかったところを発表する。 （近くのグループでペアになって見せ合うことも可能。その際は踊りを見せる方向を意識させる。）	〈見るときの約束〉 ・友達のよい動きをたくさん見つけて，あとで発表しよう。 ・大きな拍手をしてあげよう。 〈演技をするときの約束〉 ・思いきり体を動かそう。 ・恥ずかしがらず堂々と踊ろう。

総合的な学習の時間や家庭科を生かすポイント

総合的な学習や家庭科で取り組む調理実習は，児童の大好きな活動である。たくさんの印象が残るように，よく観察するよう声をかけ，ノートやカードで調理の手順を振り返っておくとよい。

学習の進め方のポイント

1時間完結型の授業であるが，次時へ課題をもち越して2～3時間の単元にすることも可能である。グループ分けは4～8名程度で，学級の実態によってやりやすいようにおこなえばよい。「海水浴へ行こうよ」(p. 13) などをおこない，楽しい雰囲気でグループを作ることもお薦めである。

児童にとっては，題材が身近なのでイメージを作りやすい。しかし，不慣れな児童は，考え方がかたくなってしまうこともあるので，円座のときに，その場で動いてから取り組むと比較的スムーズに，「はじめ―なか―おわり」の構成がおこないやすい。また，おなじみの曲（♪「おもちゃの兵隊のマーチ」／キューピー with Classics）をかけることで，児童はとても楽しく活動することができる。

楽しさのあまり，次から次に動きを取り入れていくと，質が下がってしまうので，1～2分程度の作品にさせていきたい。

どうしても題材が決まらないグループのために，わたあめ，たこ焼き，たまごやき，納豆ごはん，流しそうめんなど，動き方に特徴のあるものを教師側でいくつか準備しておくとよい。

動きの引き出し方

グループで構成を考える前に，体を思いきり動かすとはどういうことかを指導しておく。例えば，腕を伸ばさせたら，さらに5cm伸びるように指示してみる。後ろを向かせたら，もっと体を捻って，全身で後ろを見てみようなど，極限まで体を使わせる経験をさせていきたい。

グループで話し合っている際は，「はじめ―なか―おわり」の中で動きが変化していくような声かけをしていく。変化させていくのは，高低や前後などの空間，高速やゆっくりなどの速さ，1人から2人，全員などの人数が考えられる。話し合いをよく聞き，納豆だったら，たこ焼きだったら

むける前のとうもろこし　　皮をむいたら

フライパンでいためよう

今日は大漁　　　　　　にぎり寿司

と教師が的確に助言を与えるようにしていきたい。

グループでの練習では，細かな動きや作品全体を見るようにする。また，上手なグループを賞賛して，よい動き方を全体に広げることもしていきたい。

> 例）・かき混ぜ方に強弱がついていていいね。
> ・指や頭まで意識して動いていて，やわらかい感じが伝わってくるね。
> ・掛け声があって，一体感を感じるね。
> ・いろいろな場所を使って伸びているね。
> ・いろいろな方向にとび散っていて，様子がよくわかるね。

体を大きく使ったり，空間を広げたりする視点をもって「もっとこうしてみると，上手に表現できるよ」という助言をしていくとよい。

評価のポイント

・体を思いきり動かして表現することができたか。
・料理の特徴を捉えて動けたか。
・友達と協力して話し合ったり，踊ったりすることができたか。
・進んで友達の演技のよい動きを見つけることができたか。

［重松鉄也］

13 総合的な学習の時間から
地球が大変!!

中・高学年

1 学習の目標
①「大変」「激しい」などの動きの特徴を捉え，体全体で表現する。
②それぞれが「地球が大変」から見つけた表したい感じを，ひとまとまりの動きにして踊る。

2 学習の進め方

	学習活動	指導の要点と言葉かけ
導入 10分	① ウォームアップ ①先生と一緒に踊る ♪体操音楽集・フィット・エクササイズVOL1 アップテンポより「オアシス・オブ・サンズ（ウォームアップ）」／松山祐士 ②簡単なイメージカルタをめくって即興で動く	＊対極の動きや速さに変化をつけた動きを取り入れ，教師の言葉かけで多様な動きを経験させる。 ・先生と一緒に，踊りましょう。場所を広く使って，体を大きく動かして踊りましょう。 ・風が吹いてきたよ。洗濯物が揺れる，木が揺れる。嵐になってきたよ。木が大きく大きく揺れてきた。ボキッ，ボキッ，ボキッ，枝が折れて地面に落ちた。 ・氷になって固まるよ。いろいろなところがカチン，カチン。今度はゆっくり溶け出した。など。 ＊太鼓のリズムに合わせて走り，タンバリンの合図でイメージカルタをめくって思いつくままに踊るよう指示する。 ＊すぐにはイメージがもてない児童には，具体的な場面を想起させる言葉がけをする。
展開 25分	② 今日の課題をつかむ　　　（20分） [板書]「地球が大変!」というイメージを「ひとまとまりの動き」にして，体全体で表現しよう。 ①1人ひとりが作ったカードの，動きのキーワードを動く ③ 総合的な学習の時間のときのテーマ別グループで動く ①1人ひとりが考えたひと流れを，リーダーが交替して動き，他の人は真似る ②グループで「はじめ—なか—おわり」にまとめる	・体のいろいろな部分を大きく動かしたり，リズムを変えたりして，大変な様子や激しさが表れるように動きを工夫しよう。 ・総合的な学習の時間にそれぞれのテーマでいろいろ調べたね。地球がどんな「大変」だったのか，みんなが作ったイメージカードを見て動いてみよう。 ・動いてみるよ，最初はどんな感じ？　いくよー（太鼓）。 ・いいね。ではテーマ別グループで，リーダー交替しながら友達の動きを真似しよう。 ・気に入った動きはどれかな。グループで「はじめ—なか—おわり」にまとまるように，つなぐよ。 ・「大変」「激しい」様子がよくわかる動きだったか話し合って，よりよい動きになるように考えて踊りましょう。
	④ 見せ合い，教え合う　　　（5分） ・ペアのグループを作り，1グループずつ発表する。	・発表するグループは，「どのようなテーマなのか，特に見てもらいたいところはどこか」を話してから始めましょう。見るグループは，「地球が大変」という様子がよくわかるように動いていたか見てください。 ・お互いの発表を見て，よかったところや工夫したほうがよいところを伝えましょう。
まとめ 10分	⑤ 本時のまとめ ・本時の振り返りをする。	・今日の学習で，よかったところや工夫したところは何ですか，次の時間，がんばるところはどんなことですか。

総合的な学習の時間を生かすポイント

総合的な学習の時間では，各教科で身につけた知識や技能を相互に関連づけ，総合的に働くようにすることをめざしている。

総合的な学習の時間の，「見つける」「調べる」「まとめる」「広げる」などの活動を通しての体験は，表現運動のイメージを広げることにつながる。

広がったたくさんのイメージを体で表現するためには，ふだんから様子や思いを具体的な言葉でまとめ，伝えることができるようにしておくことが大切である。この実践では，総合的な学習の時間にテーマ別のグループで調べたことから，大変なシーンを短い言葉で書いたイメージのカードを作って表現に結びつけた。

学習の進め方のポイント

テーマに合った特徴的な動き，「大変」「激しい」などを共通に経験することから始め，総合的な学習の時間に調べてわかったことや伝えたいことを言語で表現し，さらに題材のイメージと動きをつなげて表現することができるようにしていきたい。

動きの引き出し方

あらかじめ，総合的な学習の時間で見つけたことを生かして，様子や思いを，短い言葉で表したイメージカードを作っておく。

環境問題を調べてわかったことを，1人ひとりが短い言葉でカードに書き，動きのキーワードをつける。

竜巻！屋根が飛ばされた「グルグル，グルグル。ビューン，ビューン」	森林伐採「キューン，キューン。バッサ，バッサ」	氷河が溶け出した「ジュワー，ジュワー。ドローッ」

ウォームアップで，教師と一緒に，イメージや思いを体で表現する経験をする。

テーマに合った特徴的な動き，「大変」「激しい」感じを引き出すために，速さを変える動き，対極の動き，同じ動きを繰り返すなどを共通に経験させる。

例）速さを変える動き
- 急に固まる→ゆっくり溶ける（氷）
- 動く→止まる（嵐）
- 規則的なリズムで→不規則なリズムで（掘る）

例）対極的な動き

伸びる（太陽ギラギラ）　縮む（暑い暑い）

小さい（木の葉がサヤサヤ揺れる）　大きい（木全体が大きく揺れる）

例）同じ動きの繰り返し
- 固まる，固まる，固まる（氷）
- 跳ぶ，回って跳ぶ，転がって跳ぶ（台風）

イメージして動いたことをもとに「はじめ―なか―おわり」のひとまとまりの動きを作る。

例）ひとまとまりの動き

砂漠化
ブルドーザーがやってきた。森林の開発が進む。ショベルカーで土を掘り，木が切り倒されていき，森林がどんどんなくなっていく。

温暖化	異常気象
氷が溶けていく。海面がどんどん上がり，ホッキョクグマが大変！	太陽がギラギラ。暑い暑い。人も木もぐったりしている。

体を大きく使ったり場を広く使ったりするように，教師の言葉かけを工夫する。

例）イメージに合う具体的な言葉がけ
- 木が揺れるの？　高い木？　強く揺れるの？
- 何で土を掘るの？　どんなふうに掘るの？　重そうに持ち上げるんだね。

評価のポイント

- それぞれの動きの特徴を捉え，体全体で表現できたか。
- 表したい感じを，ひとまとまりの動きにして踊ることができたか。

［我妻涼子］

14 総合的な学習の時間から

お正月（伝統行事）

中・高学年

1 学習の目標
① 凧あげや生け花，コマ回しなどの特徴を捉え，相手に対応して動く。
② 気に入った動きを組み合わせたり繰り返したりして動く。

2 学習の進め方

	学習活動	指導の要点と言葉かけ
導入 10分	1 お正月からイメージする伝統的な遊びやできごとを出し合う 　凧あげ　コマ回し　羽つき　獅子舞 　書き初め　竹馬　生け花	＊「お正月」という言葉から動きにつながる題材をたくさん思い浮かべさせる。 ・昔からおこなわれてきた遊び，総合的な学習の時間で学んだ「昔遊び」を思い出してみましょう。 ・家の中や町の様子はどうですか。
展開 25分	2 今日の課題をつかむ ［板書］相手の動きをよく見て，呼吸を揃えて動いてみよう。 ①コマ回しと凧あげ ・先生と一緒に動く。 　先生―回し手，児童―コマ 　先生―持ち手，児童―凧 ・2人組で相手の動きに合わせて動く。 ②3人組で生け花 ・先生と一緒に花になって動く。 　花になりながら気に入った場所でポーズ 　3人でお互いの場所や高さを考えてポーズ ③獅子舞 ・新聞紙を獅子に見立てて先生と一緒に動く。	・たくさん思い浮かべてくれた中から，先生と一緒にいくつか動いてみましょう。 ・先生がコマを回すよ。みんなはコマになるのですよ。コマに紐を巻くところから始めます。それっ。止まり方がいろいろあっておもしろい。 ・さあ次は凧になってごらん。さあ，糸を引いて走るよ。 ・体育館が大きな花瓶（水盤）。1番さんは花になって止まれ。2番さんは1番さんと違う高さできれいに止まれ。3番さんは2人を引き立てながら自分も美しく止まれ。 ・新聞紙を使って獅子舞をしよう。新聞紙の獅子を手首で動かすといいですよ。新聞紙の端を片手でつかんで握ろう。 ・次は自分が獅子の精に。
	3 グループで動く ・お正月の題材の中から気に入ったものを選んで，繰り返したり組み合わせたりして踊る。 ・最後は全員で獅子舞を踊る。 　1人ひとりバラバラで 　友達と組んで	・コマの回る音や凧がはためく音を口伴奏したりするとおもしろいね。 ・笛の音が聞こえてきましたよ。みんなで獅子舞を踊りましょう。 ・獅子が空高く上ったり地を這ったりしているよ。 ・新聞紙を動かしてもいいし，自分が獅子になりきってもいいね。
まとめ 10分	4 見せ合って，相手のよいところを見つける ・近くのグループと見せ合う。 ・本時の振り返りをする。	・相手の動きを感じてお互いに踊れていますか。 ・待っているときも人間に戻らずなりきって静止。

◉ 総合的な学習の時間を生かすポイント

　日本ならではの伝統的な正月の風景がある。ここでは動きにすることが楽しい例を紹介する。どこかで目にしたものを身体を通して表現して楽しむことができる。

◉ 学習の進め方のポイント

　1時間で「お正月」全部を学習する進め方と，2時間扱いでおこなう方法がある。2時間でおこなう場合は，凧あげとコマ回しで1時間学習し，相手の呼吸に合わせた「対応する動き」を中心に2人組で学ぶ。2時間目には生け花と獅子舞を学習し，体を大きく使った躍動する動きを学ぶ。また，1つひとつをダンスウォームアップとして，他の題材と組み合わせて踊ってもおもしろい。

　凧あげとコマ回しは，初めから2人組でおこなってもよいが，表現運動の経験が少ないときや学年が低いときは，先生対児童でおこなうと学習の仕方がよくわかり，児童は安心して学ぶことができる。

◉ 動きの指導のポイント
〈3人組で「生け花」〉

　4人組でも5人組でもできるが，何回も繰り返してたくさん動け，しかも相手の動きに合わせやすいので3人組がお薦めである。身体にひねりを加えたり指の先まで伸ばしたりして美しく生けられることも大事だが，相手の位置に合わせて美しく空間を使うという1人では表現できない協力が大切になる。

　何度か繰り返す中で3人が近寄って表現したり，離れて表現したりする言葉かけをするとよい。また1人だけ離れてという言葉かけでも作品は大きく違ってくる。児童への意識のもたせ方としては「正面」がある。作品を見る目の方向を意識させて表現させるときは正面から見るようにする。

〈新聞紙を使った獅子舞〉

　新聞紙の端を片手で握り獅子に見立てて踊る。手首を動かしたり腕を動かしたりすることで獅子の新聞紙は音を立てて動く。それだけでも楽しいが，新聞紙の獅子を操作する児童が，駆け回ったり自分の振りで力いっぱい踊ったりすることで，新聞紙の獅子はますます音を大きく立てて激しく舞う。新聞紙の音が動きを引き立て，音と動きは相乗効果を上げる。

- 1人で獅子舞をする。
- 2人で動きを真似て獅子舞をする。
- 新聞紙から離れて自分が獅子になる。

　学年によって進め方はいろいろ考えられるが，新聞紙の獅子の形の作り方やこんな動きもできるよといった動き方の例は教師と一緒におこなうとよい。

　自由に動いている途中でも教師の言葉かけやリズム太鼓のアクセントとなる音は大切なので，必要に応じて使いたい。児童の小さな動きに対しては，

- 空高く駆け上る。
- 地を這うようにした後すぐに後ろへも。

などと声をかければ，大きな動きを伴った躍動感のある獅子舞になる。

◉ 評価のポイント

- 「コマ回し」や「凧あげ」では，相手に対応した動きができたり，場を大きく使って動き方を工夫したりできたか。
- 「生け花」では自分の体を大きくいろいろな方向に動かすことができたか。また，友達と高さや方向を変えてポーズをとることができたか。
- 「新聞紙の獅子舞」では大きく躍動し，楽しんで新聞紙を操作したり，獅子になりきって動いたりすることができたか。

[山下昌江]

イラストで見る指導のポイント　授業の前にこれだけは準備しておこう②

変化のさせ方を知っておこう「水のすがた」

友達と関わって表現するのが楽しい！

私が転がっていくと，みんなパーンってとび散ってくれて，楽しくて，何回も何回も転がってしまいました。

いつも1人が好きな様子だったAさんがボウリングのボールになったんです。

「一瞬だけの動き」を「変化のあるひと流れ」にする 「3分間クッキング」

表現の題材はどこにでもある
教科や学級の活動を表現やリズムに結びつけてみよう

「表現運動を上手に教えられる先生，一生懸命取り組んでいる先生の学級経営はすばらしい」。若いときから小学校表現運動の指導に力を注ぎ，校長先生になってからも，たくさんの先生方を励まし育てたN先生が，しみじみ語ってくださった言葉です。確かに，表現遊びや表現運動，リズムやフォークダンスの時間には，思いっきり動いて友達と認め合ったり励まし合ったり，楽しい音楽に乗って自然に友達と手をつないだり，また仲間と1つの作品を作り上げたり…と，活動そのものが，学級経営に結びついていくことを感じます。

学級担任の先生が体育も教えている小学校ならではの取り組みとして，本章で紹介した学習の他にも，いろいろな教科や学級の活動を，表現やリズムと結びつけてみましょう。

❶ 朝の会で

先生「今日のリズムを日直さんが決めますよ。着席や集合の合図は，日直さんが出しますから，みんなもすぐに真似して行動しましょうね」日直「タターン，タターン，タンタンタン」みんな「タターン，タターン，タンタンタン」

❷ 生活科から

先生「秋見つけでみんなが，スケッチしてきたものがたくさんたまったね。これを今度の体育の時間に発表するので，スケッチを持って，体育館に行きましょう」

❸ 学級活動で

先生「今度の学級の時間に，エアバンド大会をしましょう。みんなの大好きな曲を先生が持ってきましたので，最初の1分間を発表します。班で楽器やボーカルを決めてね。どれくらい大きく元気に楽しくエアで演奏できたかみんなで審査しましょう」

❹ 英語活動で

先生「自分の名前と好きなものの紹介は，上手になったかな。体育館を歩いて，出会った友達と自己紹介をしますよ。大きなジェスチャーをつけて紹介してね。好きなもののところは10秒間そのものの動きをしますから，それを聴いている人も真似をしましょう。お互いに終わったら握手してGood-by!」

❺ リレーの時間に

先生「さあ，勝ったチームは必ず勝利のダンスをするよ，♪やったーやったーホホホイノホイ！ やっぱり僕らが一番だ！」「負けたチームもやるんだよ。♪負けたよ負けたよ，悔しいな，次には勝つぞ，エイエイオー」

第6章

体育の他の領域に生かす

1　体つくり運動に生かす　仲間と楽しくなわとびパフォーマンス

2　体つくり運動に生かす　みんなでジャンプ／大きな声で名前を呼ぼう

3　器械運動に生かす　音楽に合わせグループで演技を創るマット運動

4　陸上運動に生かす　リズムランニング〜音楽でやる気を高めて〜

5　水泳に生かす　シンクロ水泳

6　ボール運動に生かす　ボール運動のウォームアップ

表現運動は，1人ひとりの力量に合わせて，自由に自分で工夫して，仲間とかかわりながら，楽しく夢中になれる領域です。この章には，そのよいところを，他の領域の授業で積極的に活用している例を集めました。そこに記されている授業づくりのアイデアは，きっと体育の授業を変えると思います。体育の他領域の授業を，もっと児童の主体性を尊重した学習にしたい，楽しみながら体力や多様な動きを育む学習にしたいとお考えの先生はぜひ取り組んでみてください。

1 体つくり運動に生かす
仲間と楽しくなわとびパフォーマンス

中学年

❶ 学習の目標
① リズムに乗ってなわとびができる。
② 自分たちで動きを工夫して，友達と一緒に作るおもしろさを味わう。

> リズムなわとび
> 〈はじめのポーズ〉
> 〈シンクロ跳び〉前回し両足跳び
> 　みんなでぴったり揃えよう！
> 〈1人跳び ①〜④〉得意な跳び方を探そう！
> 〈仲間跳び〉みんなで力を合わせて跳ぼう！
> 〈おわりのポーズ〉

❷ 学習の進め方

◆ 1時間目

学習活動	指導の要点と言葉かけ
① 活動の内容を知る 　「リズムなわとび 〜ポニョで楽しく！」 　♫「崖の上のポニョ」／藤岡藤巻と大橋のぞみ ② 自分の得意な跳び方を練習する〈1人跳び〉 ③ みんなで揃えて跳ぶことを楽しむ 　〈シンクロ跳び〉 ④ グループで動きや跳び方を工夫して練習する〈仲間跳び〉 ・2人組で1本の縄を跳ぶ，2人でお互いの縄を回して跳ぶ，4人でポーズを考える，4人で揃えて跳ぶなど。	・曲に合わせて，いろいろな技でなわとびを跳び続けよう！ ・みんなで揃えるところ，1人で技を見せるところ，グループで工夫するところを入れて，ポーズで決めるよ。 ・初めは，前回し両足跳びから。自分が得意な跳び方を練習するよ。片足跳び，駆け足跳び，あや跳び，交差跳び，二重跳びなど。 ・クラスみんなで揃えて跳ぼう！ 初めのポーズもかっこよく。リズムに合わせて，息を合わせて跳んでみよう。 ・4人グループになって，自分たちで曲に合った動きや，なわとびの技を工夫して，つなげよう。ポーズを入れてもいいよ。 ・難しい技に挑戦しているグループいいね。

45分

◆ 2時間目以降

学習活動	指導の要点と言葉かけ
① 活動の仕方を知る ② 仲間跳びの練習をする ③ 続けて跳んでみる ④ 兄弟グループで見せ合う	・4人グループで作った仲間跳びを曲に合わせて跳んでみるよ。 ・1人跳び，全員で跳ぶシンクロ跳びもつなげて，1曲続けて跳んでみよう。 ・2人で？ 4人で？ 大きく動けるとかっこいいよ。曲をよく聴いて，練習しようね。息が合ってきたよ。 ・練習した跳び方を続けるよ。①〜④まで1人跳びの順番を決めよう。1人跳びのときは，周りの人は小さな動きや手拍子で応援しましょう。 ＊歌詞を見せる。 ・曲の流れは「初めのポーズ—シンクロ跳び—1人跳び①—1人跳び②—仲間跳び—1人跳び③—1人跳び④—シンクロ跳び—終わりのポーズ」です。 ・お隣のグループに見せてあげよう。見る人は，いいところをたくさん見つけてね。

45分

▶ 表現運動の生かし方

なわとびは手軽で，児童にも人気がある。リズムを感じて跳ぶことに加え，表現運動で学んだように，グループで工夫する場面を入れ込むことで，仲間や物と関わりながら，自由に工夫して動きを作り上げる楽しさを味わわせることができる。

▶ 学習の進め方のポイント

自然に曲に合わせてなわとびができるリズムの曲を選び，1人跳びの技から順に活動を広げていく。仲間跳びの練習にも児童が見通しをもって取り組めるよう，掲示なども活用して進めたい。

[栗原知子]

2 体つくり運動に生かす
みんなでジャンプ 大きな声で名前を呼ぼう

中・高学年

1 学習の目標
①大きな声を出して，リズムに乗って仲間と合わせて動く。
②何かのイメージをもって，なりきって動くおもしろさを味わう。

2 学習の進め方

◆みんなでジャンプ

	学習活動	指導の要点と言葉かけ
10分	①活動の仕方を知る	・クラス全員で手をつないで円になってやってみよう！　先生が「み〜ぎ」と声をかけたら，みんなで「み〜ぎ」と声を揃えて言いながら，右に両足でジャンプするんだよ（右・左・前・後の４種類でやってみる）。
	②自分たちのリズムで試してみる	・４〜５人のグループになって，自分たちで順番に４種類の方向を選んで指示してみよう。気持ちを合わせてやってみよう。
	③発展形を楽しむ	＊「回る」回転ジャンプ，「バランス」片足バランスで後ろに足を上げて反るなど，挑戦技を入れる。 ＊「カエル」「イルカ」「火山爆発」などイメージを含むジャンプを入れる。

◆大きな声で名前を呼ぼう

	学習活動	指導の要点と言葉かけ
10分	①活動の仕方を知る	＊４〜６人くらいのグループで，円になって座る。先生「大きな声で」児童「名前を呼ぼう！」と声をかけ，拍手２回「○○（名前を名乗る）」拍手２回「○○（みんなで呼ぶ）」，これをテンポよく全員おこなう（先生が最初に名乗って，練習するとよい）。
	②テンポよくリズムに乗って試してみる	＊２回目はテンポを上げて，３回目は反対回し，４回目は名乗るところは声を出さずに，など変化を加える。
	③発展形を楽しむ	＊大きな声で……誕生月を言おう！　好きな色を言おう！　好きな食べ物を言おう！　とテンポよく，自分の紹介をし合う。 ＊大きな声で好きなスポーツを言おう！→大きな動きで好きなスポーツをやろう！　とアクションを加えていく。

● 表現運動の生かし方
「その気になって動く」と体の力は何倍にもなる。体つくり運動で，こういった活動を短く試してみたら，子どもたちのもっている「なりきる」「表現する」力を引き出すことができる。また，表現運動の授業を経験した子どもたちならば，発展形の活動がどんどん膨らんでいくだろう。

● 学習の進め方のポイント
先生が全体をリードし雰囲気をつくる。お互いをまだよく知らない新学期などにおこなうとよい。あまり考え込ませずに元気に声を出し，簡単な動きをみんなでリズムよく合わせる感覚を楽しむ。最初は，ゆっくりから始め，間違ってはいけない！という緊張感をもたせない。

● 児童の活動の見方
元気に声を出しているか，順番に自分なりの提案をしたり，友達が提案した動きを真似して共有し合ったりしているか。

[中村なおみ]

3 器械運動に生かす
音楽に合わせグループで演技を創るマット運動

中・高学年

1 学習の目標
①リズムに乗って仲間と合わせて動くことができる。
②グループで協力し，工夫して集団演技を創ることができる。

> 集団マット運動
> 〈はじめのポーズ〉
> 〈シンクロ技〉前転と後転
> みんなでぴったり揃えよう！
> 〈個人技①〜④〉一番得意な技を見せよう！
> 〈シンクロ技〉側転：みんなで丁寧に揃えよう！
> 〈おわりのポーズ〉

2 学習の進め方（単元の進め方）

◆ 1時間目

学習活動	指導の要点と言葉かけ
45分 ① 準備運動・ウォームアップ ② 技の練習と習得 ③ グループでの演技練習 簡単な技を揃えてみよう！	・今日からマット運動です。安全に，精いっぱい練習して，できる技を増やしていきましょう。4〜6人グループで動きを揃えたり，自分の得意な技を見つけたり，グループで協力して集団演技を創りましょう。 ・準備運動をしよう(マットの周りをランニング，いろいろジャンプ，脚・腕・首のストレッチ，いろいろな転がり方，腕立てジャンケンなど)。 ・簡単な技(前・後転)を復習してみよう。きれいな前・後転はできる？ ・簡単な技（前・後転）3つとバランスポーズを組み合わせて技を連続させよう。 ・連続したら，グループで合わせてみよう。

◆ 2時間目以降

学習活動	指導の要点と言葉かけ
45分 ① 準備運動・ウォームアップ ② 技の練習と習得  ③ グループでの演技練習 側転を揃えてみよう！	・カエル倒立をやってみよう。膝の上に肘を乗せるぐらい体重をかけてみよう。目線は少し前を見るようにしてみよう。 ＊練習させる技によって，さまざまな準備運動をおこなう。 ・次は，補助倒立に挑戦しよう。両手と視線を三角形にして，両肩に自分の体重をしっかりと乗せるようにするよ。おなかに力を入れて体が反りすぎないように！ ・今日は，シンクロ技の側転を練習しよう！（課題別練習で「今日は自分の得意技を練習しよう！」というように毎回練習時間を作り，積み重ねていく） ・グループになって，できたところまで通して練習しよう。苦手な友達には，アドバイスをしてあげよう。ロングマットは順番を決めて通して練習，マットなしのときは声を出して揃える練習だよ。

● 表現運動の生かし方

音楽をかけることによって，楽しい雰囲気を作り出すことができる。また表現運動の「はじめ―なか―おわり」のように簡単な構成を示すことによって，考えすぎずに夢中になって運動を楽しむことができる。教師の評価の観点も明確になる。

● 学習の進め方のポイント

グループ編成をする際は，技能が偏らないように配慮する。得意な児童が率先して教えたり，苦手意識のある児童ができるようになったりしたときに，グループみんなで喜び合うことができるように関わりをもたせていく。集団演技では，技ができなくても役割を与えていくことで意欲が持続・向上していく。

[重松鉄也]

4 陸上運動に生かす リズムランニング 〜音楽でやる気を高めて〜

高学年

1 学習の目標
①音楽に合わせて，ストレッチをしたり走り続けたりする。
②順にリーダーを交替して自分たちで楽しくウォームアップをおこなう。

> ミッション1「みんなの体を温める」
>   ジョギング，スキップ
> ミッション2「体をしっかりストレッチ」
>   伸脚，アキレス腱，その他
> ミッション3「器用な体その1」
>   マイムマイム，速い・ゆっくり
> ミッション4「器用な体その2」
>   大股，もも上げ，その他

2 学習の進め方

◆ 1時間目

学習活動	指導の要点と言葉かけ
1 活動の仕方を知る 2 先生と一緒に動いてみる ・グループごとに近くにまとまって，先生の見本を見ながら，動く。 3 その日の主運動に入る	・今日から陸上運動の学習が始まりますが，みんなにウォームアップを覚えてもらって，自分たちでできるようになってもらおうと思います。 ・4人組の仲間で勉強するからね。1番，2番，3番，4番を決めてください。 ・1番さんのミッションは「みんなの体を温める」。この音楽が鳴っている間は先頭で軽いジョギング，間でスキップを好きなときに好きなだけ入れて。息がハアハアするくらいの速さです。みんなは真似してついていって。 ・2番さんのミッションは「体をしっかりストレッチ」。陸上運動のストレッチだから，脚を十分に，伸脚とアキレス腱は必ず入れよう。輪になって。 ・3番さんのミッションは「器用な体その1」。マイムマイムのステップ。マイムマイムは速いのとゆっくりのと。好きなときに好きなだけ入れて。止まるのはなしですよ。音楽に合わせて練習してみよう。 ・4番さんのミッションは「器用な体その2」。大股歩きで脚を広げるよ。その後は，もも上げ歩き。腕もよく振るとリズミカルになりますね。

（20分）

◆ 2時間目以降

学習活動	指導の要点と言葉かけ
1 活動の仕方を知る 2 音楽を流して，グループごとにウォームアップをする 3 その日の主運動に入る	・前の時間にやったリズムのウォームアップは覚えているかな？ 1番リーダーさん，手を上げましょう。ミッションを覚えているかな？ そう，○○だね。2番さんは？（以下続く）わからなくなったときのために，先生，ここに，やることを書いておきましたよ。忘れそうになったら，急いで見に来てくださいね（模造紙やホワイトボード，ラミネートした画用紙など）。 ＊教師は音楽の区切りに笛を吹くなどして，交替がスムーズにいくようにしたり，それぞれのグループを回りながら支援したりする。

（10分）

● 表現運動の学習とのつながり
大好きな音楽のリズムを感じて走ったり，ストレッチをしたりすると，少し苦しい運動でも気持ちが前向きになってくる。

● 学習の進め方のポイント
子どもたちの好きな音楽で，ちょうど走るくらいのテンポの音楽や，ストレッチ用に気持ちよい音楽を2分くらいずつつないで用意するとよい（はやりのアニメやJ-popがお薦め）。5人組で学習する授業であれば，5曲つないで5種目にしてもよい。それぞれの曲（ウォームアップ）のリーダーを立てて，責任をもって先頭をつとめることと，みんなはリーダーに協力することをよく伝える。

［宮本乙女］

5 水泳に生かす シンクロ水泳

中・高学年

> シンクロ水泳
> 〈はじめのポーズ〉
> Aパート「向かい合って」
> Bパート「円形になって」
> Cパート「1列になって」
> 〈おわりのポーズ〉

■ 学習の目標
① 浮いたり泳いだりする水中のいろいろな体の動きを身につける。
② グループで音楽に合わせて泳ぎを組み合わせて泳ぐ楽しさを味わう。

■ 学習の進め方（45分×5回）

◆ 1時間目

学習活動	指導の要点と言葉かけ
① 準備運動 ② 浮く・泳ぐ（10m） ・シンクロ水泳で使える技を練習。 ③ 音楽に合わせて構成した泳ぎを試す ④ できたところまで通す ・兄弟グループで見せ合う。	*プールサイド，水の中で準備運動（水かけ・潜る・バタ足）。 ・バタ足，クロール，背浮き，背泳ぎ，潜水，平泳ぎの復習をしよう。 ・シンクロ水泳に入れる技の練習だよ。ジャンプ，イルカ横跳び，水中倒立。 ・今日はまずはAパートをやるよ。帰りの会で考えておいた泳ぎを試してみよう。はい，向かい合って！（話し合うのではなく，どんどん音楽をかけて泳いでみることが大事） ・Bパートも少しだけ試してみよう。円になるよ。 ・今日できることを通してみよう。*AとBの音楽をかける。 ・ちょこちょこ泳ぎを変えるより少し長めに泳いだほうがきれいですよ。

(45分)

◆ 2時間目以降

学習活動	指導の要点と言葉かけ
① 準備運動 ② 基礎の泳ぎタイム ③ シンクロ練習タイム（音楽に合わせて構成した泳ぎを試す） ④ できたところまで通す ・兄弟グループで見せ合う。	*プールサイド，水の中で準備運動（水かけ・潜る・バタ足）。 ・バタ足，クロール，背浮き，背泳ぎ，潜水，平泳ぎの復習をしよう。 ・シンクロ水泳に入れる技の練習だよ。 *少しずつ新しい体の操作を教える。 ・今日はBパートをやってみよう。 ・Cパートも少しだけ試してみよう。 ・では，今日できたところまで通してみよう。 *ABCパートの音楽をかける。 ・次は全部通してやってみるから，まだできていないグループは，他のグループのよいところを1つだけ取り入れてもいいですよ。

(45分)

● 表現運動の学習とのつながり

表現運動でグループ活動を楽しんだ経験のある児童は他の領域でも話し合い活動，自主創造の活動が上手になる。水泳は個人の運動として捉えられがちだが，仲間と創り上げることを課題にしても楽しく学べ，成果が上がる。

25mプール（6～8人グループで）

● 学習の進め方のポイント

1時間の前半を基本の泳ぎの時間としていろいろな泳法でどんどん泳ぐ。後半をシンクロ水泳とする。3分間1曲を泳ぎきったり，グループでスピードを合わせて泳いだりすることは運動量が多く泳力もつく。プールサイドで音楽を流せば泳いでいても聞こえる。構成などは帰りの会を使って考えれば，プールでは全部泳ぐ時間にあてることができる。水の中では倒れても痛くないので陸上ではできない動きも楽しめる。

［山下昌江］

6 ボール運動のウォームアップ

ボール運動に生かす　　中・高学年

■1 学習の目標
①リズムに合わせてボールを操作したり，仲間と合わせて動いたりする。
②バスケットボールに必要な動きを，グループで協力して身につける。

> **バスケットボールのウォームアップ**
> 1 「バスケの体になろう　その1」
> 　　頭・体の周り回し，その場ドリブル
> 2 「体を温め，コートいっぱいに動く」
> 　　ラインドリブル，サイドステップ
> 3 「体をしっかりストレッチ」
> 　　伸脚，アキレス腱，その他
> 4 「バスケの体になろう　その2」
> 　　壁パスいろいろ

■2 学習の進め方

◆ 1時間目

	学習活動	指導の要点と言葉かけ
20分	① 活動の仕方を知る ・掲示を見ながら。 ② 先生と一緒に動いてみる ・グループごとに集まって，先生の動きを見ながら，音楽に合わせて動く。 ③ その日のメインの活動に入る	・今日からバスケットボールの学習が始まります。これから一緒にウォームアップをしますが，だんだんと自分たちでできるようになってもらいたいと思います。 ・まず「バスケの体になろう　その1」。ボールと手が仲良くなるように，頭やおなかの周りを回してみよう。次は，その場で，ドリブルをしてみよう。手のひらはボールに触れないで，指先の感覚を大切に。 ・2番目は，体を温めるために，コートのエンドラインから反対のエンドラインまでドリブルで走ろう。コートの大きさを体で覚えよう。 ・3番目は，「体をしっかりストレッチ」。ボールを持ったまま，アキレス腱を伸ばしたり，ボールを両手で上に持ち上げて体いっぱい伸ばしたりしよう。 ・最後は「バスケの体になろう　その2」。上に投げたボールをさまざまな方法でキャッチしよう。 ・いろいろな壁パスをしよう（チェストパス→オーバーヘッドパス→ワンハンドバウンスパス）。 ・最後は，リバウンド（壁に当てたボールを空中でキャッチ）。

◆ 2時間目以降

	学習活動	指導の要点と言葉かけ
10分	① 活動の仕方を知る ② 音楽を流して，グループごとにウォームアップをする ③ その日のメインの活動に入る	・前回のウォームアップは覚えていますか？ ・今日は「バスケの体になろう　その1」のドリブルだったところは，サイドステップで，ディフェンスの足の動かし方を知ろう。胸を張って，相手に自分を大きく見せるようにね（毎回少し変化させる）。 ＊数回同じことを経験したら少しずつ変化を加える。 　例）ドリブル 　　　強さや高さを変える。両手できるように。ボールを見ないで，友達の動きを見ながら。など 　　　移動のスピード（ゆっくり→中くらい→すばやく）。 　　　移動の方向（前に進む→後ろへ下がる→いろいろな方向）。

● 表現運動の学習とのつながり

表現運動で，「同じ動きも，方向や速さ，力の加減によっては動きの質が異なること」を学んでいると，動きに変化をつけることができる。

音楽を聴きながら動くと，そのリズムや速さを心地よく感じながら動くことができる。

● 学習の進め方のポイント

ランニングは走りやすい速さの曲で，ストレッチは気持ちよくゆっくり伸ばせる曲を選ぶ。

ボールと仲良くなってきたら，「エアバスケット」と題して，ボールを持たずに，バスケットの動きをイメージして，動いてみるのもおもしろい。

[石川　岳]

他領域に表現運動の学習を生かすには

　体育の授業では,「心と体を一体として」運動に親しむことがねらいとして掲げられています。表現運動の授業で,何かを心に描いたり,リズムに身をゆだねたりしながら「心を満たして」動くことは,まさにその原点の経験ではないかと思います。
　しかし,「どう動いてみたい？」を問い,児童の主体性のみにゆだねる学習は,到達点がわかりにくくなりがちです。そこで,表現運動の学習では,
①創る—「忍者はどんな技を使うのかな？」のように,動きを探し出す枠組みを明確に示す。
　その枠組みから具体的な例をいくつか体験させつつ,自らで探すよう「他にもある？」と問う。
②踊る—動きで提案し,動きで答える学習方法を体験させ身につけさせる。
③見る—見せ合いをたくさんおこない,そのときに見るべき重点ポイントを明確に示す。
　という方法を用いています。創る,踊る,見るといったそれぞれの学習活動ごとに「ねらいを明確に示す」ことで,目標（到達点）を定めて学習を進めることができます。このような学習方法は,他の領域で活用することが可能です。

❶ **動きを探し出す枠組みを明確に示し,例を体験させる**

　縄跳び,マット運動,水泳で提案したような共同で動きを「創る」学習では,「みんなで揃える基本の技」（全員が基礎を身につけ,動きを合わせる）,「一番得意な個人技」（個人差に応じて挑戦する）,「全員で力を合わせる技」（協力してできる）のように動きを考える枠組みを示しておくと,児童は創りやすく,評価もしやすくなります。例えば,「みんなで揃える」部分を工夫する前には,円になって両足跳びで合わせる体験をさせ,「他にどんな隊形でできるかな？」と問うことで,工夫しやすくなり,より主体的な学習へと導くことができます。

❷ **動きで提案—動きで答える学習方法を体験させ身につけさせる**

　座って頭だけで考える学習ではなく,動きながら考える学習が体育の特性です。各教科にそれぞれの学習言語があるように,体育では「体を用いた言語」で学習をします。ですから,話し合い学習でも「体でおしゃべり！」という約束が大事です。例えば,縄跳びで「いろいろな跳び方で,いろいろな場所に行こう！」を順番に先頭になっておこなえば,先頭の児童の提案を仲間はすぐに真似してついていくので,動きで提案—動きで答える学習の進め方を体験させられます。また,「通してみよう」「リハーサルをしよう」と決めた流れでどんどん続けて動いていくような働きかけも必要でしょう。加えて,音楽の使用は,主体的に活動を続けさせる大きな効果があります。

❸ **動きを見せ合うポイントを明確に示す**

　相手と動きを揃えたり,相手の提案した動きを真似たりするときには,相手をよく見ることから始まります。つまり,動きで提案—動きで答えるという学習では,常に見ることが学習の基本となります。「見る目」を育てることで学びが深まるわけです。そこで,縄跳び,マット運動,水泳などの学習でも,できたところまでをペア同士で見せ合い,アドバイスをし合ったり,グループ活動の間によい動き・工夫されたアイデアを全員で見たりするようにします。また,学習カードに「よい動き,動きの提案をしていた友達」を書く欄を作って,しっかりと観察する目を育てていきます。そのためには,何より教師が動きを評価する眼を磨くことが大切です。

第7章

子どもたちをその気にさせるベテラン先生の技

1　よい授業の出発点

2　ほめほめ先生になろう

3　子どもをさらに伸ばす指導

4　学習を支える合い言葉と板書の工夫

5　動きを引き出す教具のいろいろ

6　音楽や楽器の工夫

7　学習カードの生かし方

8　発表・鑑賞から次へつなげる

9　子どもと共有する評価と評定

この章は，表現運動に取り組む前に，あるいは，授業を始めてみて困ったときに，開いてみてください。
授業の進め方に合わせて内容を並べましたが，どこから読んでいただいても大丈夫です。
いろいろな発達段階の子どもたちを対象とした現場で，表現運動・ダンスの授業を実践しているベテランの教師が，授業を楽しくうまく進めるためのコツを紹介しています。
皆さんの目の前の子どもたちの様子に応じて取り入れていただければと思います。

1 よい授業の出発点

Point
1. よい授業の出発点は，学習のねらいを明確にし，具体化する「教材づくり」にある。
2. 五感に働きかけ，新鮮な気づきにつながる課題の提示を工夫する。
3. 教師も一緒に本気で動く。

　ベテランの先生の授業は，子どもを一気に表現の世界に引き込み，その気にさせる力があり，指導の巧さに感嘆する。子どもたち1人ひとりが生き生きと，集中して表現に取り組んでいる。授業写真を見ても，子どもたちが画面から飛び出してきそうな躍動感に満ち溢れている。よい動きを一瞬で切り取る力があるという意味で，指導の上手な先生は名カメラマンでもあると言える。同時に，日頃の学級経営のすばらしさに思い至る。自由な表現が生まれる背景には，教師と児童，そして児童間の信頼関係が必須であるからである。ここでは，そのような感動のある授業に近づくための，ベテラン先生の極意を紹介したい。

❶ よい授業の出発点は，学習のねらいを明確にし，具体化する「教材づくり」にある

　教材づくりは，子どもたちの実態を踏まえ，「こんな課題にこんなふうに取り組ませたい」という教師の願いが出発点となる。

　子どもたちにとって魅力的な題材(課題)は，その段階の発達特性を押さえて組まれた教材である。低学年では，「草むら探検！」(p. 106)のように，身近な生活体験を生かした多様な表現ができるもの，中学年は，「3分間クッキング」(p. 116)のように，1つの題材からいろいろな動きを見つけられるものや過程の動きがあるものである。高学年になると，「ミクロの世界」(p. 114)のように知的欲求に応え，起伏のある流れが見通せるものがよい。

　題材が決まったら，子どもたちからどのようなイメージや動きが出てくるかをあらかじめ想定しておく。そのうえで，子どもたちの新鮮な気づきにつながるような動きやイメージを見つけておくことが教材づくりの要点となる。

❷ 五感に働きかけ，新鮮な気づきにつながる課題の提示を工夫する

　課題の提示に，図で示すなどの工夫をすると，子どもたちの興味をひく。あわせて，効果的な音楽や題材に関するビデオや写真，子どもが書いた絵などを示したり，実物を用意して実際の様子を見せたりすると効果的である。導入を工夫することで，子どもたちが一瞬で表現の世界に入り込めるようにする。

　同時に，それらを通して，「何を，どのように」ということを明確に示すことで，子どもにわかりやすい提示とする。動きやイメージのかみくだきである。

　また，説明や示範では，課題の核になる部分を読み取る力が重要なポイントとなる。例えば，「忍者参上」(p. 30)であれば「すばやく，音もなく動く」が核となる動きであり，すばやく音もなく走ったり，飛び降りたりすることで，視覚的にも理解させる。1人ひとりを見極める目をもち，よい動きをしている子どもを具体的に褒めて，個を生かしながら，全体へ返していくことで表現の幅を広げる。

　示範には，このように，子どもを手本にして，どこがよいかに気づかせる場合がある。大切なのは，ねらい(課題)に沿ったよい動きのポイントを教師が把握し，説明できることである。

❸ 教師も一緒に本気で動く

　教師自身が動いてみせるときには，本気で臨む。上手でなくてもよいから，そのものになりきる，精いっぱい表現することが重要である。教師が表現の世界を演出することで，子どもたちも安心して表現の世界で遊ぶことができる。また，一緒に動くことで，言葉かけにも表情やリズムが生まれる。

　どのように言うかにもコツがあり，ベテランの先生には，言葉自体に緩急やめりはり，リズムがある。言葉が生きていると言える。

［茅野理子］

2 ほめほめ先生になろう

Point
1. 指導と評価が一体化するように褒める。褒めることで，本時のめあてを明確にしていく。
2. 児童のよさを認め，励まし，意欲を引き出すように褒める。
3. 明快な言葉と表情で，心から褒める。

　口先だけの言葉は「褒め言葉」とは言えない。児童1人ひとりをしっかり見つめている中で自然と出てくる言葉こそが，児童を育て伸ばしていく。何よりも児童の心に寄り添い，児童と共に喜び合う先生であることが，「ほめほめ先生」の条件であることを忘れずにいたい。褒めることに遠慮はいらない。

◼ 何を褒めるのか

　指導と評価が一体化するように褒め，褒めることで本時のめあてを明確にしていくことが大事である。

　「今日はこれができたら褒める」という観点を決めておくとよい。その観点が本時のめあてであり，児童にとって何を学べばよいのかが明確になり，指導者にとっては評価の対象となる。ここが曖昧になると褒める言葉が毎回同じようになってしまい，本時の学習ならではの褒め言葉が出てこなくなってしまう。褒めることは，本時のねらいに沿ったよりよい動きを引き出していくことにほかならない。

　たとえば，次のような言葉かけを工夫していくと，めあてに即した動きが開発される。
○そのものになりきらせたいとき，表情に着目する
・目玉もライオンになったみたいでいいね！
・指先まで鋭くなっているね。
○動きを大きくしたいとき，体の動き方に気づかせる
・大げさに動いていて迫力があるね。
・思いっきり腕を伸ばしたから，動きがさっきより2倍大きく見えるようになったんだね。
○多様な動きを見つけさせたいとき，工夫している姿を褒める
・3つとも全然違う動きを発見したね。すごい！
・あ，それ，いいね！ 誰も見つけられなかった動きだよ。すばらしい。
○関わり合いながら工夫させたいとき，自分も相手も生かしている場面を強調する
・1人1つ，動きを見つけたら，友達の数だけ動きが広がっていくんだね。その調子！

◼ どう褒めるのか

　児童のよさを認め，励ます心意気があれば，どんな言葉も「褒め言葉」となる。褒めることは，児童の意欲を引き出すことである。褒めるタイミングやコツをつかんでおきたい。
○すかさず褒める
・よさを見つけたらその場ですぐに褒める。あとで褒めるのでは効果半減である。
○笑顔で褒める
・満面の笑顔があれば言葉はいらないほど。笑顔で褒めることによって気持ちが2倍になって伝わる。
○分け隔てなく褒める
・つい，アピールしてくる児童を褒めてしまいがちなので気をつけたいところ。後ろにいる目立たない児童に目を向けるよう意識したい。
○合図を送りながら褒める
・軽く肩をトントンと叩きながらとか，指でOKのマークをつくったり，拍手をしたりしながらなど，心が伝わるアクションを交えて褒めると効果的。ただ笑顔で大きく頷くだけでも伝わる。

◼ 褒め言葉の貯金箱

　褒め上手は，育て上手。たくさんの褒め言葉を貯めておこう。褒め言葉の数だけ，授業に輝きが増す。

・その調子！	・すばらしい
・わあ，すごい	・君らしくていいなぁ
・よくなってきたよ	・なるほどね　・花丸！
・よく考えたね	・合格！
・すごい，大発見だ！	・やったね
・がんばっているね	・へえ，おもしろいなぁ
・ベリーグッド！	・いいね，いいね

［長津　芳］

3 子どもをさらに伸ばす指導

Point
1. 毎時間の目標やねらいを明確にし，児童の上達を見逃さない指導。
2. よいところを褒め，アドバイスを加えた指導。

1時間を充実させ，個人としてもグループとしてもやりきったと感じられるような表現運動の授業を展開するために欠かせない指導のポイントがある。よい場面を教師や仲間に評価されることは次への意欲にもつながる。また，もっとよくしたいという意欲に応えるためには的確なアドバイスが必要である。児童が楽しいと感じたさらにその次の指導を考えたい。

1 名前を呼んだ後によいところを褒める

褒めてもらえると意欲を増すことはたくさんの授業で検証されている。しかしながら教師が褒めたつもりでも授業後の反省カードには「今日は先生に声をかけてもらえなかった」と記述する児童もいる。褒めるときは初めに名前を呼んでから何がよかったかを具体的に褒めるとよい。

・○○さんは，高い姿勢と低い姿勢が大きく変化しておもしろいね。
・○○さん，スピードの変化がよくわかるね。

先に名前を呼ぶことにより，周囲の児童は呼ばれた友達の動きのよさに気づくことができる仕掛けである。もちろん夢中で踊っている本人もはっきりと褒められたことを意識する。褒めるときは，何がよいのかを短い言葉で端的に紹介する。的を射た言葉で短くスパッと言えばよい。

2 アドバイスを加える

がんばってよく動いているがあと少しという場面はよく見られる。褒めるだけで終わりにしてはもったいない。どのようにアドバイスすると意欲を下げずに動きに生きてくるかを紹介する。

○アドバイスは1つに絞る

指導したいことがたくさんあっても，たくさん言われたほうは何がなんだかわからなくなってしまう。場合によっては全否定されたような気持ちになってしまうこともある。個人やグループにとって一番大切なこと1つに絞ってアドバイスする。その際には示範も有効である。教師が本気で示範すれば児童はたくさんのことに気づくはずである。1時間の中で1回2回は教師が本気で動いてみることが大切である。決して上手である必要はないが，高く跳んで見せる，指の先の先まで伸ばして見せるという動きが児童の本気に迫る。

○アドバイスは褒めた後で

初めから教師の思い描いた動きにはならない。今目の前の児童の動きを受け止めて，そのがんばりを認める。そのうえでここだけはというアドバイスをしたい。

「とてもよくできているけれど，ここを少し工夫するともっとよくなるよ」というように具体的にアドバイスすれば，よりよい動きにしようとする気持ちも育てられる。次のようにアドバイスするとよい。

・空に向かってよく伸びているね。手だけ伸ばそうとしないで肩から伸びているようにしてみたら。
・はじけた感じがよく出ているね。このグループは狭い場所で動いているから，体育館全体がフライパンだと思って跳ねてごらん。

○アドバイスの後は確認

アドバイスしたことで本当に前の動きよりよくなったのかを必ず確認する。よくなっていれば，

・すばらしい。さっきよりぐんとよくなっている。
・さすが○○さん。よく考えているね。

などと，よくなったところをすかさず褒めて一緒に喜ぶ。

時にはまだ工夫されていないこともある。その場合は遠慮せず，もっとよくしていこうという気持ちで，

・まだまだ○○のように見えない。あなたなら(みなさんのグループなら)もっとできるよ。

と伝えてもよい。この場合ももう一度確認して最後は必ずできるようになったことを褒める。よくなったところを学級全体に見せて，どのようによくなったかを確認し合うのも効果的である。

［山下昌江］

4 学習を支える合い言葉と板書の工夫

Point
1. リズムに乗せて，学習のめあてを，体を通して理解できるようにする。
2. 短時間で，学習内容が視覚的にも楽しく理解できるようにする。
3. 色や形から感じるイメージも大切に板書する。

学習に向かう気持ちを高めるために，みんなで楽しく言える「合い言葉」を作っておくと，学習への取り組みが早くなることがある。みんなで繰り返したり，大きな声を出したりすることで，心も体もほぐれてくる。

低学年では，児童が喜ぶリズムで何回か繰り返す。言葉と一緒に体を動かしてしまうのも楽しい。発達を追うに従って，大事なポイントをわかりやすく，キーワードを使って伝えるという工夫もできる。

合い言葉によって，今日の学習のめあてがわかりやすくはっきり伝えられれば，評価の観点としても捉えやすいので，授業の振り返りとしても活用ができるだろう。

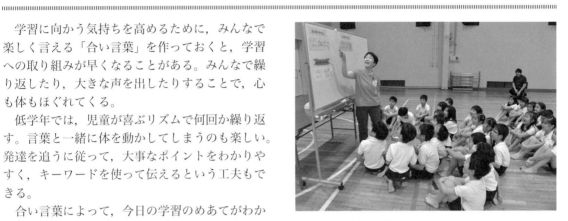

1 学習のめあてもリズムに乗せて

特に低学年では，学習丸ごとを表現的にリズムに乗せていけると，児童の気持ちが途切れずに学習が進められる。

「○○タイム」という言葉を用いる方法は，お薦めである。「のりのりタイム」「わいわいタイム」「はっけんタイム」など，そのパートの学習のめあてに合わせ，なじみやすい言葉を使って児童と名称を作っていく（付録DVD 低学年の学習参照）。目の前の児童の実態に合わせて，教師の工夫のしがいも感じられるだろう。

例えば，「のりのりタイム」なら，リズムに合わせて次々自由に体を動かす時間，「はっけんタイム」は，新しい動きを見つけたり，イメージに合った動きを探したりする時間，などと児童と約束を作っておけば，児童も見通しをもち，安心して学習に取り組めるようになる。

さらに，「○○タイム」の後に続けて，そのパートの学習内容も声に出し，みんなで確認できるように工夫するとよい。声を出し，声を合わせることも心と体をほぐす大事なステップである。声を合わせるときに，心地よいリズムを感じることは，児童同士の関わりにつながる。また，国語などで学習した内容を入れ込むことで，学習に関わりをもたせていくこともできるだろう。

どのようなリズムのどのような言葉が，声に出したときに体に心地よいか，教材研究をそこから始めてみるのも楽しいと思う。

2 短く，わかりやすく，おまけに楽しく

簡単な掲示用のカードを用意しておくことは，いつでも有効である。パッと貼るだけで，表現の世界に連れていけるように，貼るときの教師の動きもひと工夫をし，児童をわくわくさせて「動きたい」という気持ちを盛り上げよう。

学習内容のイメージを膨らませるためには，絵や写真を適宜用意したい。与えすぎず，児童がイメージを膨らませる余地を残しておくことも考えておく必要がある。

3 色や形も大切に

板書や掲示のカードの色，形，字の雰囲気まで子どもたちはよく見ている。いつもワープロの文字ばかりでなく，手書きの文字も新鮮である（口絵参照）。学習するイメージによっては毛筆を使うなど，児童に「あれっ」と思わせる瞬間も作りたい。

［栗原知子］

動きを引き出す教具のいろいろ

Point
1. 身近な物を使って体の動きを引き出すことができる。
2. 物の動きをよく観察して，発想を広げることができる。
3. 道具を使うことで，より大きな動きや空間を意識できる。

　子どもたちの動きが，ありきたりになってしまう，言葉で説明してもなかなか伝わらない，言葉では知っていてもそのもの自体よく知らない。このような問題は，先生方にも悩みの種だろう。少しでも動きを大きくしたい，もっと勢いをつけたい，もっと動きの変化をつけたい。ここでは，そんなときに役立つ教具のいろいろを紹介したい。特別に用意しなくても，教室や体育倉庫にある身近な物を使うことができる。

1 特徴的な動きを引き出す教具

　物の特徴的な動きを引き出すには，実際の物を見せるのが手っ取り早い。表現する物を実際に見せて，それを動かしながら形を変化させる。それを子どもたちは真似して動く。どの学年にも有効なのは，「新聞紙」。新聞紙を広げたり，丸めたり，折りたたんだり，捻ったり。移動したいときは，ヒラヒラさせながら走ったり，引きずったり。子どもたちは，真似するだけなので，考えなくても知らず知らずのうちに多様な動きができるようになる。フワッとした動きを引き出すときは，「風船」や「ティッシュペーパー」もおもしろい。「ボール」では，体を丸めて弾む，コロコロと転がる，壁にぶつかって跳ね返る。「ゴム」では，ゆっくり伸びる，すばやく縮む，みんなで伸びる，いろいろな方向に伸びる。本や図鑑などの写真や映像を見せるのも，形や動きをつかませるには有効である。とび出す感じをつかませるため，手作りロケット（乳酸飲料の空容器や写真のフィルムの空容器などに発泡剤と水を入れて，膨張させて飛ばす）を実際に見せるのも効果的である（付録DVD高学年の学習参照）。

　体の開発には，ガムテープに描いた手作りの「目」を体のいろいろな場所（手のひら，足の裏，尻，背中，へそなど）に貼って，第二の目で見るというのもおもしろい。

2 いろいろに見立てて，遊べる教具

　動きを引き出す教具は，その物の特徴をつかんで動く使い方もできるが，高学年では，その物がもつ特性を生かして，物を動かしながらいろいろなものに『見立てる』という使い方にも挑戦させたい。いろいろな使い方を工夫していくことで，発想が広がる。「布」は，大きさ・色・素材によって出てくるイメージが違うので，いろいろな種類を用意するとイメージが多様に広がる。

◆物から出たイメージ例◆
大きな布：波，雲，パラシュート，さなぎ
ゴ　ム：くもの糸，納豆
新聞紙：魔法のじゅうたん，落ち葉
フラフープ：通り抜けフープ，車のハンドル
ボール：爆弾，ポップコーン
風　船：卵，シャボン玉
バドミントンのラケット：ギター，フライパン
ゴミ袋：サンタクロース，カラス
＊ボールやフラフープは，遊び始めてしまうので注意が必要。

3 動きの大きさや空間を意識できる教具

　リズムダンスで大きな動きを引き出すのに，腰に「鈴」をつけるのも有効である。大きく動いている児童は，大きな音が鳴るので，ひと目で動きの大きさがわかる。

　空間の使い方をつかませるには，「フラフープ」を使った鬼ごっこも有効。フラフープをあちこちに置き，太鼓が1つ鳴ったらフラフープの中へ，2つ鳴ったらフラフープの外へ。鬼はフラフープの中の子には手出しできない。フラフープの数が少ないほうが，群の密集度が増すので，盛り上がる。「カラーコーン」を置いて空間を示し，あっちとこっちのコーンの間を全部動くようにしようと広さを示すのも空間を意識できる。

［藤田久美子］

6 音楽や楽器の工夫

> **Point**
> 1. 導入に楽しい音楽をかけて心や体を解放する。
> 2. 引き出したい動きに応じて伴奏を工夫する。
> 3. イメージの湧く音をたくさん集める。

■ 導入に楽しい音楽をかけて心や体を解放する

　授業の始まる前からウキウキと弾む音楽をかけておくと，低学年であれば思い思いに動く児童もいるだろうし，中・高学年でも気持ちが高まり，学習への意欲が湧く。ただし，発達段階や子どもたちの集団に応じ，音楽選びにはいくつか注意したい点がある。

　心身を解放し，友達や教師と一体感を味わうウォームアップの時間には，心拍数を上げ，心も体も弾む速さ（ランニングできるぐらい）のシンプルなアップビートの音楽が望ましい。できるだけ変拍子のない，単純な刻みのもの。その時々の流行の歌やアニメの主題歌などだと，声を出して歌いながら動けるので楽しさや一体感が生まれる。

■ 引き出したい動きに応じて伴奏を工夫する
○リズム太鼓

　その日の課題を教師と一緒に動くときや，子どもたちからイメージを引き出すときに，効果を発揮するのがリズム太鼓である。

①リズム
・均一の拍　（トントントントン）
・スキップ　（トントトン　トントトン）
・3拍子　　（トント　ト　トント　ト）
・序破急　　（トントントントトトトドドドドン）
②速さ：速く・ゆっくり
③音の大きさ：大きく（強く）・小さく（弱く）
④音の種類：太鼓の側面・床をたたく

　などを組み合わせ，緩急や強弱，アクセントなど，場面や学習の内容によって使い分ける。

　また「止まる！」の合図，教師の指示，集合の合図などにも使える。ただ，指示を出す際に，太鼓をたたきながら同時に言葉をかけても児童の耳には届かない。「さーて今度は○○になるよ！」「トントントン…ドドン！」などのように，声と太鼓を少しずらすなどの工夫が必要である。

　その他，扱う題材に応じてタンバリン（クリスマスの鈴の音），ホイッスル（サンバのリズムで）などの音も有効である。楽器が動きのよい伴奏となるか，騒音となるかは教師の指導力の見せどころ。実際に言葉かけをしながら音を出し，何度も実践することが大切である。

○イメージを引き出す口伴奏

　リズム太鼓で緩急・強弱をつけ，さらに口伴奏でイメージを広げる。子どもたち自身が声を出しながら動くことも，イメージと動きをつなげるのに役立つ。

◆花火のイメージで◆
・打ち上げ花火だ！　ヒュードッカーン！
・線香花火が　パチパチ！　パチパチ！
・ネズミ花火だ　シュルシュルシュル！

　このように，同じ花火でも動きの特徴や質感を捉えて口伴奏を変化させると，子どもたちの動きの多様化につなげることができる。

■ イメージの湧く音をたくさん集める

　学習の後半や，まとめに向けて自分たちで見つけた動きを自由に表現する段階では，児童たちの動きを引き立て，なりきることのできる音楽を使いたい。題材に応じたイメージを想起しやすい音楽をあらかじめ選んでおく。アニメやゲームなどのサウンドトラック，スポーツ番組や旅行番組等の使用曲集や，効果音全集などが使いやすい。入手したCDをひと通り聴いて曲調をメモし（速く激しい，楽しく弾む，静かで寂しいなど），授業の際すぐに流せるようにしておく。イメージが湧き出しそうな音を選び，編集しておいてもよい。イントロ部分が印象的な音楽は，ひとまとまりの作品を発表する際に，高学年で利用しやすい。

　動きを音楽に合わせるだけではなく，児童たちの動きを引き立て，表現に入り込めるような音楽を効果的に使うことが大切である。　　［君和田雅子］

7 学習カードの生かし方

> **Point**
> 1. 学習のめあてや約束を意識したり，見通しをもったりすることができるようにする。
> 2. 楽しく短時間で記録をし，学んだことを積み重ねることができるようにする。
> 3. 先生の励ましが届くように工夫する。

単元の学習が可能になる中学年から高学年では，学習を深めるために，学習カードを使うことが有効である。A4用紙1枚を3時間分に分けて，一言ずつ書くようなシンプルなものから，画用紙を2つ折りにして，絵を描いたり，最後の感想まで書けるようなもの，または，グループでできたことを書き加えていくグループカードなど，いろいろと工夫ができる。

学習カードは，先生にとっても自分の授業を見つめる好材料になるので，いろいろと作ってみることをお薦めしたい。

❶ 学習のめあてや見通しを与える

最初の時間に，先生と一緒に学習のタイトルを書いたり，めあてについて穴埋めをしたりしながら，子どもたちと学習の見通しを共有することができる。

例えば，社会科見学で消防署を訪れた後にその感動を表現してみようという単元では，国語の時間に見学の感想文を書いた後で，ダンスのカードを配布し，その最初の枠に，一番印象に残った場面をメモしておくというようなスタートもできる。

そして，子どもたちは，ああ，3時間体育の学習をすると，4時間目にみんなで発表会があるのだな，というような見通しをもてる。

3〜5時間で取り組む場合に，毎時間の最後に子どもたちにわかりやすい言葉で評価の観点を入れておけば，活動やできてきた作品について自己評価をすることもできる。

こうして，小学生でも自分の活動の見通しをもったり，振り返りをしたりすることは，自分から取り組む姿勢や，考えて動く力を高めることにつながっていく。

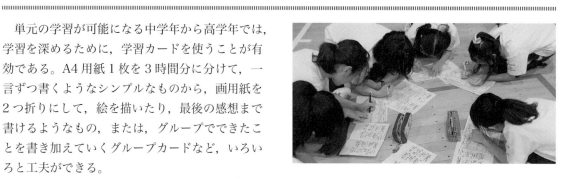

❷ 積み重ねが次の学習に生きる

学習の履歴をいつでも見られるのが学習カードのよい点である。今日は楽しかった，たくさん動いた，悩んでしまってあまり動けなかった，おもしろかった…このような感想の積み重ねや変化も大事だが，一歩進んで，「この間はどこまでできたかな，次回はこんなことをがんばるぞ」というようなことを導けるようなカードにしていきたい。

また，できる限り子どもたちの運動時間を確保するという観点から，学習中に何度もカードに書き込んだりするような設定や，記述に時間がかかり過ぎるような利用法にならないようにしたい。短時間で楽しく記録や振り返りができるように，チェックシートを工夫する。取り上げている題材のイラスト資料などを加えるのも効果的である。

❸ 先生の励ましが届くように工夫する

元気の出るハンコや，一言コメントなどで，「見ているよ」と伝えよう。あまり進まなかった子どもには，励ましやアドバイスも有効である。次の時間の最初に，数枚のカードから子どもの言葉を読むことは，お互いのヒントになったり，その時間の課題をはっきり伝えるチャンスにもなる。

＊巻末にいくつかの事例を掲載したので参考にして，先生オリジナルカードを作成してみていただきたい。

［宮本乙女］

8 発表・鑑賞から次へつなげる

Point
1. 学習成果を確認し、互いのよさを認め合い、次への意欲を高めることがねらいである。
2. 児童の発達段階や学習段階に応じて、効果的な発表の場を設ける。
3. 達成感と意欲をもたせるフィードバック（評価と意見交換）を大切にする。

表現運動は自分たちの発想や感動を見ている人に伝える（表現する）ことを目的とした運動である。したがって、動きを創ったり練習したりした成果を友達と見せ合い、表現したいことを伝える、友達の表現したいことを読み取ることが重要である。発表・鑑賞は表現運動の学習として欠かすことのできない活動場面と言える。学習のまとめとして成果を振り返るとともに、互いのよさを認め合う態度と次への意欲を育成したい。

1 発表形式のいろいろ

発表には多様な規模と形式がある。発達段階や学習段階に応じて効果的な発表の場を設けたい。

○毎時のまとめ：2～3グループ間での見せ合い

初めのうちは自信がなかったり大勢の前で踊ることが恥ずかしかったりするので、兄弟班同士で見せ合うと安心して発表できる。「相手のよいところを見つけて意見交換する」約束でおこない、本時の課題を達成できているかの観点で集中して鑑賞することで、表現の良し悪しを見分ける力がつく。この形式は、他のグループの発表は見られないが、具体的に誰のどんな動きがどうよかったかについて感想をもらえるので、表現を認められる喜びや楽しさを味わえるよさがある。

○毎時のまとめ：クラス全体で半分ずつ見せ合い

発表の抵抗感を少なく抑えつつ、多くの友達の表現を鑑賞させたい場合は、クラスの半分ずつ一斉に発表する形式が効果的。一度に大勢が踊ると個人のよい動きや工夫を見つけそこなう可能性もあるが、本時の学習成果を概観でき、人による表現の違いを見比べることができる。

○毎時のまとめ：全体の前で1グループずつ発表

慣れてくると大勢の前で踊ることに抵抗がなくなる一方で、友達全員の発表が見たいという希望が増えてくる。児童のそんな声を耳にしたら、転換点。クラス全体の前で1グループずつ発表する形式に切り替える。時間が足りないときには2～3グループずつ発表すると時間短縮できる。挙手や指名で感想を聞くとともに、教師も短く評価を返すとよい。

○単元のまとめ：本格的な発表会

単元の終わりには、コーンで仕切るなどして舞台空間を作り、本格的な発表の場を設けるとよい。高学年では、司会が題名と作品コメントを読み上げるなどの運営も経験させたい。全員が一言コメント用紙に感想を書いて各グループに渡す、ビデオ撮影して鑑賞会を設けるなどのフィードバックが次への意欲につながる。

○学校行事での発表会

グループ作品をメドレーで踊るなどしてクラス作品化し、それを学年行事などで発表するとクラス間の交流が図れる。また、運動会や学芸会などの学校行事では、教師が全体の構成を考えつつも、児童の授業での学習成果をそのまま発表する場面を取り入れると、主体性をもって意欲的に取り組み、達成感が高まる。

2 発表・鑑賞する態度の約束

発表は拍手や賞賛をもらって認められる喜びを味わい、次への意欲を高めるためにおこなう活動である。そこで、以下の約束を押さえるとよい。

○発表の約束
・恥ずかしがらずに堂々と踊る。
・精いっぱい大きく気持ちを込めて踊る。
・最後のポーズで3秒待ち、終わったら礼をする。

○鑑賞の約束
・集中して鑑賞し、友達のよいところを見つける。
・発表の前と後には大きな拍手を贈る。
・意見交換ではよかったところを具体的に伝える。
　発表会を始める前に大きな拍手の練習をさせると、気分が高まり、よい雰囲気で臨める。

［中村恭子］

9 子どもと共有する評価と評定

> **Point**
> 1. 学習の目標や学習活動に対応した評価の規準を設定する。
> 2. 観察できる子どもの姿として規準を表し，子どもとも評価を共有する。
> 3. いつ何をどのように評価するか計画する。

❶ 評価・評定を循環前進させ学習を改善する

学習評価・評定は，子どもの学習や成長を支えるために学習状況を評価して実現状況を捉えるものである。学習状況は子どものもつさまざまな要因や教師の学習指導・学習計画のあり方を反映する。そこで，教師は計画的な観察や記録を充実させて妥当な評価・評定をおこなうと同時に，学習評価を踏まえて授業改善を進め，学習の充実・改善を図ることが大切である。計画―実施―評価―改善の過程を循環前進させる学習評価・評定のサイクルは，子どもと教師が共に成長する道筋である。

❷ 観察できる具体的な子どもの姿で表記する

学習評価・評定に際しては，教師の思い込みや一方的な評価を回避し，妥当性のある評価がおこなえるようにすることが大切である。そこで，学習のねらいに対応して「十分満足できる」「おおむね満足できる」実現状況を示す評価規準を設定する。評価規準は観察できる具体的な子どもの姿として表記することが大切である。

❸ 目標や学習活動に即して評価規準を設定する

単元学習に取り組む場合には，単元の目標に応じた評価規準を設定し，さらに，学習活動に即して評価規準を具体化して設定する。

例えば，中学年の表現学習で求められる「学びに向かう力，人間性等」とは，「運動に進んで取り組み，誰とでも仲良く踊り，友達の動きや考え方を認め，場の安全に気を付ける」である。表現学習の導入では，「表したい感じを表現して踊る楽しさに触れることができるように，動きを真似したり思いつくままに動いたりしてみる」学習活動がよくおこなわれる。この学習活動に即して評価規準を具体化すると，次のようになる。「十分満足できる」学びに向かう力，人間性等の実現状況は，「表したい感じを表現したりリズムに乗ったりして踊ることができるように，教師の言葉かけに反応したり，友達の動きを認めて，進んで運動に取り組んでいる」である。「おおむね満足できる」実現状況は「…教師の言葉かけに反応して，体を動かそうとしている」である。

❹ 単元過程の構造を見通して評価の計画をする

単元の進行状況に合わせて，いつ何をどのように評価することが適切かを考えて，評価計画を決める。前項の評価規準例の場合では，例えば単元の初めに1回，なかの過程で2回同評価をおこなう。「おおむね満足できる」状況に届かない「努力を要する」子どもに対しては，1回目の評価時期にはすぐに評価をせずに，適切な支援を継続したうえで，2回目の評価時期に評価をおこなう。このように単元過程の構造を見通して，3観点について，評価時期やその回数，評価方法等について検討し，評価をおこなうようにする。

❺ 評価規準を共有し子どもの視点も反映する

一方，評価規準を共有して子ども自身も評価することが大切である。共感と信頼が育つ学習評価を進めたい。例えば，単元過程でおこなう評価規準を簡単にして学習カードに反映させたり，自己評価・相互評価の記載から子どもの着眼点や評価を拾って，学習評価・評定に反映させたりする。また，個人内評価を活用すると，子どもの実現過程やがんばりが共有できるので，課題の解決や成長へと，同じ視点から取り組むことができる。

❻ 教師間で評価・評定の方法を共有し交換する

評価力を高めるためには，個人や学年の教師間で授業を参観し合い，観察評価の記録を提供するなどして，共有する評価規準や評価結果の妥当性・安定性を確認したり，児童理解を深めたりする必要がある。

[松本富子]

第8章

発達段階の特徴と指導のポイント

1 子どもの発育・発達の特徴と表現運動の意味
2 発達段階の特徴を踏まえた指導のポイント
3 幼児の特徴と指導のポイント
4 小学校低学年の特徴と指導のポイント
5 小学校中学年の特徴と指導のポイント
6 小学校高学年の特徴と指導のポイント
7 中学生の特徴と指導のポイント
8 高校生の特徴と指導のポイント

子どもは小学校の6年間で驚くほど成長します。身体の発育，体力・運動能力の発達はもちろんのこと，認知，情緒，社会性の発達も目覚ましいものがあります。表現運動では特に，子どもの興味関心や理解力，仲間との関係性など，精神面での発達を押さえておくことが効果的な指導の鍵となります。本章では，そのような発達段階の特徴を踏まえ，ふさわしい学習内容と指導方法について提案します。

1 子どもの発育・発達の特徴と表現運動の意味

● 始原の動きと好奇心が生み出す発達の動き

この世界に生命が誕生したとき，その生命の動きは「大きくなったり，小さくなったり（拡大と縮小）」である。それはまさに「細胞の呼吸の動き」であり，生きている証である。人間も１つの細胞が拡大と縮小をしながら分裂を繰り返して発達し続け，生物の進化の時間をあっという間に過ごしながら誕生する。生まれてしばらくは手足をうまく使うこともできないが，やがて寝返りをし，うつ伏せから前腕で（次第に手で），身体を支え，顎を上げるようになる。まさに羊水の中から外に出た不自由な魚類状態から両生類のようである。やがて７・８か月も経つとハイハイで移動するようになる。その様は両生類や爬虫類の動きである。１年も経つとつかまり立って，やがて歩くようになる。

これらの動きを獲得する源には「好奇心」がある。気になる音がする，気になるものが視界に入る，それを手にしたいと，思いっきり腕を伸ばす，頭を傾けてみる，コロリ，あ，寝返りができちゃった。身体が持ち上がると高い所が見える。今まで，天井か床に近い所しか見えなかったのが一気に視界が広がる。さらなる好奇心が遠くにあるものを手にしたいと思わせ，足の親指で床を蹴らせる。すると，「ありゃ，前に進んだ」とハイハイ（ずりばい）を獲得する。移動できる喜びに溢れ，ものを手にして，なめて，認識を獲得していく。ハイハイの次は四足の移動である。左右交差して手足を運ぶ。次いで高這い。高這いで移動するとギャロップのような足運びになる。この「タッタ（あるいは「タタ」）」は，体力診断テストの垂直跳びの，バレーボールのスパイカーの，バスケットボーラーのシュートの踏み切りの動きである。壁やテーブルにつかまり立って，「ありゃ，見える見える，遠くまで見える」を味わうと，もう低い世界に帰りたがらない。だから，その時期にその動きを十全に体験させたい。歩けるようになると，あれは何，これは何？と「なぜ」の世界がどっと広がる。

好奇心こそが新たな動きの獲得の要になるのである。このことは表現運動においても１つの視点になり得る。子どもの好奇心に呼びかけて動きを引き出したい。

● 人間の動きの特徴である「直立持続二足歩行」の前に

前述のように，赤ちゃんは脊椎動物の進化の過程を思わせる動きを獲得しながら人間らしい動きに育っていく。赤ちゃんがおなかの中にいるときの動きはさておき，生まれてからの背骨の動きを見てみよう。

ボニー・ベイブリッジ・コーエン（Bonnie Bainbridge Cohen）は，母乳を吸う動き，すなわち唇で下から上に乳首をまさぐり，くわえ，吸う動きが背骨の連なりの自然なエス（S）カーヴにおける首の前湾を育てると指摘する（Feeling, Sensing and Action, 2008, 2012）。消化器系のほうが神経系や筋骨格系より先に発達する。飲食の行為が背骨や筋肉を育てるのである。

次に，背骨の連なりの自然なSカーヴにおけるもう１つの前湾についてである。それは，ハイハイをすべく脚を引き上げることによって育まれる。脚を引きつけると骨盤が少し傾いて，そのことによって腰椎部に湾曲が生まれる。そして，親指で床を押し，その動きが螺旋上に股関節にまで伝わり，さらに体幹をくねらす背骨全体の動きへと伝わるのである。足親指から押す動きは発達上とても大切である（ボニー，斉藤公子＊，近藤四郎，丸山美和子他）。

ちなみに速く走る動物は踵が地面に着いていない。猫や犬の膝に見えるその場所は踵である。最も速く走ることができるチーターは，人間の足指で言えば最初の骨（第１指節間関節まで）しか接地していない。この時期の赤ちゃんの足親指は，進化の歴史を発達上に実現しているかのように大変育っており，成人と比すとはるかに大きい。走ったり，坂道を登ったり，ジャンプのように足指で強く地面を押す動きの基礎はこの時期に養われる。

● 幼児期から小学校期における２つの発達の特徴

１つは，スキャモンの発育曲線に示される「神経系の発育の旺盛な時期」ということである。６

歳から7歳ぐらいになると成人の90%近くまでに達する。ちょうど小学校入学時くらいを境に，大人がする動きの「形」がおおよそできるようになる。左右交差型で歩き，体幹をひねってボールを投げたり蹴ったりするようになる。ちなみに，10歳から12歳では成人の98%くらいまでに達する。よって，この時期はさまざまな体の動かし方の経験，つまり神経系の発達を促す動きを保証したいものである。その意味においても，体幹や四肢を多様に動かしておこなう表現運動は発達にとって欠かせない運動領域と言える。

もう1つは話し言葉についてである。3歳ぐらいになると"～しながら～する"ことができるようになり，「ゆっくり，フワッと」など言葉による運動の調整が可能になる。つまり「ゆっくり回りながら，フワッと跳ぶ」という言葉の意味がわかるし，その動きをしようとするようになる。動きを「鳥みたい」「チョウチョみたい」とか，跳ぶ動作を「キック跳び」「カエル跳び」というように名前をつけたりもできる。4歳，5歳になると「見立て」「つもり」活動ができ，言葉でイメージして行動できる。動きを言葉で表したり，逆に，言葉から動きを引き出したりすることを促す意味においても，表現運動は他の運動領域に抜きんでている。「ピーン，ゴロゴロ」など，擬態語や擬音語を多用して言語も豊かにしていきたい。

● 早生まれさんはいつ解消するか

「1月1日から4月1日までの間に生まれること，またはその人」を早生まれと言う。同じ小学校1年生でも，例えば4月・5月生まれさんと，早生まれさんとでは言葉も動きもまったく異なる。さて，その差はいつごろ解消するのだろうか。今村ら（1989）や川口・森（2007）によれば，スポーツの能力や学力においてその差が高校卒業時くらいまで残ると言われている。また，自己の捉え方という点について言うと，生涯においてその影響があると指摘される（岡田 2003）。つまり，いつも「早くしなさい，愚図」と言われたり，他者と比較して自分の出来映えが劣ると感じているときに「それはあなたが劣っているからではなく，単に，あなたが早生まれだから」等の擁護を得られなかったりした場合，ずっと劣等感が残るということである。逆に，4月や5月生まれゆえの出来映えのよさが誤った優越感を育てやすい。生まれ月による初期の優位感や劣等感がその後の学習意欲や運動への意欲に影響し，次の成績差につながることをこころ留めおきたい。

幸いなことに表現運動は個の自由な発想から動きを生み出す領域ゆえに，他者との出来映え比較がされにくい。このことはすべての子どもにとって，誰もが等価に認められる実感をもたらし自己肯定感を育みやすいと言えよう。とはいえ，年齢や学年に基づいた一定の基準を念頭に置く片方で，表現運動においても個の育ちの背景にある月齢について強く意識し，生まれ月による負の影響をできるだけ抑えよう。

● あらためて，他の運動と表現運動はどこが違う？

表現運動はスポーツと異なり，"競争"や"達成"を求めない。そういう違いもさることながら，すでに述べてきたように運動の多様さや動きの質の豊かさにおいて格段に優れている。例えば「走る」を取り上げてみよう。スポーツにおける「走る」は，たとえジグザグやグルグル巻きのようなコースを設定しても「速さ」をめざし，そのための身体をコントロールする力を養う。ボール運動における「走る」はさまざまな方向に走るが身体の高さは一定である。それが合目的だからである。一方，表現運動ではイメージによって随時遅速が変化する。方向も一定ではない。身体の高低もしかり，多様に変化させ得る。「走る」に限らず，たくさんの動詞をイメージによって多様に経験させ得る。そしてスポーツではほとんどおこなわない，這う動きや転がる動きなど床を使う動きをたくさん経験させ得る。

● 最後に

発達の動きのセラピー（Developmental Movement Therapy）という領域がある。それは生まれるところからやり直すというものである。脊椎動物以前の動き「細胞の呼吸の動き」に始まり，ハイハイや高這い等発達の段階をやり直す。つまり，これらの動きは人間の身体と心と社会性の成長において非常に重要な動きということである。

幼児期，小学校期はこの発達の動きを意識して経験させる課題を選びたい。そして自由な表現を大事にする傍ら，経験すべきときに経験させたい課題を提供したい。さまざまな提案をし，何回も挑戦させたい。

■注
＊多くの著書がある。さくら・さくらんぼ幼稚園における実践を通して，「リズム遊び」の重要性，特に足親指の発達と脳の発達について言及する。

［原田奈名子］

2 発達段階の特徴を踏まえた指導のポイント

　子どもの発達段階の特徴を踏まえ，ふさわしい表現運動の内容と効果的な指導方法を提案したい。

1 発達段階の特徴
(1)運動能力の発達
　図1は運動能力の発達パターンを示している。脳と神経系は8歳頃，呼吸・循環器系は12歳前後，筋・骨格系は15歳前後に発達のピークを迎える。したがって，以下の動きの習得を目標としたい。
◆幼児や小学校低・中学年ではさまざまな身体の動かし方の経験から多様な動作を習得させる。
◆小学校高学年や中学生ではさまざまな動作を習得させると同時に持久力を向上させる。
◆中学3年生くらいから高校生では負荷の強度を上げ，動きの中で力強さを身につけさせる。

(2)認知・社会性・情緒の発達と運動遊び（表1）
◆3～5歳の幼児後期には外界への興味が増し，自発心や探求心が旺盛になり，「イヤ」という反抗が目立つようになる。友達と関わり合って集団で遊ぶようになるが，4歳までは自己主張が多く喧嘩になりやすい。5歳半になると相手の立場を理解して，自分たちで問題を解決できるようになる。鬼ごっこやボール遊びを通して走・跳・投・蹴・回・かわすなどの動作が飛躍的に上達する。
◆小学校低学年はまだ自己中心的思考で直観的な判断をする。やりたい遊び中心の幼児期を卒業し，やらねばならない学習への勤勉性を獲得することが課題となる。個の興味を尊重しつつ教師との信頼関係を築き，集団のルールの中で目標達成する喜びを感じさせたい。神経系の発達のピークでもあるので，遊びを通して多様な動きを獲得させる必要がある。
◆小学校中学年はギャングエイジと呼ばれ，仲間意識が顕著になり，他者の喜びや満足を自分のそれと同様に大切なものと考え始める。友達と協力して学習したり自分たちでルールを作ったりできるようになる。動きの習得の臨界期，敏捷性の発達のピークでもあるので，個人やグループの目標をもたせ，全員ができるように友達同士で励まし

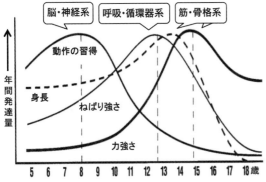

図1　子どもの発達・発育パターン
（宮下充正「子どものスポーツ医学」『小児医学』1986より一部改変）

表1　子どもの発育発達と運動遊び

齢	0	1	2	3	4	5	6	7	8	9	10	11	12	13	14	15	16	17	18	19	20	21
発達	乳児期	幼児期前期		幼児期後期			児童期			青年期前期									青年期後期			
	乳児	1歳児	2歳児	年少	年中	年長	低学年	中学年		高学年		中1･2年		中3･高1		高2･3年			大学生			
身体・運動	寝返り　ハイハイ　つかまり立ち　つたい歩き	一人歩き　横動作　走る	片足立ち　両足跳び　足先歩き　つま先走り　後ろ歩き	片足跳び　ロープ跳び　ブランコ立ち漕ぎ　スキップ　ケンケン降り	両足ブランコ立ち漕ぎ　ロープ跳び　片足ケンケン	平均台歩き　スキップ　ギャロップ	走り幅跳び　ブランコ立ち漕ぎ　鉄棒前回り	←調整力の発達→（敏捷性・巧緻性・協応性・リズム感）				←持久力の発達→							←運動の熟成			
														←筋力の発達→								
													←第2次性徴期→									
認知	感覚運動期			前操作期　表象的思考		直観的思考	具体的操作期			形式的操作期												
社会性・情緒	○大人との基本的信頼感⇔不信感	○自律性の獲得　○個の確立⇔恥・疑惑●第1次反抗期		○積極性・自主性　○自尊心・探求心⇔罪悪感		○自己統制	○勤勉性の獲得⇔劣等感	○連帯感　役割意識		○独立性●第2次反抗期		←思春期→　○自我同一性の確立不安・葛藤							○親密性　社会的自立⇔孤立			
関わり遊び	▲援助遊び　大人の模倣　周囲への興味・関心	▲一人遊び　砂遊び　水遊び	▲並行遊び　ブランコ　滑り台　つもり遊び	▲連合遊び　ごっこ遊び（ままごと）鬼ごっこ・かくれんぼ　縄跳び・鉄棒・ボール遊び・・・・・	▲協同遊び	▼トラブル解決	▲徒党遊び（ギャングエイジ）	▲親友　秘密基地など		▲部活動　スポーツ活動・文化活動												

参考文献：J.ウィニック『子供の発達と運動教育』大修館書店，2000／大城昌平編『リハビリテーションのための人間発達学』メディカルプレス，2010／服部幸子『精神的発達の基礎知識』『乳幼児の心身発達と環境』名古屋大学出版会，1991／山岸明子『こころの旅　発達心理学入門』新曜社，2011

合って学習させるとよい。

◆**小学校高学年**では10歳前後から第二次性徴が発現し始め，体の変化が顕著になるとともに思春期に入る。身体面と精神面の発達がアンバランスで，自己不全感に陥りやすい。持久力の発達のピークなので，エネルギッシュに動いて気分を解放するとともに，各種運動の基本的技能を高め，楽しさや喜びを味わわせるとよい。

◆**中高生**まで思春期が続く。情緒豊かになる一方で，特に中学生は不安定で自尊心が傷つきやすい。自己の内面をさらけ出すことを嫌い，他者との比較で一喜一憂しやすい。1人ひとりの個性を認め，得意な分野を伸ばして自己発見に導きたい。また，持久力・筋力が発達する時期なので，動きを高めることに挑戦させ，有能感をもたせたい。

2 表現運動・ダンスの学習内容と指導のポイント

(1) 学習内容（p.154 資料1参照）

◆**幼児から小学校低学年**までは，身近な題材（動物や乗り物）や絵本などの登場人物になりきって表現することを好む。簡単なお話を作り，物語の世界に浸って遊べる。ごっこ遊びの延長で役割分担もできるが，基本的には全員が主役。教師の問いかけに反応し，すぐにそのものになりきる。リズムに乗って弾んで踊ることも好きだが，音楽のビートを捉えて踊ることはまだ難しい。変身が得意なこの時期には表現遊びを中心に，個人や2人組で自由な自己表現を楽しませるのがよい。

◆**小学校中学年**になると興味の範囲が広がり，さまざまな生活場面や社会科見学などの体験を表現できるようになる。また，忍者や○○探検など空想の世界の表現を好み，なりきって表現する。相手と対応・対立するなど，グループで役割分担のある表現ができる。2～4人組，生活班などのグループで活動し，友達の見つけた動きを真似するなどして，互いのよさを認め合う態度，協力し合って学習する態度を身につけさせたい。

◆**小学校高学年**になると思春期に入り，思ったことを素直に表現することを恥ずかしがる児童も出てくる。一方，体力は充実してくるので，激しい感じを捉えた題材や，「集まる―とび散る」などの群が生きる題材，スポーツ，祭などの躍動感のある題材を扱い，精いっぱい大きく動くことを課題にして，恥ずかしさを感じる隙を与えない内容がよいだろう。また，見つけた動きを中心に簡単なひとまとまりの表現にして踊り，達成感を味わわせたい。

◆**中学1・2年生**もダイナミックな動きの題材から取り組ませるとよい。動きに緩急強弱をつける，表現を誇張するなどの表現方法について理解でき，変化と起伏のある作品のまとめ方に意欲をもつ。

◆**中学3年生や高校生**では，繊細な動きや抽象的な表現もできるようになる。感情表現や社会問題をテーマにした題材，アンバランスな群や空間の使い方，不均等な間の取り方にも挑戦させたい。

(2) 学習指導の進め方

発達に照らして，1時間の授業における効果的な指導方法を図2のように提案する。

◆**幼児や小学校低学年**の児童は一度に多くの課題に対応できない。そこで，徐々に動きを発展させるように，1問1答の**キャッチボール方式**で，教師が問いかけて引き出していくとよい。

◆**小学校中学年**では友達との活動を大切にしたいが，まだ見通し力が弱い。そこで，教師の指導をもとに1つの表現を友達と工夫し，また教師の指導を挟んで次の段階へ進める**サンドイッチ方式**がよい。

◆**小学校高学年以上**になると，動きの工夫から簡単な作品づくりまで見通しをもって活動できるようになる。教師と一緒にいくつかの表現のポイントを学び，それを**踏み切り板**にして自分たちの表現を発展させるように促すとよい。

図2 児童の表現を引き出す学習指導の例（1時間の展開）

■参考文献
1) 松本千代栄「発達段階と課題学習」『女子体育』26 (3)，㈳日本女子体育連盟，pp. 7-10, 1984.
2) 相場了・栗原知子「発達と指導のポイント」『ダンスの教育学』第2巻第1章，徳間書店，pp. 26-33, 1992.

[中村恭子]

3 幼児の特徴と指導のポイント

発達段階の特徴
- 遊びを通して多様な身体感覚を経験する。　　　　　　　　　　　　　　　　（運動技能の発達）
- まねっこや変身が好きで，なりきって遊ぶことを楽しむ。　　　　　　　　　（心の発達）
- 保育者との安定した関係をもとに，友達と一緒に動くことに楽しさを感じる。（関わり方の発達）

▶問いかけて引き出す指導◀

　幼児は生活そのものがまるごと表現である。言葉の成長が未発達であるため，日常生活の喜怒哀楽から自分の思いを伝える方法まで，言葉よりも身体の表現に頼るところが大きい。また，真似をしたり変身したりすることが大好きで，恥ずかしいと思う気持ちが少なく，自分の気持ちを素直に表現できる時期である。

　幼児は「ごっこ遊び」が大好きで，少しずつお話を作っていく「つぎたし話」でイメージを広げていく。また，「魚の形の雲」「椅子の怪獣」など，物を何かに見立てて想像を膨らませるのが得意で，現実とイメージの世界とが混ざっていることが特徴である。このような幼児の表現遊びでは，「問いかけて引き出す」指導が有効である。保育者は幼児のイメージに「問いかけ」，幼児が言葉と動きで「答え」ていく。その積み重ねによって豊かな身体表現へと導いていきたい。

■1 保育者が「問いかけ」幼児から「引き出す」

　保育者の問いかけに答えていく中で，幼児はイメージを広げ，なりたいものの動きを見つけていく。やりとりをしながら「あ，そうか」「いいね」と幼児の発想を認め取り入れていく。保育者の意図したこととは逸れてしまうこともあるが，大人が思いもよらぬ発想に出会うこともある。保育者は幼児のイメージを動きにするときに多様な動き（形・大きさ・速さなど）になるように問いかけを工夫することが大切である。

〈保育者の問いかけ〉		〈幼児の答え〉
虫は冬の間どうしているの？ （イメージを引き出す）	⇔	冬眠するんだよ （自分のイメージを動きに）
冬眠て何？　どうするの？ （動きを引き出す）	⇔	土の中で寝てるの （問いかけに合った動き）
冬の間に穴から出たら？ （イメージを引き出す）	⇔	寒い寒い，凍っちゃう （自分のイメージを動きに）
本当はいつ出てくるの？ （イメージを広げる）	⇔	春になったら （イメージを膨らませる）
春はまだかな？ （動き・リズムを変える）	⇔	もういいよ！　春だよ！ （問いかけに合った動き）

■2 身近な題材から表現の世界へ

　保育者は幼児の身の周りのもの，興味・関心のあるもの，園生活の中（絵本や歌・行事など）などから題材を取り上げ，幼児が自ら活動に取り組めるようにする。

　例えば，犬・猫・ライオン・キリンは幼児が大好きで変身したい動物である。しかし，これらは四足動物で，鳴き声こそ違うが，変身するとどれもハイハイの形になり動きに変化がない。そこで，その間にカエルや鳥，ヘビなどを挟んでいくと動きに変化が出てくる。「キリンの首はどこまで届くのかな？」と問いかければ，幼児は精いっぱい上に伸びていく。動きに変化が出て，体を精いっぱい使うと楽しくなってくる。次々に変身すると「何でもできる」気がしてくる。夢中になって変身すれば「なりきって」表現できるようになる。自分の体でいろいろな動きができるのだということに気づく。自分の工夫が認められれば「これ，いいんだ」と自信がつく。保育者や友達と共に動くことで，自分と他者の存在に気づき，自分の気持ちを他者に伝える楽しさを感じる。

　このように，やりとりを繰り返すうちに自然に表現の世界へ導いていくことが大切である。

■3 5 領域と表現

　保育活動は「健康」「人間関係」「環境」「言葉」「表現」の 5 領域から総合的に取り扱うこととされている。表現遊びは「表現」領域であるが，その内容は「体を存分に動かし」「保育者や友達とかかわり」「身の周りのものから題材を探り，よく観察し」「自分の思いを伝える」まさに総合的に取り扱う教材である。折に触れて取り入れていきたい活動である。

［奥村直子］

小学校低学年の特徴と指導のポイント

発達段階の特徴

○遊びを通して多様な身体感覚を身につけていく。　　　　　　　　　　　　　（運動技能の発達）
○まねっこや変身が好きで，なりきって遊ぶことを楽しむ。　　　　　　　　　　（心の発達）
○教師との安定した関係をもとに友達と一緒に動き，工夫する楽しさを感じる。　（関わり方の発達）

▶キャッチボール方式の学習指導◀

低学年の児童にとっては，生活そのものが遊びである。遊びながらいろいろな経験をし，身体感覚を身につけていく。そこで教師は，さまざまな運動遊びを通して多様な動きを体験させるよう考えることが必要である。

また，想像力が豊かで，好奇心が強く，変身好きという特性もあり，これをおおいに生かして学習を進めていきたい。まず，児童が好きで，よく知っており，興味をもつ具体的な題材を取り上げ，自分の動きで遊ぶ・動くことを中心に進めよう。

この発達段階に有効なのが「キャッチボール方式」の学習指導である。教師と児童の信頼関係に基づき，教師の問いかけ（投げた言葉）に応じて，児童が動きで答える。これが，ここで言う「キャッチボール」である。

1 教師と児童のキャッチボール
〜何を投げ，何を投げ返すのか

児童の見つけたものを動きにつなげるためにポイントとなるのが，教師の「動きを引き出す言葉」である。教師の問いかけに答える中で，表現リズム遊びのおもしろさや友達と一緒に動く楽しさを体験させることが表現力の芽を育む。例えば，以下のように進める。

〈教師の問いかけ〉		〈児童の答え〉
どんな動物知っている？ （イメージを引き出す）	⇔	好きな動物で遊ぶ （自分のイメージを動きに）
速く走る動物だよ （動きを引き出す）	⇔	速い動きで表現 （問いかけに合った動き）
遠くまで走って行けるね （空間を広げる）	⇔	あちこち走る （動き・空間を変える）
ピョーンピョン跳ぶのは？ （動き・リズムを変える）	⇔	跳ぶ動きで表現 （問いかけに合った動き）
お友達見一つけた （関わりを促す）	⇔	友達の真似や関わり （友達と動きの交換・交流）
動物ランドへ出発（まとめ）	⇔	見せ合い・振り返り

初めはこまめにボールのやりとりをして，多様な動きの経験を多くする。1回の動きは短めに，どんどん切り替えていくように進める。児童の様子をよく見ながら，早めに動きに変化をつけていくほうが飽きずに続けられる。ポイントは動きを引き出す「言葉」である。言葉かけの中に間接的に（イメージに合わせて）「動き」「空間」「リズム」を変化させる要素を溶かし込み，児童が自然な形で動きとイメージを広げていけるように促すことが大切である。なりきる雰囲気を壊さないように工夫したい。

キャッチボールは1回では終わらない。何度も繰り返し，投げ方にも変化をつける。低学年では，特にここを丁寧におこなうことが大切である。

2 遊びの中から「止まる」をつかむ

児童は動くのが大好きだが，動くだけでなく「止まる」瞬間をつくることを心がけたい。遊びの中で止まらざるを得ない状況をつくり「止まるのもおもしろい！」と感じさせる。「止まる」ことで緊張感やめりはりが生まれ，児童の意識も切り替わる。教師は児童の様子をしっかり見て，次の問いへとつなげていく。

3 よく見て「真似る」ことから

児童にとって教師の動きや声，表情を見て真似することは，学習の第一歩である。そこで，まず教師自身がなりきって大きく表現し，楽しんでいる姿を見せることが，学習への取り組みに影響する。

安心して真似ることができたら，教師の真似から友達の真似へと広げられる。集中してよく見ないと動きの真似はできない。繰り返しお互いに真似し合うことが児童同士の関わりにもつながっていく。これは，体育の他領域でも他教科の学習でも，さらには学級経営にも生きてくる，基本的な学びの姿勢である。

[栗原知子]

5 小学校中学年の特徴と指導のポイント

発達段階の特徴
○多様な動きができるようになり，身軽に活発に動くことができる。　　　　　　（運動技能の発達）
○好奇心が旺盛になり，励ましや助言を素直に受け止め，意欲的に取り組む。　　　（心の発達）
○行動範囲や交友範囲が広がり，協力して学ぶようになる。　　　　　　　　　　（関わり方の発達）

▶サンドイッチ方式の学習指導◀

中学年の児童は，好奇心が旺盛で，多様な動きに挑戦し，自分が感じたことや指導されたことなどを素直に精いっぱい表現できる。また，行動範囲や交友関係が広がり，活発に学習に取り組もうとする時期なので，それぞれがもっている力を友達同士出し合って学び合うことが大切になってくる。

中学年では，児童の主体的な活動を大切にしたいが，まだ学習の見通し力が十分ではない。そこで，教師と一緒に動くことと，児童が個人やグループで動くことを1単位時間の中で繰り返しおこなう「サンドイッチ方式」の学習指導が望ましい。教師と一緒に動くことで，「こんなふうに動けばよいのか」と理解したり，「自分だったらこんな動きにしてみたい」という意欲をもったりできる。教師の指導を間に挟むことによって，児童は安心して表現を多様化していけるのである。

❶ 教師はどのように指導をはさんでいくのか

課題を問いかけたら，まず教師が例を示して一緒に動き（■），次に自分たちで見つけて友達と一緒に動く（○）を繰り返して学習を進めていく。

イメージと動きの例を提示した後で児童のイメージを引き出し，教師と一緒に動きにしていく。

〈教師の問いかけ〉	〈児童の活動〉
動きのデッサン①：忍者のイメージと動きを捉える	
忍者はどのように動く？ 他にどんな動きがある？	■教師と一緒に「忍者走り」 ○知っている動きを答える
動きのデッサン②：見つけたイメージを動きにする	
忍者の技を動いてみよう 他にどんな技がある？	■教師と一緒に「火遁の術」 ○リーダーを真似て動く
忍者の戦いを動いてみよう 他にどんな戦いがある？	■教師と一緒に「刀で戦う」 ○リーダーを真似て動く
ひとまとまりの動きにする：見つけた動きをつなげる	
技と戦いをつなげてみよう 「忍者走り」を間に入れて	■教師と一緒につなげて動く ○グループでつなげて動く
見せ合い・振り返り：友達のよい動きを見つける	

そのときに，動きの質が異なるイメージ（忍び足で走る，ピタッと止まる，爆発！など）を取り上げて，動きの多様化や特徴を捉えることにつなげたい。いくつかを一緒に動けば，それを参考に，次は自分でも自信をもって動くことができる。「他には？」と問えば，さらに広がる。

グループでまとまりのある動きにする前も同様に，教師の言葉かけでつなぎ方を動いてから児童にゆだねれば，見通しをもって取り組むことができる。

❷ 見つけた動きを息が切れるほどためす

中学年で大切にしたいのは「自分だったらこのように動きたい」と主張させることと，気に入った動きを「息が切れるほど」動いてみさせることである。

自分の動きを主張させるためには，学習の見通しをあらかじめ児童にもたせ，時には「忍者はどんな術を使うか調べてこよう」と宿題を出しておく。イメージをたくさんもたせることで意欲づけを図りたい。

イメージを動きにするときは，児童の動きを肯定的に評価して自信をもたせることが大事である。繰り返したりつなげたりして，息が切れるほど踊らせたい。気に入った動きをたくさん踊れば満足する。

❸ 関わり合って動きを広げる

自分の動きを主張すると同時に，友達のよさを認めて自分の中に取り込むことも大事にしたい。自分で見つけた動きはもちろん，教師の動きや友達の動きも身につければ財産が豊かになる。ペアや3人程度の「リーダーに続け」は，自分が考えた動きを提案するだけでなく，友達の動きを真似ることによって動きを多様化するきっかけになる。関わり合いの中でイメージと動きを多様に広げ，技能を伸ばしていくことができるのが中学年の特徴である。

[山下昌江]

6 小学校高学年の特徴と指導のポイント

発達段階の特徴
○著しく体が発育し，エネルギッシュな動きができる。　　　　　　　　　　（運動技能の発達）
○不安定さも見せるが，目標に向かって自己を向上させようと努力する。　　　（心の発達）
○互いのよさに目を向けることができるようになり，連帯感を求める。　　　　（関わり方の発達）

▶踏み切り板方式の学習指導◀

目標に向かって自己を高めることに成就感をもつ高学年。友達との関わり方も深くなる時期であり，互いに励まし合いながら目標を達成する心地よさを味わわせると，さらに向上心が増し，存分に力を発揮する。

こうした特性を生かして，児童の力を引き出すには，「踏み切り板方式」の学習指導が有効である。踏み切り板方式とは，本時の課題の解決方法を教師の指導をもとに児童が習得し，それを踏み切り板として，それぞれの自由な発想に広げていく学習法である。踏み切った後はグループの友達と互いに高め合いながら，ひとまとまりの動きを作る。これにより，児童に自らの力で創り上げる喜びと自信をもたせることができる。

1 習得したことを生かして主体的な児童の活動へ

授業の前半は，教師の問いかけ（■）を中心に課題を体でつかみ，後半はグループ活動を中心に児童が習得したことを生かして，主体的に工夫する学習（○）へと進める。

〈教師の問いかけ・指導〉	〈児童の活動〉
■学習課題を心地よいひと流れの動きにして体感させる	
ひと流れの動きを板書 激しくとびだす！もっと！ いろんな形・方向，遠くに！	声に出して流れをつかむ 精いっぱいの動きを体感 多様な動き方を体感
■イメージと動きを結びつけた例を知らせる	
怒りが爆発！あちこちで 炭酸が噴き出す！そして？	イメージによる動きの違い をつかむ
○イメージを広げ，自分たちのイメージで動く	
他にやってみたいのは？	自分のイメージで動く リーダーのイメージで動く
○ひとまとまりの動きを作る	
気に入ったイメージの動き を中心にまとめてみよう グループごとに助言	グループでイメージを選び ひとまとまりの動きを作る 特徴が引き立つ工夫をする
○見せ合い・振り返り：学習の目標が達成できたか	

こうして，習得したことを踏み切り板として自由な発想へと広げることで，同じ課題であっても，さまざまなイメージが生まれ，世界に1つだけのものが創れるという醍醐味を味わわせることができる。それは「もっと創りたい」との意欲を高めることに他ならない。

2 挑む，高める，身につける

教師が問いかけて進める学習場面では，高学年としての技能向上をめざした指導も重要となる。今ある力で満足することなく，少し高い目標をもたせて挑ませる場面も設定したい。「体を思いっきり投げ出して跳べるようになった」「1つしか見つけられなかった動きが今日は3つ見つけられた」など，できなかったことができるようになっていく喜びを実感させることこそが高学年の児童の心を動かす。

児童の主体的な活動場面においても，教師の適切な関わり方が必要なことは言うまでもない。教師はグループを回りながら「できたところまでやってみよう」と促し，すかさずよい動きを捉えて褒め，自信をもたせる。さらに，リズムの変化や空間の使い方などに着目させて，動きを工夫する力を身につけさせたい。

3 指導と評価を一体化し，次へつなげる

指導と評価を一体化することは，児童が学ぶ道筋を明確にもつことにつながる。特に見せ合う場面では全体的な出来映えではなく，「今日の課題の，急に動きが変化するところができたかを見よう」など，児童が学習の目標に沿った見方ができるよう評価の観点を絞ることが大切である。

教師も目標が達成できたかの観点で自身の指導を評価したい。高学年では課題の理解を積み重ねることで表現力が高まるので，本時の活動を振り返って児童の理解度を評価し，次時の活動がよりよくなるために何を指導すべきか見極める必要がある。

[長津　芳]

7 中学生の特徴と指導のポイント

発達段階の特徴

○学習したダンス技能を積み重ねることにより，多様な表現ができるようになる。（運動技能の発達）
○羞恥心が強くなる時期なので，心と体をほぐすための工夫が大切。（心の発達）
○仲間と協力し合いながら，見通しをもってグループ活動を進めることができる。（関わり方の発達）

▶1時間完結学習を積み重ねる指導◀

中学生の時期には筋力や調整力が増し，力強い動きや複雑あるいは繊細な表現ができるようになる。また，知的にも発達し，発想がより豊かになる。動きから多様にイメージを広げたり，逆にイメージに合った動きを見つけて精いっぱい踊ったりする活動を通して，もてる力を存分に生かし，自己表現することの楽しさを味わわせたい。

中学校では，ある程度長い期間，見通しをもってダンス単元を実施できるので，生徒の実態に合わせて必要とされるダンス技能（課題）を「1時間完結学習」によって積み重ね，単元最後にはまとまり感のある作品が踊れるように計画を立てるとよい。

■1 1時間1課題でダンス技能を体と知識に残す

「1時間完結学習」とは，1時間の授業で1課題を取り上げ，①ダンスウォームアップで心と体をほぐす，②基本的技能（本時の課題）を含む「ひと流れの動き」を先生と一緒にあるいは自分のイメージで動く，③グループでイメージと動きのアイデアを交換・共有する，④グループでひとまとまりの表現にまとめる，⑤発表と鑑賞，の5つの活動を展開する学習である。

毎時の課題（「走る―止まる」「集まる―とび散る」「だんだん盛り上がって」等）とその授業で習得すべきダンス技能（「めりはりのある動き」「群・空間の変化」「主題の展開」等）を初めに示すことによって，ダンスにおける"よい動き"とはどのような動きなのかを知識として生徒に伝える。そのうえで"よい動き"を目標に繰り返し練習することで，ダンス技能が生徒の体に身体感覚として残る。別の課題に取り組む際にも体に残った"よい動き"が生き続けることにより，徐々に動きが洗練されていく。そして，「1時間完結学習」の積み重ねにより身についたダンスの知識と技能が，単元後半の作品創りをスムーズにしてくれる。

■2 心と体をほぐす工夫

中学生は思春期特有の自意識の強さから羞恥心が強まったり，他者との交流に消極的になったりする場合があるので，まずはダンスウォームアップで心と体をほぐしておく必要がある。鬼ごっこやジャンケンなどのゲーム要素を取り入れたり，やさしい動きを次々にパートナーチェンジしながら踊り続けたり，生徒の間で流行っている音楽をBGMにするなど，気持ちがワクワクするような工夫を取り入れたい。

また，大げさな動きや人と違う動きはどんどん褒めて，授業全体を明るい雰囲気に保つことも大切である。

■3 積極的なグループ活動を引き出す言葉かけ

満足な作品発表ができると生徒は達成感を得て，次回への意欲が膨らむ。「動きがパッと浮かぶテーマを選ぼう」「立って相談」「あと5分したら見せ合うよ」などと促して見通しをもって活動させ，「1人1回は発言しよう」「仲間の案にダメ出しするだけでなく，必ず自分の代案を出そう」などの約束で主体的に活動する雰囲気をつくるとよい。そして，「今日のダンスキーワードを思い出して動こう」「一番見て欲しいところを繰り返して強調しよう」「最後はどうなった？」などの助言で作品をさらによくするためのひと押しをおこない，積極的なグループ活動を引き出し，作品発表を成功に導きたい。

［熊谷昌子］

学習指導要領ではダンスを次のように扱うことになっている。
・中学校第1学年および第2学年で，男女ともに全員がダンスを履修する。
・第3学年では，「ダンス」「器械運動」「陸上競技」「水泳」のまとまりから1領域以上を選択する。
・ダンス領域は「創作ダンス」「フォークダンス」「現代的なリズムのダンス」から構成されており，基本的にはこの3つの内容から選択して履修する。

8 高校生の特徴と指導のポイント

発達段階の特徴
○感情や抽象的な表現など,情感のある動きができるようになる。　　　　　　（運動技能の発達）
○1人ひとりがしっかりイメージをもち,気持ちを長く保って踊ることができる。　　（心の発達）
○自分を大勢の中の1人と認識し,仲間と感じ合って動くことができる。　　　　（関わり方の発達）

▶完成度の高い作品をつくる力を育てる指導◀

　高校生は体と心の成長とともに,いろいろな場面で壁にぶつかり,悩み多き年頃である。その心の葛藤や不安定さも作品に生かせるのが高校生。そして,さまざまな知識を得て,自分のもっている引き出しも増え,多様な分野からテーマを考えることができるのも高校生の特徴だろう。ふだんの生活で経験したさまざまな感情には共感できるが,形のないものを表現するのは難しい。あえてそれにチャレンジさせ,その気にさせる言葉かけと雰囲気づくりが重要である。

❶体の軸の変化と視線の使い方

　体を捻ったり歪みを作ったりすることで,芸術的な形になる。それが悩みや苦しみなどの感情を生む。ふだんの動きの中に,「捻りながら伸びていくのもいいね」「片足上げてギリギリのところで止まって」「アンバランスな形がおもしろいね」「形を変えながら崩れていこう」などの言葉かけが有効である。

　また,目線の使い方を意識して言葉かけをするとよい。例えば「うつむいてスタート。ゆっくり顔を挙げて。目線と一緒に手をゆっくり挙げて,手に引かれていくように走っていく」「伸びるときには手の先の遠くを見るといいよ」「あえて目線を逸らす」「遠くにいても,お互いを意識してね」「最後のポーズはみんなで同じところを見て」など。遠くに目線をもっていったり,一点を見たり,どんなふうに見るかを工夫させると自分の表現する空間の幅が広がる。目線を意識するだけで不思議とよりダンスらしい雰囲気になる。

❷作風の違いを出す

　中学生までは,どちらかというと楽しい作品を選ぶ傾向が強く,どの題材に取り組んでも楽しく元気な作風になることが多い。しかし,精神的な経験知が豊かになる高校生では,暗い作品や悲しい作品,シリアスな作品にも挑戦させたい。イメージ出しのブレインストーミングではいろいろな広がりがあっても,その中から最終的に選ぶ段階になると,やりやすいほうを選択しがちである。そんなときは生徒の話し合いに参加して,「これなんかおもしろそうじゃない?」「できたらかっこいいね」「他の班にはないテーマだからきっと目立つよ」など,その気にさせるひと押しをするとよい。高校生になったからには,きれいな作風やシリアスな作風,激しい作風,ポップな作風と,さまざまなジャンルの表現ができることを目標としたい。

　授業の最後の作品発表で,中学生の場合は,どのイメージにも合うような動きの邪魔にならない曲を流せばよい。しかし,高校生の場合は,作風の違いでグルーピングし,それぞれのテーマに合いそうな,曲のもつ雰囲気が強いものを選んで流すことをお薦めする。そうすると曲の雰囲気で生徒も気持ちが入るようになり,曲に引っ張られて,動きも曲の雰囲気に合うようになってくる。生徒の作品が終わる頃合いを見計らって少しずつボリュームを下げ,フェードアウトしていくようにして静止の間を作り,最後の余韻を感じさせるように演出するといっそうよい雰囲気になる。

❸仲間と感じ合って動く

　大人数になればなるほど,お互いを意識するのは難しい。しかし,仲間との関係性を意識させる言葉かけ,例えば,「近づく」「すれ違う」「遠ざかる」「後を追う」「絡み合う」「1人を目立たせて」「群でバラバラに動こう」「他の人と高さを変えて」「誰かのきっかけで動き出してみて」「誰かにもたれながら崩れていこう」などをしていくことで,感じ合って動くことができるようになる。お互いを意識しながら踊れると,離れていても,違うことをしていても,すべてが表現の空間になるということをつかませたい。

［藤田久美子］

〈資料1〉学習内容一覧　題材と動きの例示（小学校学習指導要領解説体育編 2018 より作表）

学年	題材の例示	特徴の捉え方と動きの例示
1・2年生	**表現遊び**　身近な題材の特徴をとらえ，全身で踊る	
1・2年生	○鳥，昆虫，恐竜，動物園の動物など，特徴が捉えやすく多様な感じの動きを多く含む題材 ○飛行機，遊園地の乗り物，おもちゃなど，特徴が捉えやすく速さに変化のある動きを多く含む題材 「○○が○○しているところ」 「大変！○○だ」	・跳ぶ，回る，ねじる，這う，素早く走る，高・低の差や速さに変化のある動きなどの全身の動きで即興的に踊る ・動きの中に急変する場面を入れて簡単な話にして続けて踊る
3・4年生	**表現**　身近な生活などの題材からその主な特徴を捉え，表したい感じをひと流れの動きで踊る	
3・4年生	○具体的な生活からの題材 「○○づくり」（料理，粘土造形など） 「1日の生活」（洗濯機，掃除，スポーツなど） 身近な生活の中から特徴が捉えやすく多様な感じの動きを含む題材	・その題材の変化する様子を捉える ・表したい感じを，硬く・柔らかく，大きく・小さく，速く・遅くなどの動きの質感や形状の変化を付けて誇張したり，二人で対応する動きを繰り返したりしてひと流れの動きで即興的に踊る ・表したい感じを中心に，感じの異なる動きや急変する場面などの変化のある動きをつなげて，メリハリ（緩急・強弱）のあるひと流れの動きに工夫して感じを込めて踊る
3・4年生	○空想の世界からの題材 「○○探検」（ジャングル，宇宙，海底など） 未知の想像が広がる題材 「忍者」「戦い」など 二人組で対比する動きを含む題材	・多様な場面を捉えたり，題材にふさわしい動きで特徴を捉えたりする ・表したい感じを，跳ぶ－転がる，素早く動く－急に止まるなど動きに差を付けて誇張したり，二人組で対応する動きや対立する動きで変化を付けたりして，ひと流れの動きで即興的に踊る ・表したい感じを中心に，感じの異なる動きや急変する場面など変化のある動きをつなげてメリハリ（緩急・強弱）のあるひと流れの動きに工夫して感じを込めて踊る
5・6年生	**表現**　いろいろな題材からそれらの主な特徴を捉え，表したい感じをひと流れの動きで即興的に踊ったり，簡単なひとまとまりの動きにして踊ったりする	
5・6年生	○激しい感じの題材 「激しく○○する」（バーゲンセール，火山の爆発，大型台風接近など） 「急に○○する」（ロボットが壊れた，竜巻発生，怒りの爆発など） ○群（集団）が生きる題材 「祭り」 「スポーツの攻防」 「出口を探せ！」など ○多様な題材 「私たちの地球」 「ニュース○○」 「○月×日,私のダイアリー」など	・題材から動きの変化や起伏の特徴を捉え，そこに感情の変化や起伏を重ねる ・社会の出来事や何気ない日常生活の中から個人やグループで関心のある印象的な出来事を独自に捉える ・表したい感じやイメージを，素早く走る－急に止まる，ねじる－回る，跳ぶ－転がるなどの差のある動きで変化を付けたり繰り返したり，激しい感じや急変する動きを入れたりして変化とメリハリ（緩急・強弱）のあるひと流れの動きにして即興的に踊る ・集まる（固まる）－離れる，合わせて動く－自由に動くなど，表したい感じやイメージにふさわしい簡単な群の動きでひと流れの動きにして即興的に踊る ・表したい感じやイメージを強調するように，変化と起伏のある「はじめ－なか－おわり」の構成や群の動きを工夫したり，特にラストシーンを印象的にしたりして，個人やグループの持ち味を生かした簡単なひとまとまりの動きにして，仲間と感じを込めて通して踊る

リズム・踊りの例示	特徴の捉え方と動きの例示	
リズム遊び 軽快なリズムに乗って踊る		1・2年生
○弾んで踊れるロックやサンバなどの軽快なリズムの曲で児童にとって身近で関心の高い曲	・へそ（体幹部）でリズムに乗って，スキップなどで弾む動きを中心に，ねじる，回る，移動するなどの動きを繰り返して即興的に踊る ・友達と向かい合って手をつなぎ，スキップしながら回ったり，ねじったり，手をたたき合ったりして即興的に踊る	
フォークダンス		
ジェンカ（フィンランド） キンダー・ポルカ（ドイツ） タタロチカ（ロシア）	・前の人の肩に手を置いて列になり，軽やかに体を弾ませながら踊る ・易しいステップと指さしの動きで，パートナーと調子を合わせて踊る ・大きなかけ声をかけながら軽快に踊る	
リズムダンス 軽快なリズムに乗って全身で踊る		3・4年生
○軽快なテンポやビートの強いロックのリズム	・軽快なテンポのロックのリズムでは，「ンタ（1拍）ンタ（1拍）」の弾みや後打ち（後拍が強調された弱起のリズムでアフタービートともいう）のリズムの特徴を捉え，へそ（体幹部）を中心にその場で弾んだり，体の各部分でリズムをとったりして即興的に踊る。ビートの強いロックのリズムでは，「ウンタ（2拍）ウンタ（2拍）」の後打ちのリズムの特徴を捉え，動きにアクセントを付けるなどして即興的に踊る	
○陽気で小刻みなビートのサンバのリズム	・サンバの「ンタッタ（2拍）ンタッタ（2拍）」のシンコペーションのリズムと打楽器の小刻みなビートのリズムの特徴を捉え，その場で弾んだり，体の各部分で小刻みにリズムをとったり，へそ（体幹部）を中心に前後左右のスイングなどでリズムに乗ったりして即興的に踊る ・弾む動きにねじる・回るなどの動きを入れて変化を付けたり，素早い動きやストップなどで曲のリズムに変化を付けたりして続けて即興的に踊る ・二人で向かい合って手をつないだりくぐり抜けたりして自由に関わり合って踊ったり，二，三人の友達と調子を合わせたりかけ合いをしたりして即興的に踊る	
フォークダンス 踊り方の特徴をとらえ，音楽に合わせて簡単なステップや動きで踊る		5・6年生
日本の民踊		
阿波踊り（徳島県） 春駒（岐阜県）	・軽快な足さばきや手振りで踊る	
ソーラン節（北海道） エイサー（沖縄県）	・低く踏みしめるような足取りや腰の動きで力強く踊る	
外国のフォークダンス		
マイムマイム（イスラエル） 　シングルサークルの踊り	・みんなで手をつなぎ，かけ声をかけて力強くステップを踏みながら移動して踊る	
コロブチカ（ロシア） 　パートナーチェンジのある踊り	・パートナーと組んでスリーステップターンなどの軽快なステップで動きを合わせたり，パートナーチェンジをスムーズに行ったりしながら踊る	
グスタフ・スコール（スウェーデン） 　特徴的な隊形と構成の踊り	・前半の厳かな挨拶の部分と後半の軽快なスキップやアーチくぐりなどの変化を付けて，パートナーや全体でスムーズに隊形移動しながら踊る	

〈資料2〉学習カード
●個人カード

個人カードを利用することで，児童にとっては学習の進め方がわかる。どんな学習をするのか期待感をもったり，あらかじめ自分だったらどんな動きにしようか考えたりすることもできる。何より，学習の振り返りに役立つ。特に連続で授業をおこなえないときは，前時を思い出す手がかりとなり，学習が積み上げられる。

また，教師の指導にも有用である。励ましやアドバイスの欄を設けて，授業中に声をかけられなかったときに補う。授業中に気づかなかった児童の学びをカードから教えられることも多々ある。いくつイメージを出せたか，イメージをどんな動きにしたか，どんな気づきがあったかなど，評価の対象としても活用できる。

個人カード

忍者参上　　　　　年　　組　　番　氏名

1. 忍者はどんな技を使うでしょう？

2. 忍者はどんなたたかいをするでしょう？

3. 学習のめあて
   - 1時間目
   - 2時間目

4. ふりかえり　　　　　　　　　　　　　　　　　　　◎○△で記入

	月　日	月　日
○友達と協力できましたか。		
○意見を言ったり自分の動きを考えたりしましたか。		
○忍者になりきってたくさん動けましたか。		
○楽しく学習できましたか。		
○わかったことやできたことがありましたか。		

5. 感　想

6. 先生から

● グループカード

　2時間以上の学習でグループ活動をするときは、グループカードの活用をお薦めする。役割分担をはっきりすることにより、グループで協力し合おうとする意識が出てくる。役割分担の内容としては、用具の準備・片づけ係、掲示係、音楽係、発表係、カード記録係などがあるが、学級の実態に合わせて決めるとよい。

　このカードでのアドバイスは、グループ全体に呼びかける内容がよい。

例）
- 全員がてきぱきと役割分担をし、一番に動き始めたね。
- 場を大きく使えていてとてもよい。四方八方にとび散ったスピードもすてき。

グループカード

	グループ

1. グループのめあて　　　　　　　　　　　　　　　◎○△で記入

○協力		
○動き		

2. やくわり　リーダー◎　副リーダー○　（　）の中に具体的な仕事を書く

やくわり	氏　名
◎（　　　　　　　　　　　　　　　　）	
○（　　　　　　　　　　　　　　　　）	
（　　　　　　　　　　　　　　　　）	
（　　　　　　　　　　　　　　　　）	

3. グループの中から出されたすてきな動き（絵や文字で）

4. グループで決めた動き

はじめ	なか	おわり

5. がんばったこと

グループ	
先生から	

資料

学習カード

● 認め合いカード

動きのよかった友達や協力し合った友達へのプレゼントのカードである。これを書くには人の動きをよく見ていなければならないので，何がよかったのか，友達の動きをよく見るようになる。カードをお互いに交換してもよいが，カードを教室に掲示しておけば，自分のグループや兄弟班の友達だけでなく，誰のどんな動きがよかったのかを学級全員が共有できる。

先生に褒められることも嬉しいが，「自分ががんばったことを見ていてくれる友達がいる」というのは，学習している中でとても励みになる。認め合いカードが学級の中に増えていくと，よりよく見よう・見せようとする意識が高まり，「次は自分もがんばってみよう」と意欲的に動きを工夫するようになる。

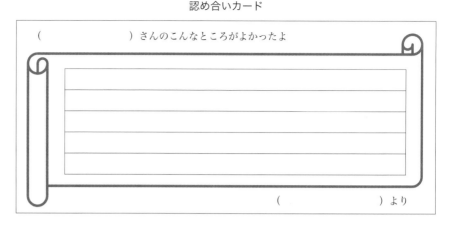
認め合いカード

● イメージカードの例「忍者参上」

〈導入で〉イメージを引き出す手がかりにするときや出されたイメージを学級全体で共有するときに活用するとよい。

〈即興で〉友達とカードめくりをするとき，カードの絵を参考にしながら即興で動く。お互いに動きを真似し合うことで動きを増やすこともできる。

〈オノマトペ〉カードには絵以外に「カキーン・カキーン」や「ササー・ピシッ」などオノマトペを使うのも動きの工夫が見られておもしろい。

イメージカード

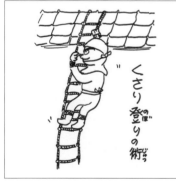  

おわりに

　本書は，中高ダンス授業を対象として先に刊行した『明日からトライ！ダンスの授業』の小学校版として企画してきたものです。表現運動の確かな授業実践例をご紹介し，多くの先生方に役立てていただきたいという願いがようやく形になりました。

　表現運動・ダンスの学習指導についての基本的な考え方は，本研究会の前身である「清里研究会」，社団法人日本女子体育連盟（現在は公益社団法人）「提案グループ」「授業研究グループ」の歴代メンバーが積み重ねてきた実践実証の成果を引き継いだものです。諸先輩方のこれまでの授業研究に対する真摯な姿勢に心から敬意を表し，さらなる実践研究を次世代につないでいく所存です。

　そして，戦後日本の学校体育に表現・創作ダンスを導入し，長きにわたりその授業内容と方法について実践研究を導いてくださり，今も私たちの活動を温かく見守ってくださっている，お茶の水女子大学名誉教授・松本千代栄先生に大きな感謝の気持ちを込めてこの書を世に送り出したいと思います。

　本書の刊行にあたりまして，映像や写真の撮影・掲載に多くのご協力をいただきました東京都中央区立阪本小学校の皆様にあらためて御礼申し上げます。

全国ダンス・表現運動授業研究会メンバー一同

編　者
全国ダンス・表現運動授業研究会

編著者代表
宮本　乙女　日本女子体育大学准教授
中村　恭子　順天堂大学准教授
中村なおみ　東海大学教授

執筆者（五十音順）

浅川　典子	荒川区立汐入小学校教諭	茅野　理子	宇都宮大学教授
有川いずみ	白梅学園大学非常勤講師	津田　博子	日本体育大学准教授
石川　　岳	平塚市立岡崎小学校教諭	長津　　芳	元国分寺市立第七小学校校長
伊藤　茉野	鶴見大学短期大学部非常勤講師	中村　久子	徳島大学名誉教授
沖野　真実	阿南市立今津小学校教諭	中村　　譲	多賀城市立城南小学校教諭
奥井寿美子	調布市立第三小学校教諭	中山　由美	お茶の水女子大学附属中学校教諭
奥村　直子	ひまわり幼稚園(横浜市)教諭	仁井田千寿	群馬大学非常勤講師
落合　裕子	高崎市立塚沢中学校教諭	原田奈名子	京都女子大学教授
笠井里津子	日本体育大学教授	平塚　昭仁	宇都宮大学教育学部附属小学校教頭
菊地　佳子	高崎市立塚沢小学校教諭	福田貴志子	宇都宮市立横川西小学校教諭
君和田雅子	お茶の水女子大学附属中学校教諭	藤田久美子	國學院大學久我山中学高等学校教諭
熊谷　　昌	大妻多摩中学高等学校教諭	松本　富子	群馬大学名誉教授
栗原　知子	お茶の水女子大学附属小学校教諭	馬橋登志子	真岡市立真岡東小学校教諭
グルン美詠子	太田市立東中学校教諭	村島恵美子	矢板市立片岡小学校教諭
齊藤　久枝	伊勢崎市立広瀬小学校教頭	八嶋　純子	矢板市立矢板小学校教諭
重松　鉄也	松戸市立東部小学校教諭	山下　昌江	元松戸市立八ヶ崎小学校教諭
高橋るみ子	宮崎大学准教授	我妻　涼子	元仙台市立桂小学校教諭

（所属等は 2015 年 1 月時点のもの）

DVD編集
有川いずみ　中村なおみ

みんなでトライ！　表現運動の授業　DVD付
© 全国ダンス・表現運動授業研究会，2015　　NDC781/8, 159p/26cm

初版第1刷──2015年1月30日
　　第2刷──2024年9月1日

編　者　─── 全国ダンス・表現運動授業研究会
編著者代表 ── 宮本乙女，中村恭子，中村なおみ
発行者　─── 鈴木一行
発行所　─── 株式会社　大修館書店
　　　　　〒113-8541　東京都文京区湯島2-1-1
　　　　　電話　03-3868-2651（営業部）　03-3868-2298（編集部）
　　　　　振替　00190-7-40504
　　　　　［出版情報］https://www.taishukan.co.jp

編集協力　──── 株式会社錦栄書房
表紙・口絵デザイン ── 和田多香子
本文デザイン・DTP ── 加藤　智
本文イラスト ──── 落合恵子，新野有紀
印刷所　────── 広研印刷株式会社
製本所　────── 牧製本

ISBN978-4-469-26768-6　Printed in Japan

Ⓡ本書のコピー，スキャン，デジタル化等の無断複製は著作権法上での例外を除き禁じられています。本書を代行業者等の第三者に依頼してスキャンやデジタル化することは，たとえ個人や家庭内での利用であっても著作権法上認められておりません。

本DVDに収録されているデータの無断複製は，著作権法での例外を除き禁じられています。